新型政务媒体的构建与传播

"四川发布"个案解析

主　编　操　慧
副主编　简文敏　郑　秋　王　薇

四川大学出版社

图书在版编目（CIP）数据

新型政务媒体的构建与传播："四川发布"个案解析 / 操慧主编. -- 成都：四川大学出版社，2024.10.（媒体融合案例丛书）. -- ISBN 978-7-5690-7356-0

Ⅰ．D677.1

中国国家版本馆CIP数据核字第20244189ZW号

| 书　　　名：新型政务媒体的构建与传播："四川发布"个案解析
Xinxing Zhengwu Meiti de Goujian yu Chuanbo："Sichuan Fabu" Ge'an Jiexi
主　　编：操　慧
副 主 编：简文敏　郑　秋　王　薇
丛 书 名：媒体融合案例丛书

选题策划：罗永平
责任编辑：罗永平
责任校对：陈　蓉
装帧设计：叶　茂
责任印制：李金兰

出版发行：四川大学出版社有限责任公司
　　　　　地址：成都市一环路南一段24号（610065）
　　　　　电话：（028）85408311（发行部）、85400276（总编室）
　　　　　电子邮箱：scupress@vip.163.com
　　　　　网址：https://press.scu.edu.cn
印前制作：成都墨之创文化传播有限公司
印刷装订：成都市新都华兴印务有限公司

成品尺寸：185mm×258mm
印　　张：17.25
插　　页：1
字　　数：310千字

版　　次：2024年12月 第1版
印　　次：2024年12月 第1次印刷
定　　价：75.00元

本社图书如有印装质量问题，请联系发行部调换

版权所有　◆　侵权必究

扫码获取数字资源

四川大学出版社
微信公众号

目 录
CONTENTS

绪论 ··· 01

第一章　首声效应 ·· 13
　案例1　省政府常务会议特别报道 ······························ 15
　案例2　政策文件解读系列报道 ·································· 24
　案例3　省政府新闻办新闻发布会直播报道 ················· 33

第二章　服务为民 ·· 43
　案例1　全省首个政务"一站通"掌上办事大厅开通上线 ··· 45
　案例2　全国率先开设省级城市服务台微博话题
　　　　　——四川城市服务台 ······································ 55
　案例3　"发布+服务"系列栏目打造 ·························· 63

第三章　应急引导 ·· 79
　案例1　四川"7·9"暴雨洪灾系列报道 ····················· 81
　案例2　"8·8"九寨沟地震系列报道 ·························· 89

第四章　矩阵共鸣 ·· 97
　案例1　"长江经济带"跨省大联动特别报道 ··············· 99
　案例2　全国联动：百媒互动，合力打造传播爆款 ······ 108
　案例3　全省覆盖：市县聚力，唱响四川发展好声音 ··· 124

第五章　融合创新 ·············· 137
案例 1　"听见争春夺秒的中国"主题报道·········· 139
案例 2　"天府好丰景"主题报道················ 147
案例 3　"川江水暖一线连"系列报道············· 157

第六章　技术驱动·············· 167
案例 1　智能机器人"小川"首登全国两会·········· 169
案例 2　云脑对话——AI 虚拟主播面世············ 178
案例 3　人机 AI 共创"与中国合拍"············· 185

第七章　高校思政·············· 195
案例 1　"百年风华·奔跑如初"
　　　　——高校接力专题报道　献礼建党百年······ 197
案例 2　"奋斗者　正青春"
　　　　——高校诗朗诵融媒报道　喜迎党的二十大··· 208
案例 3　"把大运寄给你"
　　　　——18 省市接力互动　传递大运精神
　　　　展示青年风采···················· 217

第八章　社会治理·············· 225
案例 1　"精神午餐"乡村儿童启智阅读项目·········· 227
案例 2　"看到运渣车·大家一起拍"大型公益报道····· 236
案例 3　"我为家乡代言"助力乡村振兴系列报道······ 245

第九章　数据赋能·············· 257
案例　自研评价体系　连续十年发布《微政四川——
　　　政务新媒体发展观察报告》············ 259

后记·················· 269

绪 论

从群众中来，到群众中去：擦亮政务新媒体的底色
——"四川发布"发展简述

历经多年发展，当今互联网已产生深刻而宏阔的时代之变，行业发展起伏加剧，各赛道演变加速，持续影响着新媒体生态格局。党的二十大提出加强全媒体传播体系建设，塑造主流舆论新格局。新时代背景下，新媒体发展迈入关键变革期，政务新媒体作为新型主流媒体，日益成为党和政府治国理政的重要平台，不断完善政务新媒体体系建设是时代发展的必然要求。

在四川省委省政府的高度重视和部署下，我省政务新媒体龙头"四川发布"，以开创未来的勇气加快推进媒体深度融合，坚持聚焦首要政治任务，发挥权威平台首声效应；坚持以人民为中心，积极探索新模式，成为政府和人民沟通的桥梁；坚持做有品质的新闻，充分发挥在舆论上的导向作用、旗帜作用、引领作用；坚持尊重互联网传播规律，积极推进传播理念、内容、形式、方法、手段、机制创新，与用户实现共鸣、共情、共创。

自2013年至今，四川发布在不断深化权威信息发布、重要舆论引导、政务服务体系、全国矩阵联动等核心优势的同时，打造"全、深、快、融、聚、活、暖"于一体的产品集群，以"互联网+党务政务公开+政策解读+政务服务+智能传播"为出发点，构建起用户达数千万的"三微一网多端"全媒体发布矩阵，搭建起省、市、县、乡多级多端互动的"发布系"矩阵大厅，连续十年在全国政务新媒体综合影响力中名列前茅。作为四川省政府新闻办认证的官方新媒体，四川发布是国家网信办确认的四川唯一省级政务发布平台，已成为我省党委政府联系群众、服务群众、凝聚群众的重要渠道和

新型政务媒体的构建与传播
——"四川发布"个案解析

探索社会治理新模式、提高社会治理能力的重要途径。

立足一个中心：
从"触探渠道"到"赋能平台"

2023年中国优秀政务平台推荐及综合影响力评估结果通报：四川发布双微蝉联"中国最具影响力政务新媒体"。什么是最具影响力？影响力如何炼成？

2011年，《全国政务公开领导小组关于开展依托电子政务平台加强县级政府政务公开和政务服务试点工作意见的通知》发布，应用及数据服务中心成为"原始形态"的政务新媒体雏形，登录互联网。2013年，乘着党的十八大胜利召开的时代东风，四川省政府依托国办印发的《关于印发当前政府信息公开重点工作安排的通知》，首次提出把"政务微博"作为政府信息重要传播途径。同年，在相关政策的指导下，四川省政府新闻办委托四川新闻网传媒集团组建专业团队，负责四川省政府官方账号创建和具体运维。该团队拟定"四川发布"建设方案并提出的将全网所有平台及未来开通账号统一为"四川发布"品牌的建议获得采纳。至此，四川省政府的官方账号在新浪、腾讯、人民网、新华网等多个互联网平台，统一正式更名为"四川发布"，并由此开启十余年不懈的品牌之路。

2014年，四川省政府要求各厅局单位在当年年底前全部开通微信账户。同年，四川发布开通微信公众号，微博、微信"双轮驱动"的模式开始兴起。

伴随着建设网络强国的提出和政务新媒体建设工作不断深入，越来越多的党政机关结合工作职能，陆续开通政务客户端，通过新技术手段更好地开展社会服务。2015年，四川，也是全国第一个新闻+政务服务的客户端——"四川发布"客户端诞生。

2018年底，国务院办公厅印发《关于推进政务新媒体健康有序发展的意见》，对"政务新媒体"首次进行了全面、规范、系统的概念表述和功能定位，作为纲领性文件为全国政务新媒体的发展做出指引。同年，四川发布依托客户端，构建起全省"发布系"矩阵，并进军"短视频"新赛道，通过"技术赋能"，不断探索新型传播方式，大数据分析、超级云脑、H5、AR、VR等不断进化。

2023年初，四川出台最新文件，加强全省政府系统政务新媒体管理，文件再次对政务新媒体的发展方向、着力点做出了明确指引。2019—2023年，四川发布开始进行媒体深度融合，在内容、功能、应用、舆论引导等方面向政务服务转型，并瞄准"发布系"矩阵体系，进行内容生产、技术应用、政务服务、数据体系的全面协作。

至此，历经十年生产系统之变，四川发布"三微一网多端"的政务新媒体集群形成，用户数达数千万，传播形态迎来裂变，连续十年获评"中国优秀政务新媒体"，2023年蝉联"中国最具影响力政务新媒体"，被《人民日报》评价为"有温度的政务新媒体"。纵观十年发展历程，从摸索起步到聚合平台，四川发布的每一次实践脚步，都牢牢扣住政策的鼓点、紧紧围绕社会发展变迁之需。

纵向看：政务微博起步、布局政务微信、推出政务客户端、进入智能化新型传播形态、步入短视频新赛道、发布系融合生态形成……四川发布乘时代东风、逐"互联网+"浪潮，不断进行传播渠道的演进实践，推动平台聚合创新，构建起权威传播路径。

横向看：立足"权威发布、温馨便民、应急引导"，以发布政经信息、提供便民服务和开展互动交流为主要内容，与网民实现实时互动，关注民生，引领舆论……四川发布深耕政务新媒体核心职能，依靠以政务为中心的本位回归，牢牢把握政务传播的政务功能和治理属性，成为省委省政府进行政务信息公开、四川媒体进行优质内容集成、各级各部门整合民生服务功能的桥梁和窗口，构建起全新传播阵地。

四川发布全媒体集群——

政务微博"@四川发布"：通过"短、实、活、新"的特点，在微博舆论场上及时做权威发布、舆论引导。截至2023年末，四川发布新浪微博用户数近700万，年均原创新闻数超8000条，年均阅读量超过4亿。

政务微信"四川发布"：通过深度解读四川各类党政、民生信息，打造一站式微信办事和查询平台。

政务客户端"四川发布"：客户端集对外宣传、政务服务、政民互动、大数据分析和四川政务新媒体矩阵为一体的新型政务服务平台。

短视频"四川发布"：构建政务短视频直播平台，与网民进行及时有效的互动。截至2023年末，四川发布抖音、快手和视频号年均原创短视频超800条，年均播放量超2亿。

入驻多家客户端：四川发布入驻"人民号""头条号""百家号""企鹅号"等全国多家知名客户端，在各入驻平台中影响力均名列前茅。截至2023年末，四川发布

新型政务媒体的构建与传播
——"四川发布"个案解析

仅"人民号"粉丝总数达 500 万，位居省级账号前茅。

擦亮一个底色：
从"内容输入"到"模式输出"

2022年，《国务院关于加强数字政府建设的指导意见》中提出，发挥政务新媒体优势做好政策传播，紧贴群众需求畅通互动渠道，充分肯定了政务新媒体的重要地位和作用。政务新媒体，即"政务"+"新媒体"，因此兼具"政务"和"媒体"两种属性，这使其不仅是一种媒介，更是一种政务服务。提供公共服务成为政务新媒体最独特的功能，外延被不断拓展，成为国家治理中的一环。

早在2013年成立之初，四川发布就开始了运用政务新媒体实施内容输入、把握首声效应、进行舆论引导、再造生产流程的探索之路。2015年至今，四川发布列席四川省政府常务会议，是全国首家；2016年至今，四川发布连续八年，唯一受权直播省政府新闻办新闻发布会；2015年至今，四川发布连续九年获评四川新闻奖；2014年至今，四川发布连续十年获评"中国优秀政务新媒体"；2022年，四川发布被国家网信办确认为四川唯一省级政务发布平台……

在全省，四川发布保持了十年的高位运行，树立起强大的社会动员力、广泛的正面舆论引导力以及与重大议题的高度契合度，成为全省政务新媒体的"领头羊"；在全国，四川发布承继川人"敢为天下先"的勇气，通过多次创新突破，在内容创新、政策解读、问政服务、政民互动、技术升级等方面，走出了一条具有全国示范效应的"新闻+政务+服务"的一体化运营之路。

十年实践，四川发布打造出"一体多翼"的"大发布"模式，即以权威发布为核心，舆论引导、政务服务与融媒创新多线并行。

权威发布走深走实。 四川发布立足政务新媒体核心职能，积极做好"政"事。全程直播新闻发布会，做好四川大事要事第一信源，聚点成面，多屏展现，重要场次联动全省厅局、市州、区县融媒体中心共同推广；列席常务会，通过四川发布双微联动全省，截至目前，四川发布各平台省政府常务会报道总阅读量超过千万，总转评超过万次，累计覆盖人群超过三千万。

舆论引导精准高效。 四川发布深挖政务新媒体的社会动员力，实现舆论引导的精准触达。在茂县叠溪镇新磨村山体高位垮塌事件、泸定6.8级地震、"8·8"九寨沟地震等突发事件中，深入一线、果断发声，成为澄清突发热点谣言的"定心丸"；以开放心态积极互动，在疫情防控期间，四川发布微博始终未关闭评论，面对峰值期达到500%的评论增长量，有问必答，互动评论超万条，成为反映问题、答疑解惑、占领舆论的主阵地。

政务服务着力深化。四川发布以文件解读工作为抓手，打通了政策落地"最后一公里"。自2015年以来，四川发布通过图文、图表、图解、视频等群众喜闻乐见的方式解读省政府政策文件，对川办发、川府发等文件的解读率高达100%；持续创新表达，对重要政策解读，通过1+N篇采访稿件+图表+图解+H5+视频等多媒体形式进行综合呈现，精心打造了"画图点今""政策码上看"等政策解读专栏，截至目前，已连续推出150余期内容，全平台总阅读量突破2000万次；技术驱动，深耕网上群众路线，联合新浪微博在全国率先开设省级城市服务台微博话题——"四川城市服务台"，截至目前，话题阅读量突破4.6亿次。

融媒创新全面跃升。四川发布以可视化、智能化、数字化为支点，筑牢政务新媒体融合创新发展的主线。做优发布品牌，在媒体融合新赛道上，四川发布以"技术+内容+人才"建设为核心，推动CPU（中央处理器）再造，在新闻创作中，积极开拓市场化技术渠道，引进先进生产力，配套北京、上海、深圳等地优秀运营人才，激发存量、释放增量，让新闻产品见数、见景、见智，让用户体验可感、可控、可亲，品牌的受众认知得到空前增强。做强融媒产品，运用技术迭代全面实现传播升级，创造多个单篇阅读量上亿的爆款，连续十年荣获四川新闻奖。强化"智能+数字"转型，早在2017年已开始探索以"策划+技术+服务"为抓手的内容创作模式，策划开启"小川说两会"；2023年引入算法推荐和AI问答，运用"大数据+算法"，探索智能化传播路径。

聚力一个突破：
从"方寸独鸣"到"矩阵同声"

政务新媒体的建设是我国实现治理现代化的重要举措，也是一项民生工程。如何把政务新媒体做好，面临着来自政治环境、社会心态、媒介技术、大众文化等方面的挑战。

新型政务媒体的构建与传播
——"四川发布"个案解析

四川发布先行先试,启动"发布系"建设。在四川发布的龙头效应下,全省政务新媒体百花齐放,各单位各级账号亮点纷呈,矩阵影响力连续数年稳居全国第一方阵。目前,四川发布"发布系"矩阵依托大数据分析系统,构建起国家部委政务新媒体、全国各省区政务新媒体、四川省市县多级政务新媒体矩阵,以"大覆盖、全联结"的沟通联络和协同传播机制,在中央重大战略部署、省委省政府重要方针政策宣贯、全省重大主题报道、突发应急事件舆论引导中,发挥了政务新媒体整体协同、响应迅速的阵地效应,已成为提高社会治理能力、推动全媒体传播体系建设、加快建设新时代文化强省的新型主力军。

四川发布"发布系"对社会治理的价值体现,以"大数据"为抓手,以"矩阵联动"落地。

数据赋能智慧政府。2014年,在省委省政府的指导下,四川发布开始构建《全省政务新媒体运行观察报告》,立足"智能化"+"大数据",打造政务新媒体的监测分析体系。连续近十年,四川发布数据大智库掌握着全省一万三千个政务新媒体的数据,收录有超过五万份运行案例,拥有覆盖省、市、县多级的数据研究系统,覆盖教育、交通、文旅等数十个职能系统。全省政务新媒体在这里用大数据作为桥梁,进行优质账号内容交流,提供专业垂直领域的数据报告和案例分析,共筹共建起一个亮点纷呈、百花齐放的学习研究平台。同时,利用大数据的赋能,全面展示我省各级政务新媒体的发展态势,为职能主管部门、运营部门和有关人士提供参考,为四川政务新媒体培育造血功能。

体系赋能主流阵地。从2013年刚开始单一的微博账号至今,四川发布已建立起覆盖全省的"发布系矩阵",聚合了近50个省级部门与21个市(州)级和183个县(市、区)共2600多个政务新媒体,发布稿件800万条,阅读量9亿多次,账号形态覆盖微博、微信,涉及政务资讯、便民信息等不同类型,在应对"宜宾长宁地震"和"阿坝暴雨洪灾"等突发事件上,账号响应突破平台,实现一体化运营,当前初步实现了四川省政务新媒体矩阵共同发声效应,从"一颗星"发展为"满天星"。联动方面,四川发布创新性地探索"基于民生热点、社会动员力和正能量引导的矩阵联动,基于突发公共事件、政务服务的全域即时矩阵联动,基于全国多级发布体系内容互联互通的矩阵联动"三大模式,成效突出。当前,四川发布"发布系"矩阵拥有"1+N"垂直生态链:1个政务联盟+N个垂直系统社群；构建起"纵向+横向"政务网络"上下、内外、地域、场景"的多维度联动。

四川发布"发布系"矩阵立足"全程、全息、全员、全效"的全媒生态的有益探索，实现建机制畅渠道的高效传播、创新表达的精准传播、化刚为柔的融合传播、同频共振的互动传播，以此推进新时代政务新媒体高质量融合发展，让"发布系"成为四川网络强省的最大增量。

构建一个格局：
从"追赶时代"到"引领中心"

党的二十大报告和政府工作报告对政府在治理过程中实现更广泛的民主参与和更及时的民意互动提出了要求，政务新媒体在搭建公众参政议政以及政府和群众互动的桥梁、引导社会舆论、助推数字政府实现善治等方面意义非凡。

四川发布坚守"服务国家治理指尖一厘米"的核心愿景，在十余年的发展中完成了从全网嵌入到再造门户的蜕变，牢牢把握政务新媒体的治理属性，探索政务新媒体的功能重塑，利用政务传播创新活力助力国家治理。

政府形象的塑造者。四川发布作为社会文化生产主体，从"信息发布"转变到"重夺回麦克风"，从"单向传播"转变为"双向互动"，从"严肃单一"转变为"有温度"，在宣传政府工作、实现政民互动、优化政务服务等方面实现了对公众精神力量的有力动员和凝聚，已成为转变政府职能、建设服务型政府、修复和重塑政府信任的中坚力量。

多元主体的链接者。政府部门在社会治理过程中需要构建一个能够与公众、社会组织进行平等对话、互动参与的平台。四川发布利用十年跨界传播的渠道优势、发布系一呼百应的互动优势、不断迭代更新的技术优势以及大众互动管理的阵地优势，促进政府部门和参与社会治理的各个主体之间的互动与合作，推动政务新媒体融合发展，已成为联结多元主体的重要着力点。

社会治理的探索者。四川发布具有政务信息公开、提供公共服务、公众在线交互等功能，符合社会治理的新需求，能够推动信息化、智能化新社会治理模式的构建。技术力的革新，驱使四川发布服务模式再造；大数据、AI的加持，驱动四川发布探索人媒互动新场景。四川发布力图构建"新闻+政务+服务"发布模型，打破用户获取

新型政务媒体的构建与传播
——"四川发布"个案解析

信息的单一模式,让服务相互联通、多元互动,例如:用户进入四川发布查看"小学生就学"相关政策,政策原文关联引导用户点击,大数据"中台"检测到该信息,立即对用户的所在地区、性别、年龄、工作、阅读习惯、喜好等进行人物画像,精准推送相应办事服务、生活服务功能等深度叠加服务,无限增强用户黏度,提升媒体在用户端的打开率。同时,在相应的页面设置政策、服务事项反馈通道,搜集用户意见,形成服务反馈,促进良性循环,打造主流媒体服务社会治理的新示范。

成立十多年来,从曾经青葱的"小布",成长为如今青壮的"川叔";从曾经唯一的微博账号,发展到如今"三微一网多端"全媒体平台;从曾经的一个平台,发展到一支"发布系"强大队伍……四川发布始终守正创新,随着互联网传播格局的演变而不断进化,积极探索政务信息传播生态的整合。牢记主流基因,坚守主流阵地,发挥主流价值,紧紧围绕"从群众中来,到群众中去"的初心,擦亮新时代政务新媒体的底色,立足四川、发布四川、记录四川、服务四川。

附：四川发布大事记

2013年，在相关政策的指导下，四川省政府新闻办委托四川新闻网传媒集团组建专业团队，负责四川省政府官方账号创建的具体运维。该团队拟定"四川发布"建设方案并提出的将全网所有平台及未来开通账号统一为"四川发布"品牌的建议获得采纳。至此，四川省政府的官方账号在新浪、腾讯、人民网、新华网等多个互联网平台，统一正式更名为"四川发布"，并由此开启十余年不懈的品牌之路。

2014年1月，四川省政府再次下文要求全省各厅局单位和地市州在当年年底前全部开通微信账户。作为领头羊，四川发布率先开通微信公众号，微博、微信"双轮驱动"的模式开始兴起。

2014年5月，四川发布网站（www.scpublic.cn）上线，作为省政府新闻办、省委网信办的官方网站，集信息发布、政务服务、舆情引导为一体，吸引省内21市州和50个省级部门入驻，实现全域、全天候、全媒体信息发布。

2014年，在省委省政府的指导下，四川发布开始利用大数据技术，构建《全省政务新媒体运行观察报告》，立足"智能化"＋"大数据"，打造政务新媒体的运行监测分析体系，为决策提供参考。

2014年12月，在四川省委宣传部的指导和支持下，四川发布发起"指尖政能量——微政四川2014首届四川微政务交流会"，首次公布《四川省微政务发展报告》，全省各厅局、市州、区县政务新媒体汇聚一堂，共同交流探讨全省政务新媒体发展的四川路径。

2015年2月，四川发布作为首家政务平台开始获准全程旁听省政府常务会议，这在全国尚属罕见，确保了四川发布的首声效应，奠定了平台的持续高位运行。

2015年4月，四川发布联合全国政协委员、全国优秀律师，共同发起"看见运渣车·大家一起拍"公益行动，开启四川发布助力政府服务水平提升、推动社会治理模式升级的探索。

2015年4月，在省全民阅读委的指导下，四川发布发起"精神午餐"乡村学生公益读书项目，深入激发政府机构、爱心企业、教育专家等，带动全省各界建设"书香天府"。

2015年11月，全国第一个"新闻＋政务服务"的客户端——四川发布客户端诞生。

新型政务媒体的构建与传播
——"四川发布"个案解析

四川率先建成"三微一端"微政务矩阵平台,引领全国政务新媒体发展潮流。

2015年,四川发布获评"中国最具影响力政务新媒体(微博微信)"。至今,四川发布连续九年获得该荣誉。

2016年,四川发布依托四川发布客户端,推出了"一站通"政务服务栏目,成为全省首个政务"一站通"掌上办事大厅,是新时代政务服务模式的一次深度探索和生动实践。

2016年3月,四川发布紧贴国家战略,在全国两会期间发起"共话新五年——长江经济带跨省大联动"。这是全国政务平台首次实现长江经济带沿线省区全域覆盖,创下全国联动的先河。

2016年,四川发布受权直播省政府新闻办新闻发布会,成为全省新闻发布会的权威首发信源。至今,四川发布已连续八年受权执行该直播工作,并运用四川发布政务发布矩阵,实现信息的协同联动传播。

2017年,四川发布在全国两会报道中,首次引进智能机器人"小川",策划"小川说两会"系列专题,以"策划+技术+服务"创新创作模式,开启政务平台的智媒黎明。

2017年,四川发布运用技术迭代实现传播升级,充分运用图解、海报、H5、SVG、VR等可视化手段进行栏目化运营,利用技术手段的井喷,实现传播形态的裂变。

2018年9月,四川发布举办首届西南地区政务新媒体(微博)学术论坛。本次论坛以"由发布到服务"为主题,邀请了政府领导、国内知名行业专家、学者以及来自全省及西南地区政务新媒体主编,上百名参会者共同探讨政务新媒体线上发布、政府宣传、社会化服务的最优实现途径。

2018年11月,四川政务新媒体矩阵大厅——"发布系"首发亮相,"发布系"是新时代政务新媒体矩阵建设的新起点,使全省政务微力量拥有一个阵地、一个口号、一个步伐,是移动互联网时代七级联动、共筹共建、全媒响应的"轻量级"融合航母。

2019年,四川发布上线抖音等视频账号,进军"短视频"新赛道。

2019年,四川发布全面升级《微访谈》等政务品牌栏目,实现可视化转型。

2020年,四川发布全程直播23场疫情防控系列新闻发布会,并在新闻发布会由线下转为线上后,成为唯一坚守发布会现场的直播团队,确保第一手疫情防控权威信息的及时发布。

2021年，国家网信办发布了《互联网新闻信息稿源单位名单》，涵盖1358家稿源单位。其中，四川发布微博、微信、应用程序成为我省唯一上榜的省级政务发布平台。

2021年，中国共产党成立100周年，四川发布发起"百年风华•奔跑如初"大型接力跑活动，联动多个高校、代表行业、县级政务新媒体，实现高校+城市+企业跨界接力。此次活动累计参与人数10万+，是四川发布"政、企、学"跨界宣传合作的典范案例。

2021年，四川发布小程序上线，在四川发布微博、微信、客户端，一站通政务服务的基础上，升级推出的在线政务服务入口，实现了全平台、全渠道的通联，标志着四川发布政务新媒体运营进入服务数字化的核心"角力场"。

2021年11月，四川发布微博开设"四川城市服务台"话题，聚焦政务服务、权威发布、政策解读、疫情防控、民生热点、利企便民等方方面面，第一时间发布权威信息、解答网友疑问，目前该话题阅读量突破4.6亿。

2022年，四川发布启动AI虚拟主播、AI虚拟记者形象，推出"云脑对话——AI虚拟主播e跑两会"系列报道，让AI与新闻采访深度结合，在技术创新、AI与新闻报道的实际应用合作模式上做出大胆探索。

2023年，四川发布依托媒体深度融合，在内容、功能、应用、舆论引导等方面向政务服务转型，并瞄准"发布系"矩阵体系，进行内容生产、技术应用、政务服务、数据体系的全面协作。

（简文敏）

第一章
首声效应

DI-YI ZHANG
SHOUSHENG XIAOYING

引 言

在新闻报道和信息传播的领域中，首声效应指的是第一次传播的信息对受众产生的强烈影响，这一效应在政务新媒体中尤为显著，其发布的信息往往关系到公共利益和社会关切。政务新媒体的首声效应，可以简化三个关键策略：及时性与准确性、持续互动与透明度、专业性与情感共鸣。通过实施这三大策略，政务新媒体可以塑造积极的政府形象，引导健康的舆论环境，并在危急情况下迅速、有效地沟通，减少误解和不稳定因素，提高公众对政府的信任、满意度和对政府透明度的感知。可以说"首声效应"体现了政务新媒体在当今社会沟通中的重要作用，它不仅能够帮助政府及时回应公众关切，还能够在更广泛的层面上提高社会治理能力。

本章从省政府常务会议特别报道、政策文件解读系列报道、省政府新闻办新闻发布会直播报道三大案例解析四川发布作为政务新媒体如何建设和体现"首声效应"。与其说是三个案例，不如说是三方面的工作，而且是长期、系统、持续并不断发展变化的工作。坚持"首声效应"是顶层设计的体现，也是底层思维的支撑，更是工作的方法与原则。

案例 1

省政府常务会议特别报道

一、案例简介

2015年2月，四川发布作为首家且唯一政务新媒体获准旁听四川省人民政府常务会议。通过旁听常务会议第一时间掌握会前学习资料、政策文件审议详情等信息，从而充分发挥其独特的传播优势，对常务会议进行及时且深入的报道，彰显政务新媒体在信息传播中的"首声效应"。

为做好省政府常务会议的宣传报道，除了对会议新闻稿件进行发布推广，四川发布还开启了创新会议新闻报道的探索，并敏锐把握全面推进依法治国时代背景下的宣传契机，围绕常务会议"会前三学"（学法律、学政策、学知识）内容，于2016年2月正式推出时政品牌栏目《跟省长"会前三学"》，将老百姓最关心的事，通过政府官员、高校学者和专家律师进行专业、易懂的解读，紧跟新闻传播和媒体融合发展趋势，不断进行内容创新和形式创新，推出了丰富多彩的产品，受到了来自社会各界的一致好评，成为广大网友理解政府决策和网上学习的"课堂"。《跟省长"会前三学"》是当时全国唯一持续关注、全面覆盖每次省政府常务会议"会前学习"的新闻专栏，并荣获2018年四川新闻奖一等奖，入围中国新闻奖初选，成为网上学习重要阵地，有效引领网上学习风潮。

为加强对省政府常务会议的报道，2017年6月，在相关部门的支持下，四川发布创新搭建了全省政务新媒体联盟"省政府常务会议合唱团"，建立起省政府常务会议联动报道工作群，协同全省各级各部门政务新媒体，对省政府常务会议及常务会议涉及的中心工作和重大民生内容，进行多层次、全方位的解读和发布。这一创新举措实现了省政府常务会议召开后全媒同频报道的现象,进一步畅通了公众了解和掌握政务信息的渠道,强化了宣传效果。四川发布以其独特的视角和创新的报道方式,为政务新闻报道树立了标杆。

二、创作札记

(一)策划思路

2015年2月,四川发布获准旁听省政府常务会议,这无疑是一个令人振奋的消息,同时也是一次极为珍贵的机会。然而,获得参加省政府常务会议的机会只是对政务媒体报道创新的考验:如何借助政务新媒体这一平台,进行与传统党报党台截然不同的宣传报道?如何创作出既引人入胜又富有深度,既通俗易懂又极具传播力的常务会议报道?这是摆在我们团队面前亟待解决的重要课题。

他山之石,可以攻玉。编辑部成员全面搜集当时全国各地各媒体常务会议的报道情况,发现因为"会议重要、议题严肃",报道多以会议消息为主,报道用语严肃且模式化。要打破常规,我们深知必须找准报道的切入点。我们在请教了会务组织部门,梳理了会议议程特征后发现:为全面推进依法治国,带头建设学习型政府、学习型机关,四川省政府常务会议增设了一个固定议程——每次会议前都邀请来自不同领域的专家学者或者相关部门负责人,为省长、副省长等在内的与会人员授课,大家在"课堂"上一起学法律、学知识、学政策,学习结束后省长还会带头分享自己的"学习心得"。经过查阅大量资料,我们发现,在全国,省级常务会议建立这种会前集体学习制度且坚持下来的并不多见,于是经过反复讨论后,我们意识到这一具有"四川特色"的做法值得作为报道的突破口,可以通过这个小切口,做足地方"特色文章"。

因此,在这样的背景下,四川发布总编辑简文敏牵头策划,《跟省长"会前三学"》专栏应运而生。我们旨在通过这样的报道,让网友有机会跟随省长的步伐,一同参与这场特别的"蹭课"体验。网友不仅可以一起学习了解最新法律、政策和知识,还能深入了解政府学习与决策的过程,从而更加直观、生动地感受政府的透明度和决策的科学性。

（二）执行过程

吃透内容，让稿件有料、有用、有趣

常务会议报道的严肃性和权威性不言而喻，如何在当时微博140字的限制内精准传达会议的核心要义，成为我们面临的首要挑战。对于每次常务会议的报道，我们致力两方面的工作：一是紧密围绕会议的重点进行报道，确保不失真、不偏离；二是深入挖掘和提炼群众最为关心、关注的信息点。当找到两者的契合点后，我们再通过精准、凝练的140字，努力将会议精神以最直观、真切的方式呈现给广大网友，确保他们能够快速、准确地理解会议精神。

除了会议报道，我们更是在《跟省长"会前三学"》专栏报道上下足了功夫，致力在标题和内容上进行创新。俗话说"题好一半文"，在信息爆炸的时代，一个有吸引力的标题对于文章的传播至关重要。因此总编辑要求我们，制作标题既要引人入胜，又需避免沦为"标题党"。为此，记者和编辑投入大量精力，对标题进行反复推敲和修改，力求达到最佳效果。

除了标题，稿件内容的质量同样不容忽视。对每篇稿件，我们都倾注心血，力求完美。记者根据当天"课堂"授课内容"吃透材料＋消化吸收"，进行梳理重构、揉碎再整合，让文字"软"下来、文风"新"起来。每一次的会前授课，其实都是一项非常重要的法令或者对某一领域最新知识发展的梳理，可以说短时间消化极其不易。为此，我们不仅要回访当天授课的老师，而且要与四川省决策咨询委员会、省政府政研室、四川省法制办[①]等单位建立紧密合作，对会前学习的内容再请教、再采访，力争吃透"课堂"内容，最终形成有料、有用、有趣的稿件，再经过相关部门的严格审核之后进行全平台推送。值得一提的是，这样的稿件充分体现"首声效应"，不仅由政务新媒体四川发布原创首发，而且一般在会议结束当天或最迟次日即推出，发布效率很高。

融媒表达，让"硬新闻"实现"软着陆"

随着新媒体技术的日新月异，内容呈现方式也愈发多元。为了进一步增强稿件的

---

① 注：机构改革后合并至四川省司法厅。

MEDIA CASE STUDY

新型政务媒体的构建与传播
—— "四川发布"个案解析

吸引力和可读性，我们的主创团队决定摆脱传统图文形式的束缚，别出心裁地打造了一系列富有创意的融媒体产品，如图解、海报、H5等。

在创新的同时，我们进一步设想，能否将这些会前学习稿件进行重新梳理和升级，从而打造一个线上"云课堂"。经过深入的策划和无数次的创意碰撞，我们最终选定"课堂"作为突破口，制作推出一个极具四川特色的H5融媒体专题。为了还原教室课堂的鲜活场景，美编和技术人员将传统文图与可视化交互技术完美融合，巧妙地将板书、课堂笔记、专家点评、期末总结等课堂元素融入其中。同时，还特意添加了大熊猫、川剧等具有四川特色的元素，让专题呈现不失趣味性和互动性，营造出一种沉浸式的学习氛围，使读者能够身临其境地体验学习的乐趣。

《跟省长"会前三学"》首页截图

矩阵传播，实现全媒体同频共振

"酒香也怕巷子深"。如果常务会议报道和《跟省长"会前三学"》的稿件只在四川发布平台发布，其影响力和曝光率自然有限，因此做好全面推广至关重要。为了营造"铺天盖地"的宣传氛围，"矩阵联动"是突破口，在四川发布团队的努力和相关部门的推动下，全省创新建立了"省政府常务会议合唱团"，并设立了相关工作机制，联动全省各级各部门政务新媒体，通过矩阵力量对常务会议进行全方位、多层级的宣传推广。每一次常务会议稿件经四川发布首发之后，外联编辑都会将稿件链接同步至"省政府常务会议合唱团"，由其他政务新媒体跟进发布、转发或评论，并及时对截图和转评效果进行反馈，最终形成整体协同、响应迅速、统一发声、联动传播的格局，扩大了宣传报道的影响力。

（三）社会效果

除了对常务会议本身进行持续报道，2016年至2020年期间，四川发布推出了100余篇立意高远、内容扎实、形态丰富的专栏稿件，相关报道总阅读量超千万，总转评超万次，累计覆盖人群超三千万。

《跟省长"会前三学"》作为当时全国唯一持续关注、全面覆盖每次省政府常务会议会前学习的专栏，权威性、知识性和趣味性并存，传播力、影响力、引导力不断提升，成为唱响主旋律、传递正能量的舆论高地，既为四川机关事业单位领导干部所看重，也让广大网友爱读、爱看、爱学。

引领各级部门主动加入学习。四川省人民政府网站等各大省、厅局、市州官网将每期报道在首页重要位置进行转载，搜狐网、新浪网等大型商业网站也对稿件进行了转载，全省政务新媒体矩阵对相关内容进行了推广。

用网言网语讲大家关心的事。专栏以图文、图解、H5等多媒体报道形式，深入浅出地阐述政府和老百姓关注的热点、焦点、重点话题。不少网友通过网上评论、留言的方式对专栏文章进行点赞，认为相关报道都是老百姓最关心的事，通过政府官员、高校学者和律师更为专业的解读，能够发挥出专家的智囊作用，有利于大家理解政策决策。

发挥"学习型政府"模范带头作用。不少讲课专家也对《跟省长"会前三学"》进行点赞，认为这已成四川特色，发挥了学习型政府模范带头作用，对于引领、鼓舞年轻机关干部积极"充电"起到重要作用。

（简文敏）

三、案例评析

及时主动做好政务发布　集群聚势提升传播时效

政务新媒体是移动互联网时代党和政府联系群众、服务群众、凝聚群众的重要渠道，是加快转变政府职能、建设服务型政府的重要手段，是引导网上舆论、构建清朗网络空间的重要阵地，是探索社会治理新模式、提高社会治理能力的重要途径。[①]面对新时代对政府信息公开的要求，近年来四川有序推进政务新媒体建设，在舆论引导、公共服务方面做出了有力探索和尝试。

2015年2月，四川发布作为首家也是唯一政务新媒体获准旁听四川省政府常务会议。依托四川发布，四川省政府迈出了政务公开的重要一步。2018年，中共中央宣传部（国务院新闻办）公布了对65个中央有关部门，31个省（区、市）和新疆生产建设兵团2018年度新闻发布工作的评估情况，其中四川省2018年度新闻发布工作评估为优秀，四川发布对此也做出了积极的贡献。利用互联网扁平化、交互式和快捷性的优势，四川发布坚持主流引领、及时发布资讯、畅通沟通渠道，正在省政府的扶持下大力建设为汇聚政府网上数据、提供政府线上服务、辅助政府科学决策、提升政府治理能力的重要平台。[②]

引领力：政府官员、专家学者带头学习凸显专业权威

四川省政府常务会议由省长召集并主持，原则上每两周召开1次，会期半天。会议由省长、副省长（资政）、秘书长出席，邀请省军区主要负责人参加，省政府顾问、办公厅主任、副秘书长，监察厅、省法制办和与议题直接相关部门的主要负责人列席会议。根据需要，也会邀请相关利益方、公众代表、专家、媒体等列席会议。[③]在会议开始之前，政府部门相关负责人、高校和科研院所专家学者、律师等会受邀讲解与近

---

① 《国务院办公厅关于推进政务新媒体健康有序发展的意见》，中国政府网，详见 https://www.gov.cn/zhengce/zhengceku/2018-12/27/content_5352666.htm。
② 向东：《在数字政府建设中深化政务公开　助力推动国家治理体系和治理能力现代化》，《中国行政管理》2020年第11期，第15-16页。
③ 省政府常务会议介绍，四川省人民政府网，详见 https://www.sc.gov.cn/10462/10778/10876/2018/4/19/10248092.shtml。

期热点有关的法律、政策或知识，形成具有特色的"会前三学"。

"会前三学"的授课人员构成

四川发布敏锐把握全面推进依法治国时代背景下的宣传契机，积极发挥会议报道的"首声效应"，推出《跟省长"会前三学"》专栏，聚焦国内、省内的热点、焦点问题，兼顾权威性、知识性和趣味性，致力打造网上政务学习的重要阵地。专栏充分发挥了政府官员、专家学者的引领作用，相关负责同志积极主动做好政策解读工作，彰显专业权威。从结果来看，专栏发挥了学习型政府模范带头作用，引领、鼓舞了一大批年轻干部。四川省人民政府网等各大省、厅局、市州官网将每期报道在首页重要位置进行转载，搜狐网、新浪网等大型商业网站也对稿件进行了转载。

影响力：依托优质融媒体产品畅通官方与民间的沟通渠道

自2015年获准旁听省政府常务会议以来，以四川发布为代表的四川政务新媒体主动承担政务新媒体的社会功能与责任，成为联通官方与民间的重要桥梁。作为官方平台，四川发布及时研判并紧密把握新时代赋予政务新媒体的职责，不断完善政务公开、政策解读、民生服务等方面的建设，获得了社会各界的广泛认可和关注。作为主流媒体，他们秉持专业精神，在准确无误传递会讯基础上力图实现特色与创新，记述公共传播的四川实践。

四川发布在报道省政府常务会议内容时重视使用数字化、年轻化、网络化的传播手段，力图打造有特色的、有影响力的政务报道。结合图解、H5等新媒体传播方式，使用"网言网语"讲大家关心的事，以通俗易懂的方式让官方举措"飞入寻常百姓家"。如《跟省长"会前三学"》覆盖图文、H5等融媒体形态，最大化地满足不同受众群体的阅读需求。四川发布的记者们掌握一手政务信息，"吃透材料＋消化吸收"，深入学习领悟，以人民群众喜闻乐见的形式进行转换，实现官方举措的"软着陆"，展现出良好的媒介素养。

同时，四川发布重视跨平台、跨层次传播的矩阵效应，不断完善政务公开平台。全面推行政府网站集约化建设，推动公开、互动、服务融合发展。以"三微一网多端"的传媒矩阵实现跨平台传播，推动政务信息资源向微博、微信、客户端等政务新媒体拓展延伸，扩大了省政府常务会报道的影响力。

集群力："省政府常务会议合唱团"放大官方声量

党的二十大报告指出，要加强全媒体传播体系建设，塑造主流舆论新格局。塑造主流舆论新格局，其基本任务就是在纵向上构建中央媒体、省级媒体、地市媒体、县级融媒体中心上下贯通的四级融合发展布局，并进一步对四级主流媒体在全媒体传播体系中的定位与功能进行有效配置。①省、市、县三级贯通的传播体系为区域公共传播搭建了媒介基础，其中省级媒体具有重要地位。

2017年6月，四川发布发挥四川政务新媒体矩阵优势，建立了"省政府常务会议合唱团"。正如它的名字，四川发布建立起政务新媒体联盟，联动了各市州政务新媒体以加强对省政府常务会议的报道，不断放大官方声量。在这个"合唱团"中，四川发布发挥着协同引导、统筹集约的重要作用。为进一步提高省、市、县三级公共传播的效率，四川发布设置了政务新媒体联盟新闻发布机制，即四川发布在常务会后第一时间在微博、微信和客户端上发布相关信息，并在联动工作群通知各市州政务新媒体以四川发布的报道内容为准，在12小时内发布并向四川发布反馈报道情况及数据，四川发布在收到反馈后撰写专报并于24小时内上报至省级相关领导。依托该发布机制，会讯能够在24小时之内实现跨层级、跨区域的高效传播，畅通了省会与其他市县、政府与民间的沟通渠道。

联盟化、矩阵化已经成为政务新媒体发展不可逆转的趋势。②"省政府常务会议合

---

① 蔡斐：《加强全媒体传播体系建设：目标所在、框架要点与推进路径》，《学术探索》2023年第4期，第128-137页。

② 董天策、杨雨蓉：《开创区域政务新媒体新闻发布的新局面——对成都发布政务融媒体联盟成立的思考》，《新闻爱好者》2023年第1期，第42-44页。

唱团"的成立，强化了四川省政务新媒体矩阵价值和集群力，由四川发布作为省直媒体联合部分市县级媒体，形成了相互支撑、各具特色的省级主流媒体传播体系，不仅盘活了省内政务传播的要素和资源，更为巩固本地主流舆论阵地奠定了良好的媒介基础。

（王薇）

四、延伸案例

南京发布：《一图速览！看2023年南京市政府工作报告》

案例 2

政策文件解读系列报道

一、案例简介

自 2013 年起，四川发布积极发挥政务新媒体在推进政务公开、强化解读回应方面的重要作用，开启了对政策文件解读报道的探索与实践。围绕四川省委省政府在经济社会发展领域所发布的重要文件和重大决策部署，第一时间主动做好政策解读报道，将复杂的政策文件转化为通俗易懂的语言，确保公众能够及时、准确、全面地了解政策内涵。

四川发布自推出政策解读系列报道以来，在解读模式上不断创新，逐步从单一的文字解读拓展到图文解读、图解海报解读、视频解读等多种形式，形成了独具特色的解读体系，极大提升了政策的可读性和传播效率。为进一步深化解读报道，四川发布在 2020 年 7 月和 2022 年 12 月分别策划推出了《画图点今》《政策"码"上看》两个专栏，将政策解读报道品牌化，形成了强大的影响力。随着移动互联网的发展和我国"指尖上的政府"建设推进，四川发布以政务媒体创新服务国家治理为宗旨，立足做深做实政策解读，构建"找文件—查解读—在线问—帮办事"全流程政民互动闭环传播链条，打造"新闻+政务服务"创新应用场景。

从 2015 年至 2024 年 3 月，四川发布客户端共推出原创图文稿件 1537 篇，《画图点今》专栏海报/图解产品 139 个，《政策"码"上看》专栏海报 137 期，成为四川省唯一持续解读、全面覆盖省政府重要文件（川府发、川办发）的系列报道，解读率达到 100%。

四川发布《画图点今》专栏

四川发布《政策"码"上看》专栏

二、创作札记

（一）策划思路

政务新媒体具有政务发布、政策解读、舆论引导等职能，是各级行政机关在移动互联网上最权威的信息发布平台，所发布的信息是政府公信力和权威性的体现，是政府网站、新闻发布会等政务公开方式在移动互联网上的延伸。

近年来，四川省委省政府频频出台教育、医疗、住房、交通等方面与老百姓息息相关的好政策。然而尽管某一政策已经出台，但我们小编却在后台不时收到网友相关的留言咨询。如何让老百姓第一时间"看得到"政策、"看得懂"政策，成为考验我们政务公开切实有效的一个重要课题。

时值自媒体行业蓬勃发展，为了吸引眼球和赚取流量，部分自媒体常常从公开的政策文件中摘取片段，进行断章取义或歪曲解读，误导广大网友，对政策的贯彻执行造成不良影响。作为四川省政府新闻办认证的官方新媒体平台，四川发布肩负着在互联网发布权威信息的重任，我们深知"首声效应"在新闻传播效果中的重要性，特别是在政策文件发布后，我们必须以权威的声音抢占先机，牢牢掌握政策发布和解读的主动权。通过权威信息发布，让自媒体虚假信息无生存空间，确保公众能够及时、准确地理解政策，为政策的顺利实施营造良好的舆论环境。

在深入探讨上述问题的基础上，四川发布总编辑简文敏积极牵头策划，以政务新媒体的功能定位为出发点，为我们明确了做好政策解读报道的方向：发挥政务新媒体"首声效应"，第一时间发布政策原文，第一时间做好权威解读，解决政策找不到、看不懂、享不了的痛点。

经过一段时间的探索和实践，我们进一步明确了政策解读报道的几个原则。一是保证准确性和时效性。省委省政府的政策文件出台之后，编辑第一时间发布政策原文，记者第一时间进行解读，确保及时、准确反映政策原意，避免公众对政策误读。二是以用户需求为导向。对在经济社会中有重大影响或者群众关注度高的政策文件进行重点解读，分段、多次、持续开展，扩大政策知晓面。三是采用多媒体呈现方式。充分运用数字化、图表图解、海报、H5、视频等方式，力求解读多样化和创新性，增强解读的可读性和传播效果。四是注重互动性和参与性。一方面是注重与政府部门的沟通协作及解读报道的协同推广；另一方面是注重与网友的互动，及时回应网友关切，形成政策解读的双向多向交流。五是解读确保全覆盖。针对川府发、川办发政策文件，确保解读率达到100%。

在团队的努力和坚持下，四川发布政策解读报道有了一定的影响力，但面临缺乏辨识度和特色的困境。于是我们在深入思考和讨论后，决定加强政策解读特色栏目建设，实现政策图解品牌化。我们秉持"为群众办实事"服务思路，着力打造"找文件—查解读—在线问—帮办事"闭环服务模型，让用户既可查看文件原文、在线问政，又可直接进入该政策对应的在线政务服务，探索政务公开和网上办事联动新模式，形成政民互动闭环运行。

（二）执行过程

分工明确，各司其职密切协作

政策文件解读报道并非一个人就能完成的事情，需要多方力量的支撑。在策划之初，我们就对编辑、美编、记者、外联等岗位分工进行了明确，让大家各司其职、紧密协作。编辑团队负责政策内容的梳理和解读，确保政策文件出来后第一时间进行解读，保证解读的及时性、准确性和权威性；美编团队负责可视化设计，通过漫画、海报、图解、H5等形式提升解读内容的吸引力；记者团队负责深度报道，通过采访政策制定部门、专家学者，提高政策解读的针对性、权威性和有效性；外联团队负责和全省政务新媒体矩阵及网友沟通，对解读报道进行全面推广，与网友建立了良好的互动关系。

化"繁"为"简",当好文件的"翻译官"

有网友表示"政策文件每个字都认识,连在一起却看不懂了!"要让网友"看得懂"政策,这非常考验我们的信息筛选和理解能力。为此,针对政策文件,我们往往要不断查找资料,了解政策背景、目标、任务、重点及意义等信息,寻找网友的共性关注点。在此基础上,通过通俗的文字来编写稿件,化"繁"为"简",化"硬"为"软"。此外,记者还会对政策制定部门进行采访,因为他们对政策的理解比我们更有深度,也更充分。

创新表达,融媒产品出新出彩

随着新媒体表现形式的不断丰富,四川发布团队也在不断关注网友的需求变化,我们深知解读报道不能局限于文字稿件,适时推出内容新颖、形式多样的作品,才能吸引网友关注和传播,于是我们逐渐形成了文字解读、图文解读、图解/海报解读、视频解读等丰富多样的形式。后来,伴随着团队对"新闻+政务+服务"理念进行创新实践,更是探索出"找文件—查解读—在线问—帮办事"全流程闭环服务体系,实现政策文件和政策解读"双向链接",将网友咨询和在线办事一并接入,提升了解读效果,增强了生动性和互动性。

四川发布政策解读插图

新型政务媒体的构建与传播
——"四川发布"个案解析

IP打造，做大做强解读品牌

在持续的解读报道过程中，我们逐渐意识到目前的解读报道辨识度较低，于是便萌生了打造政策解读品牌栏目的想法，经过多次头脑风暴，在2020年7月策划推出《画图点今》政策图解专栏，每周选取一个重要的政策文件进行创意解读。"画图"即画出四川政策，强调图文并茂；"点今"一方面点出政策的精彩之处和重要之处，另一方面强调我们政策解读的及时性，所以用了今天的"今"。为了避免栏目内容单调，除较传统的图解形式外，我们后续还根据内容需要增加了漫画、创意海报等可视化产品。2022年底，我们又策划推出《政策"码"上看》专栏，将政策解构为简单、易懂的政策"日签海报"，以"小切口"阐释"大政策"。通过这两个栏目的打造，政策解读报道品牌效应逐渐凸显，解读信息更加可视、可读、可感。

聚合发力，多平台传播形成规模效应

除了在政策解读报道内容和形式上进行创新，我们也非常重视内容在各渠道各平台的推广，通过规模庞大的矩阵式报道，实现全网刷屏式传播，将政策解读真正送到群众身边，让网友"看得到"政策。一方面，利用四川发布客户端、微博、网站及其他第三方平台进行广泛传播；另一方面，积极联动政策文件制定部门以及全省各级政务新媒体积极转发，通过矩阵的力量，提高政策覆盖范围，形成了全网传播的良好态势。

（三）社会效果

四川发布作为政务信息传播的第一梯队成员，在政策文件解读报道上取得了显著效果。一方面，通过多样化的传播手段和深入浅出的解读方式，有效提高了公众对政策的认知度和理解度，增强了政策的执行力和公信力；另一方面，通过与网友的互动和政务服务的结合，架起了政府与公众之间的桥梁，政府能够及时了解公众的需求和反馈，公众也能更加便捷地获取政策信息和政务服务。

尤其是《画图点今》专栏，通过技术赋能打通了"政策宣传+政民互动"的壁垒，推进了政务信息传播和政务服务的融合创新探索。该专栏一经推出，便受到党政部门和网友的高度认可，各大网站、各级政务新媒体等百余家媒体平台对相关产品进行转发，四川发布客户端、微博、微信等全平台总阅读量突破2500万次。其凭借深入浅出的解读和丰富多样的呈现形式，赢得了广大网友的广泛关注和高度认可，有效打破了过去政府重大政策"深居闺中"的局面，切实打通政策落地"最后一公里"，为政务新媒体在政策传播和解读方面提供了宝贵的经验和启示。

（何晓凤）

三、案例评析

多措并举　用心做好政策文件的"翻译官"

自2013年起，四川发布开启了对政策文件解读报道的探索实践，以更加全面、立体的方式传达政府工作信息，契合了数字化时代政务信息传播的需求，不仅推进了政务公开，强化解读回应，更为广大公众提供了参政议政的新渠道，促进了政府与公众之间的互动和交流。

整合资源，精准解读，及时发布

数字化时代，公众对政策信息获取的需求不断增长，四川发布打造专业化团队，及时发现、整合详尽的政策文本和政府文件，为公众提供针对性的政策文件解读服务，以满足公众多样化的信息获取需求和参与意愿。在政策文件解读报道执行过程中，有效发挥统筹优势，对报道思路、采访方式、呈现形式与人员安排等进行整体计划与周密部署，编辑团队、美编团队、记者团队、外联团队等团队各司其职、紧密协作，分别负责政策内容的梳理解读、可视化设计、深度报道、推广反馈等工作，切实提高政策解读的针对性、权威性和有效性。

为满足互联网时代受众对于"新闻永远在线"的需要，四川发布充分把握新媒体的实时性特点，内容发布和互动反应及时，内容更新和热点反应速度到位，及时发布重要政策解读。2023年7月6日上午10：00，省政府新闻办在成都举行"民营经济高质量发展"系列主题新闻发布会第二场"提升环境促发展"新闻发布会，介绍四川促进民营经济发展的"1+2"的相关政策，四川发布在当天下午15：56即发出《画图点

新型政务媒体的构建与传播
——"四川发布"个案解析

今 | 如何促进民营经济发展？四川"1+2"政策"干货满满"》的报道，解读了《四川省民营经济发展环境提升行动方案》《关于促进民营企业发展壮大的若干措施》《关于进一步促进个体工商户发展的若干措施》等，让公众及时获得最新信息，第一时间知晓政府政策。

为加大政策文件解读报道的推广力度，最大化释放传播潜能，四川发布通过客户端、微博、网站及其他第三方平台实现矩阵式传播，扩大报道声势。同时，积极联动各政务部门及政务新媒体扩大政策覆盖范围，带动多方主体广泛参与，增加新闻热度。

深耕报道内容，创新呈现方式

为进一步深化解读报道，四川发布不断丰富政策解读模式与呈现形式，推出多个创意专栏，并逐步从单一的文字解读拓展到图文解读、图解海报解读、视频解读等多种解读形式，向公众提供更富吸引力、易于理解的内容，赋予政策信息富有魅力的表现形式，进一步提升信息的传播效果。

相较于传统的文字报道，视觉传播形式能够更好地吸引用户的注意，更直观地传递信息，更快速地引发情感共鸣。四川发布于2020年7月策划推出的《画图点今》专栏，通过漫画、创意海报或图解等新媒体形式解读政策文件。其推出的《画图点今 | 四川出台十条措施，支持建筑业企业发展！》以创意海报的形式解读了《四川省人民政府办公厅关于印发支持建筑业企业发展十条措施的通知》，《画图点今 | 事关看病就医！四川出台最新文件》以图解的形式解读了《四川省建设优质高效医疗卫生服务体系实施方案》。这些精心设计的图标符号和创意色彩，不仅更简洁明了地呈现出关键信息，还为受众提供了愉悦的视觉体验，打通了"政策宣传+政民互动"的壁垒。

2022年底，四川发布推出的《政策"码"上看》专栏，通过深入浅出的解读方式，将政策解构为简单易懂的政策"日签海报"。2024年3月7日的"日签海报"为《四川派发"大礼包"！13条政策措施支持这个产业→ | 政策"码"上看》，从简要概述《支持新能源与智能网联汽车产业高质量发展若干政策措施》、提炼关键词解读重点信息等角度，利用创意标识关键句、美化版面等形式，帮助受众快速抓住政策的核心内容，"查看政策原文"按键，也让受众能一键链接到政策原文，浏览信息。总之，精准简练的内容解读、美观亮眼的视觉引导都在增强信息辨识度的同时，有效提高了公众对

政策的认知与理解，增强了政策的执行力和公信力。

此外，短视频、H5等形式也常出现在政策解读中。通过可视化、轻松活泼、多形态的解读构建实景化体验，将文件的亮点、重点传达给公众。在短视频《激励、补贴来了！四川出台18条重磅政策措施》中，四川发布用28秒的视频简明扼要地解读了《关于持续巩固和增强经济回升向好态势若干政策措施》，视频与文字结合的多形态表达是人们乐意并即时接受的形态，视觉和听觉的双重加强使得原本抽象的政策概念以更形象和具体的方式呈现出来，增强了信息的可读性和吸引力，也提升了受众对政务新媒体的关注。

把握社会热点，体察用户需求

政务新媒体需实时观察社会动态，以人民群众需求为中心进行政务生产，对社会发展中人民群众所关心的、与民众需求切身相关的热点信息进行及时发布，发挥政务新媒体传播力。近年来，四川发布紧扣民众生活所思所盼，及时发布有关教育、医疗、住房等方面的政策解读。如推出专题"数说新一'县'——四川这'乡'有礼·我为家乡代言第二季特别策划报道"，及时更新乡村振兴、农业强国等热点内容，深入贯彻以人民为中心的发展理念，在传递政务信息的过程中提高公信力。

同时，四川发布也在适应互联网语态与民众喜爱的话语形式，增强政务解读的通俗化阐释，注意政策解读的实例化解释，增强民众对政策新闻报道的理解。《一实一虚两条线　义巴实现"浙产西进、川产东出"双循环｜观察日记⑤》以观察日记的形式、第一人称的视角、通俗易懂的语言、有趣的故事解读浙川的东西部协作。语言平实、言之有物、准确客观，四川发布通过接地气的表达提升传播效果。《"以旧换新"这件事，四川多地有动作！》报道解读了国务院印发的《推动大规模设备更新和消费品以旧换新行动方案》，用具体数据、实例分析了四川以旧换新的市场空间的规模潜力、省内响应政策的相关举动，为受众提供更多参考。四川发布将政府文件化"繁"为"简"、化"硬"为"软"，以受众愿意听、听得懂、喜欢听的形式，最大化地实现政策解读的传播效果。

加强公众参与，打造良性互动

在传递政务信息的过程中，要提高政务新媒体与群众之间的连接性，发挥政务新

新型政务媒体的构建与传播
——"四川发布"个案解析

媒体连接官方与群众的桥梁作用，建立有效的反馈机制，反映人民群众的需求，实现更为广泛快捷的"下情上达"。四川发布秉持"为群众办实事"服务思路，构建了"找文件—查解读—在线问—帮办事"全流程政民互动闭环传播链条，让用户既可查看文件原文、在线问政，又可直接进入该政策对应的在线政务服务，为公众提供更多的互动和参与机会；在相关问政专栏里，设置了"请提问"功能，网友可以针对政策文件向各有关部门咨询，网友的问题及问题解决进度在专栏里被清晰、透明地呈现，这些都提高了公众的互动意愿和使用体验。

相关问政专栏不仅可以为受众提供向政府部门提问的机会，政府也能及时在平台中了解社情民意、回应民生关切，通过有效的互动回应机制促进公众与政府之间的深入对话与交流。在四川发布的相关问政专栏中，针对网友向四川省民政厅提问的"一级、二级残疾人申请低保"相关问题，四川省民政厅就及时在平台予以答复，形成政民互动闭环。这样的双向互动有利于适配个性化的政策解读需求，建立更加开放和透明的政务平台，提升群众对政务新媒体的好感度，推动政府与公众之间的良性互动。

（王尚）

四、延伸案例

澎湃新闻：《上海外资政策速递｜一图了解上海市场准入政策》

川观新闻：《图解｜目标明确！大规模设备更新和消费品以旧换新行动来了》

案例 3

省政府新闻办新闻发布会直播报道

一、案例简介

为保障新闻发布会的直播效果，准确实时传递权威信息，扩大新闻发布会的影响力和传播范围，四川发布受权对四川省政府新闻办的新闻发布会进行全程直播，及时发布信息、准确传递价值、扩大传播范围、强化社会认知。四川发布通过中国四川客户端、四川发布客户端、四川发布微博、四川发布网全程实时传递第一手权威信息，公开透明回应公众关切，成为四川省权威消息的唯一信源。

四川发布一系列新闻发布会相关产品，形成全媒体、多渠道、多形式的立体传播矩阵，从而使传播效果最大化，满足受众对权威资讯的需求。

二、创作札记

（一）策划思路

四川发布团队从事新闻发布会直播报道工作近十年，通过实践总结，认为发布会工作是一项对政治性、政策性、专业性要求很高的工作，绝不仅仅是筛查有无错别字、标点符号是否有误那么简单，而是要准确判断发布内容、舆情走向等，有自主研判，才不会"踩坑"。在推进发布会工作前夕，我们制定了精细的发布报道策略。

新型政务媒体的构建与传播
——"四川发布"个案解析

做"准"是基础,做"精"是难点

材料审核是第一关,要做到抓细抓实。例如,部门发布稿中出现"最……"等具有绝对含义的词汇,编辑就要格外留意,一是要核查这个提法是否合理,二是要果断向发布方提出疑问、寻求依据。另外,发布会的主体一般是政府部门,起草发布稿件的往往是对新闻点认知不强的相关部门,那么,事前沟通就显得尤为重要,四川发布积极参与事前策划,从受众视角帮助起草部门深度提炼传播要点,提升发布会质量。

这些细节一方面折射媒体人员素养问题,另一方面要求建立完善的新闻发布制度体系。这也是新闻发布会工作既"准"又"精"的必要条件。《关于推动政务新媒体健康有序发展的意见》等一系列文件,明确提出要健全和完善政府新闻发布制度体系,我们认为这个制度不仅是新闻发言人制度等基础制度,还应细分为突发事件发布、政务信息公开、群众互动交流、舆情回应处置等系列机制,这是需要政府部门和媒体深度协作共同推动的事项。

要把"材料文件"变成"故事新闻"

在写作时,四川发布团队遵循的思路是政策宣传要以群众喜闻乐见的方式呈现。那么,政府部门和媒体在推进新闻发布工作中,应该将思路从"我们最想讲的"向"群众最想听的"转变。四川发布作为直播方,是发布者与媒体之间的"连接器",应当协助发布方修改完善材料。一方面,四川发布要通过会前策划,提出建议,引导政府相关部门、行业专家等打破以往"宣讲式"发布惯例,多用数据说话,多用案例说话,结合实际融入故事,同时要点对点帮助转变表达方式,把材料变成新闻,把新闻讲成故事;另一方面,四川发布作为政务新媒体,在宣传报道中应致力将"材料语言"转化为"围坐讲述",提升发布内容的新闻性和代入感。会后,还要对发布内容提炼亮点,挖掘背景故事,说群众听得懂又有丰富信息量的话。

整合新媒传播手段,提升政民互动效能

在新闻发布会中,最主要的主体是政府,而隐形主体是公众。

在互联网场域下,新闻发布会也要紧跟互联网发展趋势,运用技术手段,提升与公众的互动能力。运用大数据手段,在发布会之前监测相关舆情走向、抓取社情民意关注点,构建起舆论追踪和互动反馈的新闻发布会评估体系。四川发布运用产品制作

技术，结合新媒体传播特征，对发布会内容进行数字化转化，广泛使用长图、海报、H5、SVG等技术，促进新场景、新体验、新交互，推动发布会传播更有沉浸感、更具人性化，提升信息公开水平，进而提升社会治理能力。运用融媒技术，搭建线上新闻发布厅，通过智能化、数字化手段，抽屉式集纳新闻发布会直播、报道稿件、新媒体产品，对发布会传播数据进行量化展现，建立起网上新闻发布会数据库。同时，打造"发布＋服务＋互动"全链条融合发布平台，用户只需进入发布厅，就能实现"看、查、问"一站式体验。

（二）执行过程

唱响主题宣传"主声部"

一直以来，四川发布受权直播省政府新闻办新闻发布会，紧紧围绕省委省政府中心工作，参与新闻发布会直播报道上百场，包括解读省委全会精神新闻发布会、"四化同步、城乡融合、五区共兴"系列新闻发布会、科博会、文旅大会、清洁能源装备大会、世界动力电池大会等主题，成为唯一出口信源。确保原原本本、精准无误地将内容输出，是保障新闻发布会直播安全的第一道关口。为准确宣传报道每场发布会，四川发布组织精兵强将，成立新闻发布会报道专班，从上到下精心准备，对整个报道做系统安排。四川发布新闻发布会实录内容是唯一信源，内容精准尤为关键，一旦出错，全省媒体转载将跟着出错。为确保报道内容的精准，特别安排两个审核专岗，专门负责材料校对、速记审核及现场沟通。同步部署技术力量提升审核效率，运用智能审核系统，对所有材料和稿件进行技术初筛，再由人工进行两轮审核，把稳内容安全，确保稿件输出零失误、零错误。

奏响融合报道"多重唱"

在做好精准直播"主声部"的基础上，四川发布还发挥新媒体优势，配套运用"预告＋海报""直播＋短视频""线上＋线下"等多媒体形式，形成融合报道"多重唱"。一是会前预热。兵马未动，粮草先行，每年年初新闻发布会专项小组连续召开多场会议，专题研究优化发布会传播形式，在学习借鉴国、省多家媒体经验基础上，锐意创新，在每场发布会前制作推出预热海报，并在多平台推广，让新闻发布会实现靠前传

MEDIA CASE STUDY

新型政务媒体的构建与传播
——"四川发布"个案解析

播。二是会后跟进。为增强发布会内容的"有效、精准覆盖",四川发布独家谋划《发布会深一度》专题专栏,在重要场次,安排记者会后第一时间采访发布人,特别是对"天府粮仓""四化同步""城乡融合""五区共兴"等重点内容进行深度解析,用数据说话,用案例阐述,让政策信息生动有趣。同时,于当天在全平台分发多篇图文、短视频产品,引发强烈关注。

四川发布围绕新闻发布会推出海报、视频等新媒体产品

共谱双向奔赴"合奏曲"

推动四川发布品牌建设和发布会内容出圈,最重要的是做好推广。四川发布运用发布会建立权威品牌形象,与内容广泛传播实现双向奔赴,充分运用平台矩阵力量推广发布会内容,聚点成面,多屏展现。

激发内生动力,提升融媒覆盖。充分运用平台矩阵力量推广发布会内容,聚点成面,多屏展现。在四川发布客户端上,搭建四川网上新闻发布厅,第一时间推送直播信息以及系列分解稿件;四川发布微博搭建"四川发布微直播"话题,同步推出系列发布会稿件,话题阅读量达1.8亿次;四川发布微信当日推出综合大稿,搭配《发布会深一度》稿件单组推广,确保内容深度;《人民日报》、今日头条、企鹅号等四川发布入驻号同步跟进报道。

借助外力突围，推动内容出圈。打通国家级平台推广渠道，推动每场发布会实录入驻国新办官方 App"中国发布"平台，实现发布会内容在更高平台的高质量展现。依托成熟的"发布系"政务新媒体发布体系，探索建立省、市、县三级政务发布体系建设，重要场次联动全省厅局、市州、区县融媒体中心共同推广。

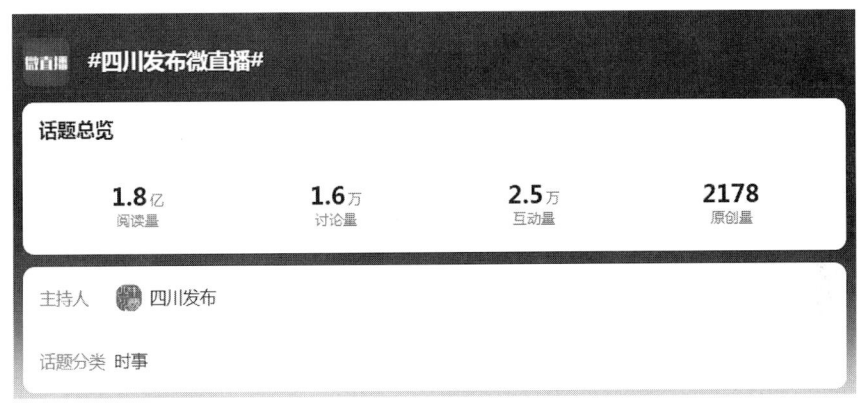

四川发布微直播数据截图

（三）社会效果

在省委宣传部的指导下，四川发布充分运用新媒体优势，发挥媒体融合效能，促进规范化、制度化运行，不断提高新闻发布会的报道水平和质量。运用新媒体手段，配套长图、海报、H5、SVG 等新媒体产品，有效提升新闻发布会传播效果，创新探索省、市、县三级发布体系，搭建网上新闻发布厅，建立新闻发布会数据库，实现发布会内容集纳展现。开设专题专栏，年度话题阅读量达到 1.8 亿次，有效提升党务政务公开效果，在互联网上营造出良好的舆论氛围。

（简文敏、刘绍侠）

三、案例评析

体系化、规范化、多样化：全媒体时代的新闻发布会报道实践

新闻发布会工作是促进信息公开和营造良好舆论环境的一项重要工作，也是沟通

新型政务媒体的构建与传播
——"四川发布"个案解析

社会公众与政府部门的重要桥梁，通常是由政府与新闻媒体配合完成，政府方面安排固定的场所，发布政策信息并回应新闻媒体的采访提问，后者会根据现场采集到的信息完成报道，实现政府政策与人民意见的上传下达。四川发布作为省政府新闻办官方授权的新闻发布会直播平台，承担着讲好四川故事、传播好四川声音的职责与使命。在长期的报道实践中，四川发布顺应社会语境与媒介环境，逐渐建立起体系化、规范化、多样化的新闻发布会报道流程，以全局观、专业性、场景感赢得报道先机，形成了阵容强大、内外联动的传播格局，充分发挥了解答民众疑惑、传递政府政策、维系社会稳定的重要作用，凸显了四川发布品牌形象的权威性与服务性。

全局观：构建层次分明的新闻发布体系

在四川省的新闻发布会直播中，四川发布具有政府部门认证的独特优势，作为官方唯一信源发挥了政务公开、回应关切、舆论引导的作用。以省委省政府中心的工作为基点，四川发布把握全局，借助广泛的发布渠道与丰富的报道形式，保障了新闻发布体系的完整性和发布节奏的连贯性。[①]

从时间维度上看，四川发布对每场发布会的宣传报道并不局限于现场直播，而是全程跟进，形成了"会前—会中—会后"的新闻发布机制：会前在四川发布官方微博以海报的形式对新闻发布会加以预热，利用微博即时传递、受众广泛、便于分享的特点让更多民众获取消息，提升新闻发布会的影响力；会中通过四川发布官方网站和客户端进行图文直播，方便网民观看新闻发布会现场，同时直播间还提供了聊天室功能，方便观众讨论；会后对新闻发布会重点信息进行归纳整合推送，用持续的内容输出有效抢占受众注意力，新闻发布会数据库又将不同阶段的报道链接起来，形成了全流程、全方位、全链条的新闻发布体系。以省政府新闻办在成都举行的"五区共兴"系列主题新闻发布会为例，四川发布在每场发布会正式开始之前都会在官方微博发布直播预告，简要交代时间、地点、主题、发布人等信息，在发布会开始之后实时推送重点内容，通过客户端与官方网站等平台先后对"成都平原经济区专场""川南经济区专场"等六场新闻发布会进行了全程图文直播，内容完整，更新及时。

[①] 吴锋、刘国强：《政治传播视域下党的二十大新闻发布实践范式、核心议题与制度创新》，《现代传播（中国传媒大学学报）》2022年第11期，第1-9页。

从空间维度上看，四川发布利用多级多层传播渠道，发挥平台矩阵力量，在同频共振与互联互动中扩大新闻发布会的传播效应。一方面，四川发布根据不同平台的传播机制与受众阅读习惯，制定了针对性的报道策略，利用新媒体矩阵构筑传播合力：在微博"四川发布微直播"话题中分条展示发布会核心观点，内容简洁且要点分明，并附有直播链接；在微信《发布会深一度》专题专栏中结合记者专访与相关短视频，对发布会所涉及的重要问题进行深度解析；在网站与客户端《四川发布厅》栏目中以图文形式对每场发布会进行完整直播；同时，微博、微信评论区、后台留言等功能也被用于收集民众的问题与反馈，实现政府与民众的双向交流。另一方面，四川发布也对省、市、县三级新闻发布体系建设进行了探索，联动不同层级、不同地区的融媒体中心形成了发布号矩阵、政务微信矩阵、政务微博矩阵，共同助力报道内容出圈。

专业性：多方协作保障高质量内容输出

为实现新闻发布会工作的规范运行，四川发布成立专门报道团队，与发布方通力合作，生产精准、深度、生动的发布会报道。首先，四川发布与政府部门、专家学者等各方紧密联系，会前参与策划，从源头提升发布内容质量，会后及时核对稿件表述是否准确无误，全网首发权威信息。其次，创新内容审核方式，结合人力资源与智能系统对稿件进行校对，通过多轮审核与双重手段保障内容安全，既提"速"，又保"质"。最后，报道团队内部分工明确、高效严谨，不仅设置审核专岗，也及时安排记者在会后进行专访拓展内容深度，写作环节则运用数据和案例提升报道可读性与生动性，并进一步将发布会的视频、图文报道整理成专题，方便群众查询浏览，以人民群众喜闻乐见的方式传递有价值的新闻信息。

具体而言，在报道四川省知识产权保护与发展新闻发布会时，四川发布在传递核心观点之外，也借会后采访向公众科普了知识产权保护中心与知识产权运营中心的区别，有利于增进社会认知。对于如何建设"天府粮仓"，四川发布则通过版面编排与制图等方式提炼与强调"三个阶段建设目标""'1531'建设布局""十个方面重点任务"等发布会要点，既内容完整，也条理清晰，其中粮食播种面积与产量等数据，也有利于公众明确"天府粮仓"的具体建设目标，丰富了报道信息量。以上举措都体现了这一新闻发布会报道团队的专业素养，及其对内容质量的高度重视。未来，四川

新型政务媒体的构建与传播
——"四川发布"个案解析

发布还可以在信息的监督与澄清机制上进行探索,通过及时有效的信息纠偏增强公信力。

场景感:融媒呈现助力立体化传播

伴随移动设备与社交媒体的普及,场景成为连接媒体与用户之间的新入口,而新闻发布会本质上就是发布人在特定场景下借助仪式性环节完成既定传播目标的一种公开活动,需要适应当今碎片化、移动性的传播情境。这其中,既包含直播场景的搭建与布置,也指向语言场景与情感场景的营造。[①]尤其是在移动话语空间中,情景化的语言表达与协商式的语言形式对认同感的形成具有积极意义[②],加上发布会前后的互动反馈与舆情监测机制,有利于舆论风向的引导与政府形象的构建,有利于受众实现情感的同频共振。

四川发布作为四川省级政务新媒体,是四川权威信息的第一发布平台,自2013年起陆续打造了四川发布的微博账号、微信公众号以及客户端,并于2019年先后在抖音、快手开设短视频账号,建立起了完善的传播矩阵。基于这些新媒体的传播特性,四川发布借助融媒体技术推出海报、H5、SVG等内容,搭建起网上新闻发布厅,以空间场景的直观呈现与媒介技术的辅助烘托,放大受众的感官体验,使其产生沉浸感与在场感。这些融媒体报道充分利用网络平台覆盖面广、传播迅速、互动性强的优势,构建起多样化的新闻发布传播场景。短视频则进一步与移动设备的使用场景相契合,如四川发布在抖音平台会截取每场新闻发布会最重要的几条信息配合背景音乐展示,有效提高了信息传播效率。与此同时,点赞、转发、评论等交互方式激发了受众的二次传播效能,推动多种形式的融媒体报道在对话与互动中实现更广泛与更充分的传播,"发布+服务+互动"的全链条融合发布平台为受众提供了丰富多元的一站式体验。并且,受众的浏览、评论等行为都有利于媒体与政府部门了解其态度与关注点,明确新闻发布会是否达成政府议程、媒体议程、公众议程统一的预期传播目标,为媒体与政府下

---

① 宁薇、赵云霄:《场景理论视域下政务新闻发布会传播策略与优化路径》,《新闻世界》2023年第2期,第11-15页。

② 曲茹:《政府形象建构的认同维度与行为系统探究——基于对北京疫情防控新闻发布会的观察》,《新闻与写作》2021年第4期,第49-55页。

一阶段的新闻发布会工作提供参考。

（蒲可意、董源）

四、延伸案例

川观新闻：《一图读懂｜省委书记王晓晖在"中国这十年·四川"主题新闻发布会上作发布》

上海发布：《水乡客厅长什么样？今天的新闻发布会深度解读全国首个跨省域的国土空间详细规划》

第二章
服务为民

DI-ER ZHANG
FUWU WEIMIN

引　言

随着"互联网＋政务服务"首次写入政府工作报告，政府更加重视政务新媒体的建设，要求各级政府将政务新媒体提高到数字政府建设的高度，逐步实现政务新媒体的全功能化。政务新媒体具有政务发布、政策解读、舆论引导等职能，是各级行政机关在移动互联网上最权威的信息发布平台，所发布的信息是政府公信力和权威性的体现，是政府网站、新闻发布会等政务公开方式在移动互联网上的延伸。它的出现和应用，拓宽了政民互动的渠道，丰富了政民互动的方式。2015年起，四川发布依托"两微一端"政务集群，全面向"功能化"转型，在构建"在线政府"方面取得新突破，主动打破数据壁垒，切实推出办事服务功能。

本章选取四川发布在努力打造一体化新型政务服务平台、推动服务型政府建设、民众参与社会治理等方面开展的积极探索，聚焦政务新媒体如何通过多样化的传播手段和深入浅出的解读方式，有效提高公众对政策的认知度和理解度，以及政务新媒体如何通过与网友的互动和政务服务的结合，架起政府与公众之间的桥梁，使政府及时了解公众的需求和反馈。

案例 1

全省首个政务"一站通"掌上办事大厅开通上线

一、案例简介

随着移动互联网的飞速发展，人们的生产生活全面"触网"，对便捷办事服务的要求越来越高。2015 年，在"互联网+"的时代背景下，四川发布紧跟时代步伐，敏锐捕捉公众对政务服务的新期待、新需求，依托四川发布客户端精心策划推出了"一站通"政务服务栏目，成为全省首个政务"一站通"掌上办事大厅。这是新时代政务服务模式的一次深度探索和生动实践。

"一站通"创新性地将新闻传播与办事服务功能相融合，聚合了全省多家省直部门、市（州）的办事服务和便民查询功能，并以智能定位为用户提供区域性服务，极大方便了企业和群众办事。随着"互联网+政务服务"的不断推进，四川发布对"一站通"进行了持续的升级改版，不仅丰富了其功能内容，更在 2019 年实现了与"天府通办"的紧密关联，从而进一步拓展了政务服务的广度和深度，为网友提供了更加便捷、高效的在线办事体验。

随后，在微博、微信、客户端"一站通"政务服务栏目的基础上，四川发布升级推出在线政务服务入口"四川发布"小程序，实现了全平台、全渠道的联通，通过深度对接全省一体化政务服务平台，集成了几十项群众高频使用的政务服务功能，实现了数据同根、服务同源。在"一站通"政务服务栏目的助力下，不仅提高了政务服务的效率和便捷性，也进一步拉近了政府与民众之间的距离，增强了政府的公信力和民众对政务服务的满意度，推动了政府治理体系和治理能力现代化的进程。

新型政务媒体的构建与传播
——"四川发布"个案解析

"四川发布"小程序政务服务版块

二、创作札记

（一）策划思路

四川发布"一站通"的建设，不仅源于团队对"互联网+"时代趋势的敏锐把握，更源于对省委省政府重要文件和相关要求的贯彻落实。

追溯到2015年，此时绝大多数政务新媒体以信息发布为主，是政务公开的重要阵地，而"利企便民"的政务服务功能还未引起重视。2015年6月，四川省政府办公厅印发《四川省2015年"互联网+"重点工作方案》，提出将在民生服务、政务服务等重点领域推动"互联网+"应用突破，统筹建设省级政务云平台等重点工作。此时，四川发布团队深刻意识到，政务新媒体作为网上政务中重要一环，除了满足公众对政务信息的需求，还必须跟上时代的步伐，在"互联网+"上下功夫，以满足公众对于民生服务的需求。同时，也意识到新媒体在推动政务服务创新中的独特优势和作用。

如何让企业和群众办事更加便捷？在此背景下，四川发布团队开启了"互联网+政务"新模式的探索，构建起集多种功能于一体的新型政务服务平台——四川发布客户端1.0版，并规划了"一站通"政务服务栏目，力求通过聚合全省职能部门办事功能，实现一站式办事服务，真正打通服务群众"最后一公里"，为广大网友提供更加便捷的生活方式。

在策划"一站通"时，团队深入分析了"互联网+政务"的发展趋势和民众需求，确定了以移动端客户端为主要载体，打造一站式政务服务掌上办事大厅的目标，并遵循用户导向、资源整合、强化互动的思路。一是以用户需求为导向，通过深入调研和分析，了解民众在政务服务中的热点需求，并对全省已有的网上政务服务事项进行梳理和分类，确保"一站通"能真正解决实际问题。二是实现分散资源整合，以构建一站式政务服务总入口为目标，对分散在各个部门的服务事项进行集中整合，而不是重新进行服务功能开发，实现资源的共享和优化配置。三是注重互动反馈，建立有效的互动机制和反馈渠道，方便实时沟通，了解群众服务需求，持续改进服务质量。

（二）执行过程

在执行过程中，我们坚持"分步实施、逐步推进"的策略，先期规划了"一站通"的版块设计，并与各个政府部门紧密对接，梳理出第一批拟上线服务功能。

立足需求导向，深入调研了解。在"一站通"栏目规划初期，全国类似的参考案例并不多，团队在摸索的过程中，始终坚持一切从用户需求出发，于是开启了线上和线下调查，去了解群众对政务服务的需求和期望，以及当前大家使用率比较高的热门便民服务事项，为栏目设计提供有力支撑。同时，外联人员与政府各个部门、各层级积极沟通协调，建立紧密的合作关系，共同推进政务服务资源的整合工作，确保栏目

新型政务媒体的构建与传播
——"四川发布"个案解析

的顺畅运行。

梳理服务项目，支撑栏目设计。根据调查情况，团队经过多次讨论，梳理出首批在线服务功能，并将"一站通"进一步细分为"热点服务""我要看""我要问"等版块。"热点服务"为最受关注的民生应用，包含公积金查询、高考成绩查询、交通查询等服务功能。"我要看"囊括全省各地吃、穿、住、行等基础性服务查询。"我要问"则包括了"我要找领导""我要咨询""我要投诉"。

对接技术开发，优化系统性能。"一站通"的组建离不开专业技术团队的支撑，此时，四川发布还没有自己的技术团队，在制定出详细的栏目设计方案之后，我们的编辑充当产品经理角色，积极和第三方技术开发团队对接沟通，对栏目的整体架构、功能模块、操作界面、操作流程、后台管理系统、数据库建设等进行明确，再进行技术开发和测试，并不断优化系统性能，确保平台的稳定性和安全性。

大力开展宣传，扩大群众知晓率。作为全省首个政务"一站通"掌上办事大厅，开通上线之后，四川发布团队策划推出了一系列稿件，围绕单个政务服务功能及操作流程进行宣传，以提高栏目的知名度和使用率，确保网友能够充分了解和使用该栏目。

持续优化升级，提升用户体验。"一站通"上线之后，团队特别注重用户反馈和需求变化，不断优化栏目的功能和用户体验。

2016年9月，经过四川发布团队多次对接和不断测试，客户端"一站通"增加了"预约挂号"功能，只需要简单几步，就能挂到想找的医生的号。

2017年1月，"一站通"2.0版上线，在便民服务的基础上，开始增加更多政务服务，涵盖了"行、住、游、购"等生活的方方面面。用户点击"一站通"按钮，就可以看到个人办事、企业办事等栏目。其中推出的企业法人栏目，为企业提供了最方便的在线办事功能与最权威、及时的政策信息。

四川发布客户端"一站通"2.0 版

2019 年底,四川发布推动技术创新与政务服务的深度融合,在自主开发的"一站通"服务平台基础上,全面关联"天府通办",实现了各类服务清单无缝对接,让政务服务更"聪明"、更智慧。

此后,四川发布团队升级推出在线政务服务入口——"四川发布"小程序,实现了全平台、全渠道的通联,通过深度对接全省一体化政务服务平台,集成了几十项群众高频使用的政务服务功能,实现了数据同根、服务同源。

(三)社会效果

四川发布客户端通过"一站式服务+智慧化推送+协作式融合",逐步实现了预约挂号、车辆违章查询、学历证书查询、高考录取查询等数十个便民服务和政务服务功能，涵盖生活工具、办事服务、专业查询、企事业单位办事等，为广大网友提供了更为便捷、高效的政务服务，被称为贴心服务和互动交流平台。

同时，"一站通"的推出和升级，逐步实现了政务服务从分散到集中、从线下到线上的转变，不仅是对传统政务服务流程的一次深刻改革，更是对政府治理能力现代化的积极探索。首先，它提升了政务服务效率，通过线上办理，降低了企业和群众的办事成本，也提高了政府工作效能。其次，它推动了政府数字化转型，为构建智慧政府、数字政府奠定了坚实基础。

（简文敏、何晓凤）

三、案例评析

发布墙与服务者：智媒时代政务新媒体的转型发展新路径

政务新媒体是展示政府部门形象的窗口、联系群众的桥梁。在移动互联网成为大势所趋的今日，主流媒体单纯以新闻宣传为主的传统传播模式已很难满足公众需求，依托信息技术、深掘政务服务成为政务新媒体发展的新路径。2020年9月，中共中央办公厅、国务院办公厅印发《关于加快推进媒体深度融合发展的意见》，意见指出：要发挥市场机制作用，增强主流媒体的市场竞争意识和能力，探索建立"新闻+政务服务商务"的运营模式，创新媒体投融资政策，增强自我造血机能。[①]"新闻+政务服务"成为智媒时代政务新媒体的发展趋势。

随着大数据、物联网、云计算等新技术不断涌现，建立一体化的网上政务服务平台，推进"互联网+政务服务"，成为政务服务信息化的重点和方向。"互联网+政务服务"借助现代信息网络技术，实现了跨层级、跨地域、跨行业、跨部门的一体化服务模

---

① 中共中央办公厅、国务院办公厅印发《关于加快推进媒体深度融合发展的意见》，详见中国政府网，https://www.gov.cn/xinwen/2020-09/26/content_5547310.htm。

式，变"群众跑腿"为"数据跑路"，打通便民服务的"最后一公里"。[①] 四川发布首开全省政务"一站通"，是主流媒体创新发展的有益探索，也是对建设"互联网+政务服务"号召的积极响应。"一站通"创新性地将新闻传播与办事服务功能相结合，融合各级政务信息资源，打通各方政府便民服务，在为群众谋幸福的同时，提升了政务新媒体的公信力与传播力。

权威发布，党政媒体打造精细化传播内容

"新闻+"模式，核心动力在于内容。作为媒体转型升级的立身之本，内容是"变"，亦是"不变"。在媒体发展过程中内容生产发生了巨大变化，媒体的功能定位远不止生产新闻内容，还要生产除新闻之外的"泛内容"。[②] 在以社交为核心逻辑的互联网时代，内容正以多形态进行动态渗透，逐渐形成泛内容化的竞争格局。但对于主流媒体而言，尽管用户获取内容的方式发生改变，对优质内容生产的要求始终没有变。

四川发布客户端依托政务媒体背景，具有无可比拟的政治优势和资源优势，主推政策内容的权威性，定位"权威发布，温馨便民，应急引导"，凸显了政务信息发布、便民信息查询、舆论引领的政务功能。"互联网+政务服务"充分运用现代信息网络技术，对传统的政务流程进行再造和优化，通过信息化、智能化、数据化，打破时间和空间的局限，减少层级过多造成的信息失真和耗损，促进部门协同、条块联动、跨界整合，极大增强了政务新媒体内容的权威性。

同时，四川发布聚焦用户需求，实现内容的精细划分。《关于加快推进媒体深度融合发展的意见》指出，要走好全媒体时代群众路线，强化媒体与受众的连接，以开放平台吸引广大用户参与信息生产传播，生产群众更喜爱的内容，建构群众离不开的渠道。[③] 四川发布在内容创作和形式上强调话语多元和形式跨界，满足不同圈层群众的政务新闻需求。"一站通"提供"预约挂号""高考查询"等不同人群的关注版块，满足不同身份民众的政务需求，"要闻"版块通过精细化的频道划分，融合运用图解、

[①]《"互联网+政务服务"助力一流软环境建设》，《光明日报》，详见 https://www.gov.cn/xinwen/2022-02/14/content_5673443.htm。

[②] 张越、范以锦：《"新闻+政务服务商务"运营模式浅析》，《传媒》2020年第23期，第72-74页。

[③]《加快推进媒体深度融合发展》，人民网，详见 http://media.people.com.cn/n1/2023/0424/c14677-32672304.html。

新型政务媒体的构建与传播
——"四川发布"个案解析

漫画、音视频等多种手段进行政务信息的解读，致力呈现最丰富的"精加工"新媒体内容。除此之外，四川发布客户端设置了个性化频道定制，用户可在"头条""推荐""VR""政务""常务会"等新闻频道进行选择，定制个性化的新闻客户端。

民生为本，融媒技术开展常态化"微互动"

《国务院办公厅关于推进政务新媒体健康有序发展的意见》强调，要强化政务新媒体办事服务功能，围绕利企便民，聚合办事入口，优化用户体验，立足工作职责，重点推动与群众日常生产生活密切相关的民生事项向政务新媒体延伸。[①]四川发布"一站通"深入了解群众对政务服务的需求和期望以及热门便民服务事项，遵循用户导向，落实民生根本，确保为民众解决实际问题。"热点服务"版块包含公积金、交通等查询栏目，最大限度为民众生活提供安全感和稳固保障；"我要看"版块囊括与群众生活息息相关的衣、食、住、行等基础保障，细致入微地提升民众生活幸福感。

同时，四川发布"一站通"健全政民沟通渠道，积极听取用户反馈，解决群众问题。2013年国务院办公厅发布《关于进一步加强政府信息公开回应社会关切提升政府公信力的意见》，提出"着力建设基于新媒体的政务信息发布和与公众互动交流新渠道"[②]。随着信息技术的发展，双向沟通传播的途径越发便捷、多样化，政务传播也从以往单一的政务报纸、新闻发布会等传统的单向传输模式转变为"互联网+政务服务"的新型互动模式。信息时代的出现使"人人都有麦克风"，受众中心论凸显，人民群众在政治领域具有更多的话语权，在政务传播中的沟通互动的需求也逐步增加，政务传播工作的重心逐渐由以行政办公为主向以服务、满足公众需求转变。

四川发布顺应传播潮流，应用移动信息技术，积极开展政民"微互动"，提升"政"能量，提升党媒传播力。四川发布客户端、小程序开设政务服务栏目——《川叔知民生》《省政府@你》，主动回应群众关切，为市民提供政策提问的入口。"四川发布"小程序同时设置"政民互动"服务版块，直达政府服务网，开设"我要咨询""我要投诉""我

[①] 《国务院办公厅关于推进政务新媒体健康有序发展的意见》，中国政府网，详见 https://www.gov.cn/zhengce/content/2018-12/27/content_5352666.htm。

[②] 《国务院办公厅关于进一步加强政府信息公开回应社会关切提升政府公信力的意见》，中国政府网，详见 https://www.gov.cn/gongbao/content/2013/content_2514989.htm。

要找领导"等多个政民互动渠道。同时，各个版块实现智能关联，让群众足不出户就能沉浸式体验政策查看、在线办事、网络问政的一站式服务。四川发布在多个平台设置政务"微互动"版块，真正做到以民为本，为政务新媒体进一步了解群众、贴近群众、为群众排忧解难探索了新途径、新渠道。

融合联动，基于协同机制打造多维传播矩阵

互通、共融成为互联网时代的主旋律，在传媒生态和舆论格局发生重大变革的当下，融合传播不仅仅体现在宣传的新媒体呈现上，更要构建以融合传播平台为基础的政务服务矩阵。[①]四川发布通过多种新媒体平台、借力既有的政府结构，广泛利用社会资源，打造横纵并举的多维度、多通路政务新媒体矩阵，实现对政务新媒体传播矩阵的再造与深入。

四川发布以大数据、云技术实现中央到省市县多级资源联动。"一站通"创新性地聚合新闻传播和办事服务功能，集合全省近50家省直部门、21个市（州）信息资源，真正做到数据贯通、信息共享。四川发布客户端、小程序关联"天府通办"，通联省、市、县三级，直达四川政务服务"一网通办"的总门户。此外，四川发布通过互联网、云技术，以技术赋能培育"发布系"，全省各级政务平台也得以通过矩阵体系"即时云联动"，"共享生产力"，实现了信息传递的高效率、低损耗，保证了政务资源的同步、权威。同时，四川发布小程序对接全省一体化政务服务平台，实现了数据同根、服务同源，建成了省政府文件库和政策解读库，集成了几十项群众高频使用的政务服务功能。

四川发布政务新媒体开设微博、微信、客户端、一站通政务服务等多个平台，实现了全平台、全渠道的联通，初步建成了一批群众喜闻乐见的精品账号、应用。各类政务新媒体互联互通、整体发声、协同联动，推进政务新媒体与政府网站等融合发展。

四川发布"一站通"的建设顺应信息技术发展潮流，响应国家推进"互联网＋政务服务"以及"新闻＋政务服务商务"媒体融合的号召，充分整合各方资源，是智媒时代打造有温度的政务新媒体的典范，为四川微政务快速发展增添新引擎的同时，打

---

① 《媒体开展政务服务 一站式对接宣传更立体》，人民网，详见 http://media.people.com.cn/n1/2018/1023/c14677-30357831.html。

通四川便民服务的"最后一公里",为信息时代政务新媒体的发展提供了参考。

（高冉）

四、延伸案例

上海发布：《在上海，怎样用微信查四金和个税？》　　北京发布：《北京通App11月升级上线520项服务可指尖办理》　　长江云平台：《区域性生态级媒体融合平台——长江云平台到底是啥？》

案例 2

全国率先开设省级城市服务台微博话题
——四川城市服务台

一、案例简介

在"互联网+"时代背景下,政务新媒体成为政府与公众沟通的重要桥梁。四川发布紧扣政务服务要求,发挥四川政务微博矩阵完整、应对突发事件经验丰富的优势,联合新浪微博在全国率先开设省级城市服务台微博话题——"四川城市服务台",成为"微博城市服务台"共建计划中全国首批启动"城市服务台"的政务新媒体之一。该话题的设立,旨在通过微博这一社交媒体平台,提供更加便捷、高效的政务服务,实现政府与公众的良性互动。

"四川城市服务台"微博话题的开设是四川政务新媒体在办事服务方面的一次成功创新实践。通过精心规划内容、科学制定发布策略、积极管理互动以及深入应用数据分析等手段,实现了政务信息的快速传播和广泛覆盖,促进了政民之间的良性互动,提高了办事效率,并树立了良好的政府形象。它不仅提升了政务服务水平,也拉近了政府与公众的距离,为构建服务型政府、实现政民良性互动探索了一条有效途径。

新型政务媒体的构建与传播
——"四川发布"个案解析

"四川城市服务台"数据截图

二、创作札记

（一）策划思路

政务新媒体作为政府发声和服务的新型渠道，其重要性不言而喻。在创作"四川城市服务台"微博话题时，四川发布团队深知这不仅是一个信息发布平台，更是政府服务职能的延伸。因此，我们确立了用户至上、实时互动、内容权威、全省共建、创新服务的创作原则，不断探索和尝试新的服务方式，提升政务服务水平。

我们通过建立"四川城市服务台"话题，畅通政民互动，实现了上情下达、下情上达，以"不下班的政府"的姿态，积极为民服务。我们也通过话题"微服务"，打造高效政府，当遇见噪音扰民、白蚁消杀等问题，网友就会在微博上"@四川发布"求助，透过"微监督"打造阳光政府，及时求真求实，辟谣网络舆情。

（二）执行过程

"四川城市服务台"微博话题的执行过程严格遵循政务新媒体的运营规范，同时结合微博平台的特点，进行有针对性的创新实践。

心系民生实事，服务融于指尖

四川发布团队不仅关注政策文件的发布和解读，还深入挖掘与公众生活息息相关的实用信息。例如，针对公众关心的交通出行问题，及时发布最新的交通管制信息、公交线路调整等；在公共服务方面，提供水、电、煤、气等公共服务供应情况的实时更新，以及各类公共服务窗口的工作时间调整和服务内容变化等信息。这不仅满足了公众的基本信息需求，还通过微博的即时传播特性，实现了信息的快速流通和广泛覆盖。

掌握新媒特性，提升传播效率

充分利用微博平台的社交属性和传播特点，通过分析用户的活跃时间和阅读习惯，选择在用户活跃度较高的时段发布重要信息，确保信息能够及时触达目标用户。同时，注重使用"@"功能来提及相关部门或公众人物，提高信息的关注度和传播率。此外，还通过合理使用话题标签（如"四川交通""公共服务"等），将相关信息进行归类和聚合，方便用户查找和关注。

深化政民互动，回应社会关切

互动管理是政务新媒体运营中的重要环节。四川发布针对"四川城市服务台"建立完善的互动管理机制，包括定期回复用户评论、私信答疑等。针对用户提出的问题和建议，及时回应并给出解决方案或解释说明。这种积极的互动态度不仅提升了用户的满意度和参与度，还增强了政务新媒体的公信力和影响力。此外，四川发布还通过组织线上活动，如知识竞赛、问卷调查等，吸引更多用户参与互动，进一步扩大受众范围。

深挖数据语言，优化服务效能

四川发布定期对微博数据进行深入分析，包括用户活跃度、内容阅读量、转发评论数等指标。通过这些数据，可以了解用户对哪些内容更感兴趣，哪些话题更具传播潜力等。这些数据反馈为四川发布调整内容策略和发布计划提供了重要依据，使"四川城市服务台"的话题更加贴近用户需求，提高政务服务的针对性和实效性。同时，还关注用户反馈和意见收集，不断优化服务质量和提升用户体验。

（三）社会效果

"四川城市服务台"微博话题的开设，取得了显著的社会效果。截至 2024 年 1 月，"四川城市服务台"话题阅读量达到 4.6 亿，讨论量达到 13.9 万，互动量达到 17.7 万。

新型政务媒体的构建与传播
——"四川发布"个案解析

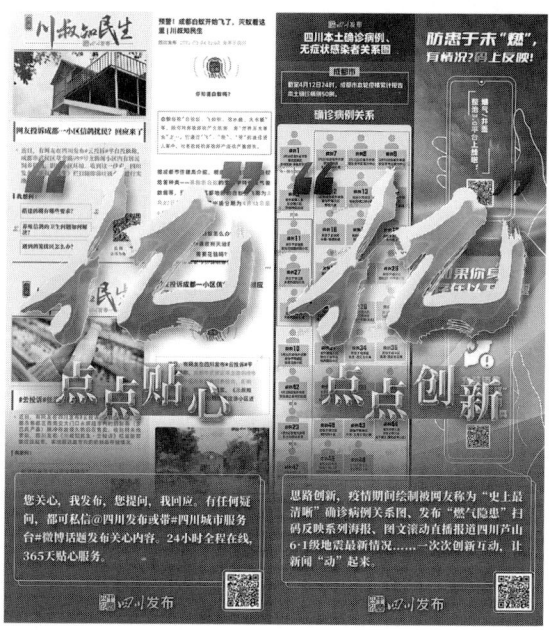

"四川城市服务台"话题破亿海报

第一，提升了政务透明度。四川发布致力建立公开透明的网上群众服务平台，促使政府部门的决策过程、服务内容广泛传播，增强了政务工作的透明度。首先，通过"四川城市服务台"对内容和群众反馈信息进行集约化管理，公众可以更加便捷地向政府部门提出建议、反映问题，政府部门也能及时回应关切，有效促进政民互动。其次，通过"四川城市服务台",公众可以快速获取政务服务信息,减少了信息传播环节和时间成本,提高了办事效率。最后,"四川城市服务台"微博话题的运营,也展示了政府部门积极作为、服务民众的良好形象,增强了政府的公信力和凝聚力。

第二,增强了"四川城市服务台"的综合服务效能。四川发布将进一步完善服务机制并探索新的服务方式和技术手段,运用生成式 AI、人工智能、大数据等,推动政务新媒体优化"掌上"群众服务,满足公众日益增长的美好生活需要。同时,也期待更多的政务新媒体加入这一行列,共同推动政务服务水平的提升和社会的进步。

（刘绍侠）

三、案例评析

以人为本:"四川城市服务台"微博话题的可沟通性

加强全媒体传播体系建设,推动形成良好网络生态,是党的二十大报告中的重要内容。政务新媒体要凝聚社会共识、画好线上线下同心圆,就要联动同在"体制内"的主流媒体,联动意见领袖,积极"出圈",强化传播矩阵的协同创新效应。[①] 2021 年 11 月,四川发布紧扣政务服务,联合新浪微博在全国率先开设省级城市服务台微博话题"四川城市服务台",成为"微博城市服务台"共建计划中全国首批启动"城市服务台"的政务新媒体之一。微博话题作为一种独特的传播渠道,以其贴近民生、关怀社会的特质提供了媒介信任与信息价值。

协同参与:联结同心协力的"大家庭"

话题功能是社交平台发展的一个里程碑。2007 年 Twitter 平台开始用"hashtag"标记关键词,在凸显主题的同时,又方便用户搜索和参与,迅速为用户所接受,并被全球各大社交平台采用。推广至国内后,"# 关键词句 #"就构成了一个微博话题,可将

---

① 张梦晗:《"以人为媒":语态变革背后的范式革命——政务新媒体"出圈"的四个面向》,《传媒观察》2023 年第 S1 期,第 5-8 页。

新型政务媒体的构建与传播
——"四川发布"个案解析

关键词句从语段中区分出来，点击话题链接会看到浏览量、讨论量等数据，并集纳此话题下所有相关微博内容。[①]

由四川发布发起的"四川城市服务台"话题，以四川发布为核心，辐射全川，聚集了一大批关注四川发展的微博账号，如："金温江""西昌发布V"等省内各市各区人民政府新闻办官方微博，"华西社区报官博""德阳日报DY"等省内地方媒体官方微博，"投资四川""成都科技"等省市级机构官方微博……

通过设置话题的形式，四川发布将新闻生产变成具有开放性和参与性的多主体参与建设，进而形成合力，有利于持续扩大舆论影响力。在信息充沛、庞杂和转瞬即逝的网络空间中，有效汇聚了同类信息。

川内众多官方微博账号联结为同心协力的"大家庭"，在丰富信息来源的同时，促进了各媒体相互学习、交流，为共同探索如何更好地应对媒体发展、推动政务公开与公共服务提供了平台。

"四川城市服务台"中的部分参与主体

多元内容：打造贴近生活的"本地通"

多主体的协同参与，为"四川城市服务台"话题提供了充足的养料。从话题导语可看出，这一话题的设立意图是打造一个丰富多彩的"百宝箱"："政务服务、权威发布、疫情防控、政策解读、民生实事、天气预警、出行提示、科普知识……在这里，了解四川！"

[①] 全会：《主流媒体的微博话题使用研究——以央视新闻官方微博冬奥报道为例》，《传媒》2023年第2期，第71—74页。

与人们日常生活息息相关的信息在这一话题下得到了充分的呈现，为公众提供了丰富的政务服务和信息，如预约接种教程、高考生爱心送考服务预约、税费优惠政策解读等。同时，微博这一社交媒体平台，具有用户群体广泛、覆盖面广、信息传播速度快的特征，四川发布借助媒介技术之羽翼，扩大了传播范围，提高了传播效率。

这一语境下，交通、环保、医疗等公共服务信息得以迅捷传递给更多的市民。以天气预警的相关内容为例，四川发布曾在"四川城市服务台"话题下发布了"中央气象台发布暴雨蓝色预警：四川东北部等地局地有暴雨"这一微博，及时为市民们提供了预警信息。同一天，西昌发布在"四川城市服务台"话题下发布了"汛期灾害性天气自救常识"这一微博，为市民提供了应对极端天气的指南。及时有用的天气预警信息，使广大市民能够更好地了解和应对各类突发事件。

此外，话题下的各类城市资讯和文化活动，也使得市民对自身居住的城市有了更深入的了解，从而可能对城市产生更强的归属感和认同感。成都大运会期间，四川发布在"四川城市服务台"话题下发布了"码住收藏！＃成都这些大运场馆免费＃！"这一微博，图文并茂地为市民介绍了成都市将开放的大运场馆、开放时间、预约方式、交通路线等实用信息。网友纷纷点赞，评论道："利民""不错"。

通过微博话题提供多元化的内容和信息，不仅是一种媒介形式，更是一种服务意识，四川发布以此为手段，不断推进着信息公开和便民服务的进程。

及时互动：构筑上通下达的"连心桥"

贴近市民日常生活的有用信息，对市民而言有着天然的接近性，媒体不用费力，市民就会产生较大的兴趣。换言之，政务新媒体要做一个"本地通"并不难，难在如何成为一个具有可沟通性的平台：能让市民听懂政府的思路，能让政府听到市民的声音。

四川发布在这一问题上做到了"两手抓"。

一方面，四川发布以简明通俗的图文呈现政策解读，帮助市民更好地了解政策的方向和重点。四川发布曾发布"速览！2023年延续和优化实施的阶段性税费优惠政策有哪些？"这一微博，让市民能够一张图看明白当年延续和优化实施的阶段性税费优惠政策。

另一方面，四川发布积极听取市民的意见和建议，及时联系相关部门，解决市民的问题。四川发布在"四川城市服务台"话题下发布了"看看有你关心的吗？四川医保热点答疑"这一微博，针对不少参保人员所关注的急诊、抢救住院报销问题进行了解答，受到网友点赞。

在听取市民声音上，四川发布不仅积极回应市民对于政策的疑惑，也在市民日常生活中遇到的困难上尽心尽力，真正做到了关心市民的点点滴滴。例如，当网友遇到白蚁消杀问题时，四川发布采访了白蚁灭治专家，为市民提供白蚁危害、处理及预防等相关知识。

诸如微博此类的社交媒体，为主流媒体与民众之间的沟通提供了全新的渠道和方式。但媒介技术仅仅是一种具备可沟通性的工具，欲借媒介之力实现信息的及时流转和有效传达，离不开对人本身的关切。四川发布切实以市民需求为出发点，致力建立开放、透明的沟通机制，让民众信任平台并乐意积极参与到公共事务中来，实现与民众之间的良好互动，搭建起了上通下达的"连心桥"。

（雷思远）

四、延伸案例

#郑州城市服务台#

#浦东城市服务台#

案例 3

"发布+服务"系列栏目打造

一、案例简介

政务新媒体作为政府与公众之间沟通的桥梁，其重要性不言而喻。在新时代网络环境下，政务新媒体必须切实走好网上群众路线，权威发布政务信息、及时回应社会关切、积极解答公众疑惑。在这一过程中，政务新媒体不仅扮演着信息发布者的角色，更是线上服务的提供者，是政民沟通的桥梁。近年来，四川发布不断深化"发布+服务"内涵，相继推出了《微访谈》《川叔知民生》及"小住安全随手拍"等多个民生服务品牌，展示了政务新媒体在解决民生问题、促进政民沟通方面的巨大潜力，取得了亮眼的成绩，得到广大网友的好评。

《微访谈》栏目：《微访谈》栏目于 2019 年 7 月开设，其宗旨在于进一步做好政务公开和政务服务，加强政策解读和回应关切，加强政府部门与公众的互动交流。栏目紧紧围绕四川省委省政府中心工作及群众关心的民生热点问题，邀请经信厅、住建厅、民政厅、司法厅、省地震局等相关单位主要负责人开展访谈并与网友进行互动。每一期《微访谈》都围绕一个主题，通过意见征集、现场问答、线上互动等多种形式，让政府部门负责人直接回应民生关切，提供专业的解读和建议，极大地提升了政务公开和政务服务的效果以及公众的参与度。栏目开设至今，已进行了近百期访谈，主题涉及垃圾分类、高温天气、汛期洪涝、农民工讨薪维权、地震预警等热点话题。

《川叔知民生》栏目：《川叔知民生》栏目于 2021 年 7 月开设，是四川发布以民生为引领打造的政务新媒体"发布+服务"升级版。该栏目始终坚持"以人民为中心"的传播理念，关注网络民声、回应网民关切，聚焦吃穿住行、养老就医、子女教育、

MEDIA CASE STUDY

新型政务媒体的构建与传播
——"四川发布"个案解析

医疗保障、安全生产、公共卫生等方方面面问题，及时收集、整理四川发布后台网友留言和投诉，第一时间进行回应，急民之所急，解民之所忧，有效提升了政务服务的互动性和实效性，真正做到有速度有温度。栏目以小见大、以点带面、主动作为，在解决网友问题的同时，为网友普及四川多项民生政策变化，为构建和谐社会创造了良好的氛围，是四川发布作为四川省政府官方政务新媒体进一步提高政务服务水平的重要体现。

"小住安全随手拍"平台：在信息技术飞速发展的当下，社会治理模式正面临着深刻的变革。国务院办公厅印发的《关于推进政务新媒体健康有序发展的意见》明确提出，鼓励采用微联动、微直播、随手拍等多种形式，引导公众依法有序参与公共管理、公共服务，共创社会治理新模式。作为省级政务新媒体，四川发布主动联合四川省住建厅打造"小住安全随手拍"平台，正是社会治理变革中的生动实践。该平台以手机等智能终端为主要载体，鼓励公众积极参与城市安全管理，发现身边的窨井盖、燃气管道等安全隐患时，只需拍照上传至平台，工作人员便会迅速响应、及时处理。

"小住安全随手拍"平台不仅提升了安全隐患的发现和处理效率，更重要的是，它体现了国家治理现代化进程中的两大核心理念：一是强化公众参与，通过降低参与门槛，让每个公民都能成为社会治理的参与者、贡献者和监督者；二是发挥科技支撑，运用现代信息技术手段，优化治理流程，提高治理效能。

专题 | 四川发布微访谈

专题 | 让垃圾"各就各位"

二、创作札记

（一）《微访谈》栏目

1. 策划思路

2018年12月，国务院办公厅印发《关于推进政务新媒体健康有序发展的意见》，强调要通过政务新媒体推进政务公开，强化解读回应，积极传播党和政府声音。2019年5月，四川省人民政府办公厅印发《四川省2019年政务公开工作要点》，提出"加强重要政策措施解读""主动回应社会关切"，通过在线访谈、媒体专访等多种方式进行解读，并充分利用微博微信和客户端等新媒体平台交互性强、传播迅捷的特点，提升解读回应信息的到达率和影响力。在此背景下，四川发布主创团队经过多次策划讨论，决定升级推出《微访谈》栏目，通过系列报道紧跟热点、走进厅局、权威发声。

《微访谈》栏目采用什么形式？何时推出？在策划之初，我们将栏目的定位确定为"政民互动、答疑解惑"，旨在通过访谈的形式，让政府的声音更加贴近民众，让民众的问题得到及时回应。为了区别于传统电视和网站的"在线访谈"，适应新媒体时代的内容生产规律，大部分的《微访谈》都采用直播形式，让访谈推出更加快速、高效。同时，我们也深知，如今信息的传递不再是简单的告知，而是需要双向互动沟通，因此也一直致力构建一个政民互动交流的平台。

为了做好《微访谈》，四川发布团队一直严格选择访谈选题，注重选题的时效性、热点性和普遍性，选择当前公众最关心、最需要了解的话题进行访谈解读，力求每期访谈都能吸引公众的关注和参与。同时，积极突破传统单一形式，通过图文、视频直播及配套短视频、图解等方式，多角度、全方位、有效阐释经济民生政策，让网友们"听得懂"。此外，我们还强化《微访谈》的互动性和实效性，通过设置话题讨论、网友提问等环节，激发网友的参与热情，让政务服务精准、有效地触达群众。

例如，2019年"垃圾分类"成为全国热议的话题，在四川垃圾分类指导意见出台当天下午，四川发布团队第一时间邀请四川省住建厅厅长进行微访谈，权威解答网友关注的相关问题；推出四川垃圾分类"五字口诀"，在线教网友"扔垃圾"；制作垃圾分类相关图解，让网友一图看懂。一系列接地气的互动报道，受到大量的关注，对政策落地、百姓知晓和践行起到正面作用。

四川发布《微访谈》预热海报

2. 执行过程

在《微访谈》栏目创建之初，团队就讨论出了《四川发布微访谈操作细案》，围绕选题范围、前期准备、宣传预热、访谈录制、人员配置、应急机制等方面进行了细致明确。在执行过程中，从主题选择、嘉宾邀请、提纲拟定、访谈准备，到现场录制、直播互动，再到后期编辑、宣传推广，大家分工明确、紧密协作，各个环节都有条不紊。

组建团队，明确岗位职责和分工。 通常，我们的前端团队由1名主持人、1名摄像师、3名编辑、1名审核员组成。主持人主要负责前期对接工作、现场嘉宾提问、微访谈稿件撰写；摄像师负责现场录制及拍照；编辑负责微博客户端平台的直播；审核员则对整个《微访谈》各个环节进行把关。每一场《微访谈》对于我们来说都是一场"硬仗"，在这个过程中，最大的问题就是人手不足，主持人通常由记者兼任，而摄像师也往往由编辑人员承担。作为非主持专业的记者，最开始面对镜头总感觉不自然，背好的内容也容易忘词，但是随着一次次的累积，我们的记者在镜头前可以收放自如。这种跨角色的工作模式，不仅锻炼了团队成员的适应能力，也让大家在实践中成长为具备多方面技能的复合型人才。

确定主题，紧扣时代脉搏民生关切。 每一期访谈做什么主题？一般而言，团队会提前半个月召开策划会，深入探讨和确定访谈主题。当然，对于突发的民生热点，也会迅速做出反应，灵活调整策划方向。在策划过程中，团队除了聚焦四川最新重要政策文件，还紧密结合社会热点和公众关切，力求所选主题既具有代表性，又能普遍引起共鸣。因此，无论是关于老旧小区改造、电信诈骗防范、职工医保改革，还是农民工讨薪维权等热点话题，《微访谈》一经推出，都能引起广泛关注和热议。

邀请嘉宾，虽有"微"名却大有讲究。 访谈栏目嘉宾自然是关键！尽管访谈形式为"微"，但我们在选择嘉宾上绝不马虎。一旦访谈主题确定，口线记者会立刻与相关厅局部门密切对接，力求邀请到"一把手"或相关负责人参与，确保访谈中政策解读内容的专业性和权威性。随着《微访谈》栏目逐渐积累出影响力，不少厅局部门主动来联系我们，期望围绕特定主题进行访谈。当然，在嘉宾邀请的过程中难免会遇到一些波折。有些嘉宾可能对直播形式存在顾虑，担心访谈内容被网友误解或歪曲，但我们都会耐心沟通，消除嘉宾的疑虑，确保访谈的顺利进行。

精心筹备，力求达到最佳效果。 一旦明确了访谈的主题与受邀嘉宾，编辑记者团队便会立刻投入访谈提纲的撰写之中。为了确保访谈内容的精准与深入，我们会与厅局部门的关键负责人进行多次沟通与研讨，共同打磨问题与回应，力求达到最佳的访谈效果。在直播启动之前，美编会制作引人入胜的宣传海报，在各平台提前发布预告，广泛收集网友的疑问，为直播过程中的互动环节做足准备。此外，访谈现场的布置亦是我们重视的环节，我们致力营造一个轻松愉悦的氛围，让嘉宾在放松的状态下畅所欲言。

直播互动，增强用户参与感。 在直播的过程中，我们充分利用新媒体平台的优势，通过直播、图文、短视频等多种形式呈现访谈内容，让网友能够更直观地理解政策解读信息。同时，我们也注重用户的互动性和参与感，除了请嘉宾回答此前征集的问题，还鼓励网友通过弹幕、评论等方式进行实时互动，及时解答观众疑问。

宣传推广，做强做优二次传播。 每场直播结束后，我们会对微访谈进行回放和整理，方便网友回顾和分享。同时，形成一篇丰富扎实的综合稿件，通过四川发布全平台及其他政务新媒体进行多渠道推广。对于访谈中的精彩内容，我们会精心剪辑和包装，使其更加符合当前用户的观看习惯，以期获得更好的二次传播效果，让更多的网友能够看到。此外，在这个过程中，我们也会及时收集网友的意见和建议，不断优化栏目的内容和形式。

3. 社会效果

《微访谈》栏目注重时效性、权威性和贴近性，相关厅局负责人政策解读及时、有效，栏目自推出以来，四川发布主创团队根据民生热点话题，分别专访了经信厅、住建厅、科技厅、民政厅、司法厅、省地震局、省气象局、省就业局、省社保局、省统计局、省医保局等多个厅局相关负责人，形成一系列有影响力的专栏产品，得到了社会各界的广泛关注和好评。截至目前，已推出近百期各类主题访谈，累计阅读量超千万。相关重要微访谈稿件，在四川发布客户端、微信、微博及各大入驻平台等推送，也被各厅局部门网站、政务新媒体等转载刊发。同时，像垃圾分类、地震预警等多期微访谈稿件，还被《人民日报》弹窗推送，取得了很好的效果。

《微访谈》不仅是一个访谈栏目，更是政府与民众之间沟通的桥梁，是政务公开和政务服务的重要窗口。通过这一栏目，一方面网友可以及时了解最新的政策信息和民生热点，与政府部门负责人线上交流；另一方面，政府部门也能够及时、准确传达政策信息、服务为民，并能更好地了解民意、回应关切、改进工作。这不仅增强了政务信息的透明度，还提升了政府的公信力。

（二）《川叔知民生》栏目

1.策划思路

听民意、聚民智、解民忧、凝民心，随着移动互联网的发展，政务新媒体逐渐成为走好网上群众路线的重要渠道之一，越来越多的网友通过微博、微信、客户端等新媒体平台咨询问题、反馈情况。

作为四川省委省政府的官方新媒体，四川发布后台、评论区每天都会收到大量网友留言，涉及政策咨询、问题反映、投诉举报等。如何处理这些留言？怎么回复？如何架起网友与政府部门沟通的桥梁？对此，四川发布团队进行了深入研究，并分析了国内其他政务新媒体同类栏目的情况，在此基础上，结合实际提出了打造《川叔知民生》栏目的初步构想，旨在让网友的声音能够被听见、被理解、被回应。

在策划之初，团队确立了以民生需求为导向，以问政服务为核心的思路，力求打造一个真实反映民意、及时回应关切的平台。在这里，网友的每一条留言我们都要求小编认真对待，每一个问题都力求通过努力为他们寻得满意的答复。我们以网友的留言和投诉为切入点，通过收集和分析，最终筛选出热点民生问题和投诉，并进行深入的挖掘和采访，及时追踪回应，以期真正做到政策疑惑权威解答、民众关切及时发声、"急难愁盼"全力解决。我们没有仅仅停留在问题的表面，而是通过专业的采访和分析，揭示问题的根源，提供深入、全面的报道。

在策划过程中，四川发布团队非常注重栏目的品牌建设，希望通过"川叔"这一亲民的形象，拉近与网友的距离，让政民互动更接地气，于是便有了《川叔知民生》这一栏目名称。同时，我们还为"川叔"定下了"政策疑惑解答者""民众关切回应者""'急难愁盼'解决者"的三重身份——

"政策疑惑解答者"：畅通信息发布渠道，新出台的政策法规、重大事件发生时的重要消息，都将通过栏目第一时间向公众解读。"民众关切回应者"：围绕网友关注较多的民生问题，迅速联系相关部门做出回应，让群众的"操心事、烦心事、揪心事"得到及时解决，把矛盾纠纷化解在萌芽状态。"'急难愁盼'解决者"：倾听社情民意，针对民众"急难愁盼"身边事，开设"云投诉"话题，对未来可能形成的网络热

新型政务媒体的构建与传播
——"四川发布"个案解析

点及时发现、及时提醒、及时跟进、及时回应，提供给相关部门进行及时处理。

《川叔知民生》海报

2. 执行过程

在执行过程中，我们严格按照策划思路进行操作，组建了一支由专业记者、编辑和新媒体运营人员组成的团队，并建立了相关的工作机制，以项目组的形式来推动栏目日常运营和管理。

全面开放收集线索。 团队抱着开放的心态，在四川发布微博、微信、客户端等全平台都开设了问题反映渠道，值班编辑每日不间断关注网友的留言、投诉。对于政策问询类，及时反馈政府文件或文件解读；对于问题反映、投诉类，则进行分类整理，并讨论筛选出具有代表性和普遍性的问题提供给记者作为采访线索。

快速行动深入一线。 记者在拿到采访线索后，会迅速行动起来，第一时间联系相关人士，深入现场进行实地采访和调查，以获取最真实、客观的第一手资料。在采访中，记者会与当事人沟通，充分了解他们的诉求和期望，并积极协调相关部门做出回应。例如，我们栏目首期《电子科大清水河校区路口疑建污水处理厂？官方回应》，就网友反映的问题，第一时间奔赴现场求证，并就该问题联系采访了相关部门做出回应，真实反馈网友提出的问题，解决网友的担忧。

及时成稿确保权威。 在稿件撰写环节，四川发布记者依据实地采访和调查的结果，及时撰写稿件，力求用通俗易懂的语言和丰富的形式回复网友。对于一些复杂问题，我们会联络多个部门或专家进行解读和确认，确保答复的权威性，避免不专业的回复引发舆情。此外，我们为每期稿件都制作推广海报，吸引网友扫码查看和分享。

注重反馈不断完善。 专栏稿件经过严格审核后，我们会通过四川发布微博、微信、客户端及第三方入驻平台进行发布和推广，并将相关回复同步给提问网友。同时，也会密切关注网友的反馈意见，对于新的问题或建议，及时进行调整和完善。

当然，在执行过程中，我们也遇到了一些挑战和困难。比如，如何确保留言的真实性和有效性？如何避免过度炒作引起舆情和误导？如何平衡不同群体的诉求和利益？针对这些问题，我们团队不断总结经验教训，调整优化工作策略，以确保栏目的顺利运行和可持续发布。

3. 社会效果

《川叔知民生》专栏的推出，不仅得到了广大网友的积极响应和好评，也在社会

新型政务媒体的构建与传播
——"四川发布"个案解析

中产生了广泛的影响：一方面，栏目的深度报道和跟踪反馈，推动了相关问题的解决或改善，提升了公众的满意度和幸福感；另一方面，成功搭建了一个政府与民众沟通的桥梁，通过及时回应和解决网友反映的问题，促进了政府与民众之间的沟通和理解，提升了政府的公信力和形象。此外，一系列报道还引发了广泛的社会关注和讨论，形成了良好的舆论氛围，推动了社会的进步和发展。

栏目上线以来，四川发布全天不间断守护，让建议有人听，投诉的事情有人办，甚至有人督办，让网络问政不白问，真正做到有速度有温度。目前，栏目围绕"成都公积金缴纳""双减""加装电梯""超时加班""天气污染"等热点问题精心制作推出几十期回应稿件，获得了众多网友关注，讨论和互动热度持续不减。截至目前，该栏目总阅读量超1000万次，取得了良好的传播效果。

（三）"小住安全随手拍"平台

1. 策划思路

在构思和设计"小住安全随手拍"平台时，四川发布团队与省住建厅深化沟通协作，深挖公共安全以及传统监管的痛点和局限，通过媒介和技术创新，打造一个能够连接政府与民众、提升公共安全管理水平的新型服务平台。

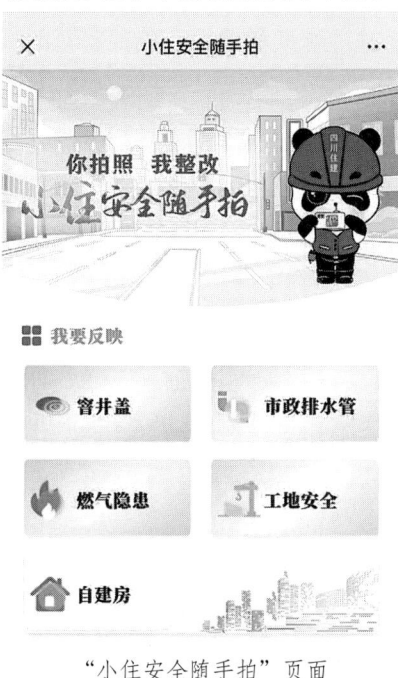

"小住安全随手拍"页面

在创作过程中，我们注重用户体验，力求让平台操作简便、界面友好，确保公众能够轻松上手。同时，强调信息的准确性和时效性，通过建立高效的信息流转机制，确保工作人员能够及时处理用户上传的安全隐患信息。

此外，强化平台的互动性和开放性，通过设置用户反馈机制、开展线上线下互动活动等方式，增强平台的吸引力和凝聚力，吸引更多公众参与城市安全管理。

"小住安全随手拍"平台创新了便民服务的手段，培养了公众公共安全意识，是传媒创新驱动社会治理现代化的典型案例。具体如下：

第一，提升了公共安全监管效率。通过公众的广泛参与和信息技术的运用，"小住安全随手拍"平台能够及时发现和处理各类安全隐患，有效避免了事故的发生和扩大化。这不仅保障了人民群众的生命财产安全，也提升了政府的公信力和执行力。

第二，增强了公众的安全意识和责任感。通过参与平台活动，公众对公共安全问题有了更加深入的了解和认识，不仅学会如何发现和报告安全隐患，还学会如何防范和应对各种安全风险。这种安全意识和责任感的提升，对于构建全社会共同关注公共安全的良好氛围具有重要意义。

第三，促进了政府与民众的互动和交流。通过"小住安全随手拍"平台，政府能够更加直观地了解民众的需求和关切，及时回应民众的诉求和建议。这种互动和交流的增强，不仅提升了政府的治理效能，也增强了民众对政府的信任和支持。

第四，推动了媒介创新在社会治理中的应用和发展。"小住安全随手拍"平台是媒介创新在社会治理中的一次成功实践。它充分利用现代信息技术手段的优势，实现了信息的快速传递和高效处理。这种创新模式不仅为其他社会治理领域提供了有益借鉴，也推动了媒介创新在社会治理中的广泛应用和发展。

2. 执行过程

"小住安全随手拍"平台，严格遵循"发现—上传—处理—反馈"的闭环管理机制。

以问题窨井盖为例，"小住安全随手拍"平台开设了"问题窨井盖整治平台"，并与12345有效衔接，畅通群众反映窨井盖问题渠道，采取"你拍照，我整改"的方式，群众发现窨井盖破损、移位、缺失等问题后，通过手机拍照上传至平台。

相关整治问题还包含燃气隐患、市政排水管、工地安全等，公众在发现身边的安

新型政务媒体的构建与传播
——"四川发布"个案解析

全隐患时，可以通过手机拍照并上传至平台。平台在收到信息后，会迅速核实并启动处理流程。工作人员每日通过平台对群众反映的问题进行整治任务派遣、督办和整治情况的汇总，权属单位及时跟进整治，根据隐患的紧急程度和复杂程度采取相应的处理措施，并反馈整改结果，确保隐患得到及时有效的解决。

在处理过程中，平台还注重与公众的互动和交流。工作人员会及时将处理进度和结果反馈给用户，让用户感受到自己的参与是有价值的、有意义的。同时，平台还鼓励用户对处理结果进行评价和建议，以便工作人员不断改进和优化工作流程。

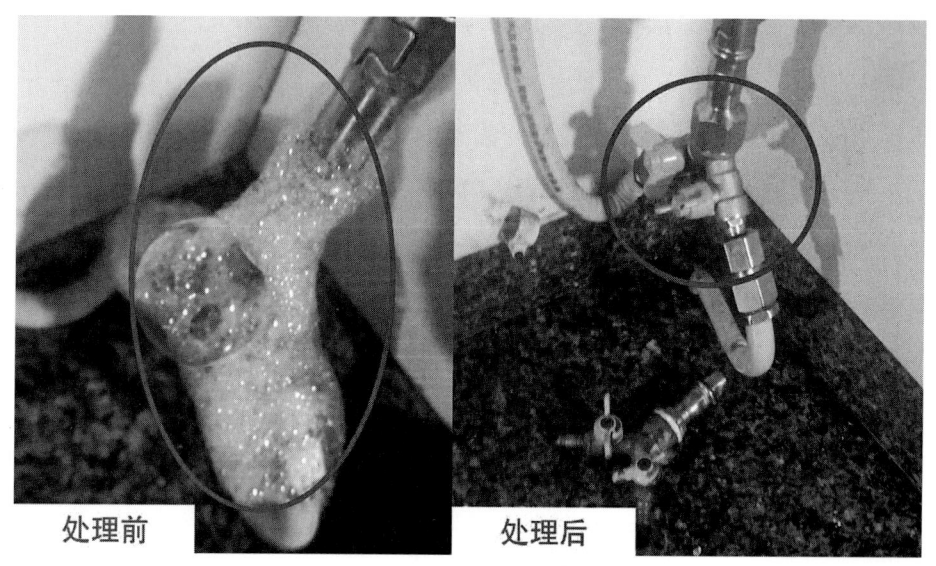

"小住安全随手拍"平台处理效果对比

资阳市安岳县护龙镇文明街某处燃气羊角阀漏气，群众在"小住安全随手拍"平台举报后，工作人员第一时间进行更换处理。

此外，平台还建立了完善的信息安全和隐私保护机制，确保用户上传的信息不会被泄露或滥用。这一举措进一步增强了公众对平台的信任感和归属感。

3. 社会效果

"小住安全随手拍"平台是国家治理现代化与媒介创新相结合的产物。它通过公众的广泛参与和信息技术的运用，提升了公共安全监管效率，增强了公众的安全意识和责任感，促进了政府与民众的互动和交流，推动了媒介创新在社会治理中的应用和发展。这一创新实践对于推进国家治理体系和治理能力现代化具有重要意义。

"小住安全随手拍"平台上线以来，受到了社会各界的广泛关注和积极参与。省住建厅2023年4月发布数据显示，活动开展以来，全省累计排查窨井盖5670716个，整改井盖问题点位148625处，安装防坠网244640个。在这个过程中，公众的安全意识得到了显著提升，安全隐患的发现和处理效率也大幅提高。这一创新实践不仅有效弥补了传统监管方式的不足，还成为连接政府与民众、提升国家治理现代化水平的重要桥梁。

（简文敏、何晓凤、刘绍侠）

三、案例评析

一体化新闻发布　全流程政务服务

四川发布"发布+服务"系列栏目包含《微访谈》《川叔知民生》以及"小住安全随手拍"三大品牌，知民生，详解读，强互动，蓄力打造"新闻发布+政务服务"创新应用场景，辅助构建政务信息一体化平台，建设全流程政民互动闭环传播链条，在内容、功能、应用等方面，形成强IP效应，助力四川发布向政务服务积极转型。

知民生，推动解决民众"急难愁盼"

民生无小事。政务信息发布是政务新媒体主要工作，但在运营过程中，确保新闻发布既有"高度"又有"温度"，贴近民生、走进民心，才是做好政务服务工作的关键路径。四川发布凭借自身媒体平台选题策划能力和热点发现能力，主动问计于民，总结民众对于政策时事最为关心或不解的代表性问题，造访相关政府部门，针对性地推动解决民众"急难愁盼"。通过开展民意调访、问答互动等形式，四川发布《微访谈》《川叔知民生》等系列栏目，精准定位民众的关切、需求和期望，一年365天，全天24小时，不间断守护，真正做到政策疑惑权威解答、民众关切及时发声、"急难愁盼"全力解决。

政务新媒体在发展初期，多存在照搬、硬抄的僵化问题，同质化、飞沫化的现象

新型政务媒体的构建与传播
——"四川发布"个案解析

一度泛滥。要实现健康有序发展,新闻产品的实用性、政务信息的民生化,无疑成为政务新媒体的"源头活水",助力政务公开、政务服务深入人心。四川发布《微访谈》栏目主题涉及垃圾分类、高温天气、汛期洪涝、农民工讨薪维权、地震预警等热点话题,符合当地居民生活样态,满足地方群众心理需求。2021年12月,《四川省建立健全职工基本医疗保险门诊共济保障机制实施办法》出台,《微访谈》随即跟进,针对网友提问进行全方位解答。长视频配合文字重点总结,充分彰显政务新媒体问政栏目在及时主动回应群众关切,推动解决群众"急难愁盼"问题上的桥梁作用。

坚持民生导向,坚持服务思维,政务新媒体只有主动想民所想、急民所急,才能真正实现良性循环。四川发布"发布+服务"系列栏目始终坚守初心,秉承"为人民服务"的宗旨,及时传递、权威解读政策文件,迅捷回应、帮助解决民众"急难愁盼",突出民生事项,优化政务服务。知民生,为民生,四川发布在政务服务转型道路上,实现了亲和力和影响力上的全面开花。

优服务,实现创意表达"入脑入心"

在政务服务转型时代,政务新媒体通过创意手段,将复杂的政务信息转化为易于理解的内容,让民众不仅"看得见"政府服务,还能真正"看得懂",从而推动政务服务的高效传递和民众的积极参与。四川发布依托图表、动画、直播、短视频等多样化工具,运用可视化、故事化的表达方式,使政务信息变得更加生动、亲切,达到了信息传递深度与温度并存的效果。通过这些创意表达,政务服务不再是单纯的政策传达,而是主动贴近民众生活,回应他们的关切,实现了"硬"信息的"软"着陆。

通过栏目化运营,四川发布打造了独具特色的政务服务品牌,旨在让民众轻松获取关键信息,及时了解政务服务动态。《川叔知民生》《微访谈》等品牌栏目精准把握政务新媒体发展趋势,通过可视化、本土化的新闻产品传递准确、生动、具体的政务服务信息,以轻松化、趣味化的叙事策略构建便捷、高效、亲和的政务服务空间。这些产品不仅传递了具体、准确的政务信息,还通过生动有趣的表达方式帮助民众更好地理解政府服务。

四川发布采用简明扼要的语言和生动形象的图文形式,通过短视频、动画、海报、漫画等多样化形式,充分利用技术手段,使政务服务信息更加生动易懂,提高了信息的可读性与可分享性，让服务更加贴近生活，满足民众需求，提升了他们的参与感和体验感。以 2022 年四川省医疗保障局等部门联合发布的《四川省省本级职工基本医疗保险门诊共济保障实施细则》为例，四川发布《川叔知民生》栏目专访四川省医保局，通过"快问快答"形式回应了"灵活就业人员能否享受""体检费能否报销"等民众最关心的问题，确保服务精准触达民众。

《小住安全随手拍》《微访谈》等系列栏目全方位覆盖民众关心的生活服务领域，结合趣味化、亲民化的形式，提升了政务服务的亲和力和实用性。四川发布不仅通过《微访谈》系列访谈解决了民众的实际问题，还通过《小住安全随手拍》的六大"反映"版块，鼓励民众参与互动，将政务服务真正融入日常生活。这些创意服务形式广受欢迎，进一步拉近了政府与民众的距离。

通过创意表达，四川发布让政务服务信息真正"入脑入心"，既推动了政务服务的创新发展，也提升了民众的获得感和满意度。未来，政务新媒体的发展将更加注重通过创新和接地气的方式，实现信息的高效传播与互动。

强互动，打造政务服务"闭环链条"

四川发布开设"发布＋服务"系列栏目，作为政务新媒体的有益实践，将新闻发布真正落实到了政务服务之上，构建"集线索—找文件—查解读—在线问—帮办事—正反馈"全流程政民互动闭环传播链条，打造"新闻发布＋政务服务"创新应用场景。用户在接触新闻信息的同时，还可以查看文件原文、实时问政，甚至能够一键跳转，直接进入对应的在线政务服务窗口。《川叔知民生》等栏目在回应民生热点的过程中，不止于创意解读、及时发布等新媒体固有功能，更是充分发挥媒体平台机动性，进一步延展政务新媒体的政务服务链条，提供在线咨询、便捷办事等便民化服务，催化问题反馈到服务整改的实效性进展，探索政务公开和网上办事联动新模式。"小住安全随手拍"喊出"你拍照 我整改"的服务口号，燃气隐患、垃圾分类、窨井盖、市政排水管、工地安全、自建房六条住建问题反馈通道全方面守护居民权益，引导公众依法有序参与公共管理、公共服务，共创社会治理新模式。

秉持着"为群众办实事"服务思路，运用新媒体新技术，四川发布超链打通政策解读与政务服务。2022 年 8 月，《川叔知民生》栏目围绕大家关心的"共有产权住房"

问题，在解读《关于发展共有产权住房的指导意见（征求意见稿）》的同时，附上文件链接及此前报道，想民所想，便于读者及时获知相关完整政务信息。栏目同步开通网络问政，智能推荐关联政策和在线服务，强化政府、媒体、民众三者间的互动效能，提升传播力、引导力、影响力和公信力。通过这些在线服务和便民功能，四川发布设计的品牌栏目充分节省民众接触、理解、反应时间和精力，有效提高政务服务效率和满意度。

在政务新媒体健康有序发展进程中，四川发布勇立潮头，积极转型，面向民众、面向政府，承担了沟通桥梁责任，提供了双向互动平台。通过四川发布，地方政府机构可以提供准确规范的办事流程，及时回应当地民众"急难愁盼"；民众则可以快速获知政策文件信息要点，表达对政府工作的评价和建议。由此，公众的需求、关切和意见，政府的理念、指导和工作，都可在政务新媒体的全流程政民互动闭环传播链条上实现高效轮转，新闻发布与政务服务得以高度融合。

（吴永翠）

四、延伸案例

微博话题 # 问政银川 #

微博话题 # 马上办 #

第三章
应急引导

DI-SAN ZHANG
YINGJI YINDAO

引 言

　　网络空间是当今时代获取信息服务和开展社会交往的主要场域之一。当前，政务新媒体作为党和政府在网络空间联系群众、服务群众的重要渠道，已经成为应对突发公共事件的重要途径、提升社会治理能力的有效手段。通常情况下，在面对突发舆情事件时，政务新媒体应当具备以下几个舆情研判和处置的基本素养：厘清事件本质，基于事件严重性、普遍性和显著性，在准确研判基础上应对；辨析扩散范围，准确研判舆情扩散的热度，综合辨析舆情的影响范围；识别核心群体，重点考量直接利益群体的诉求，适当考虑间接利益群体的期待；把握理性程度，虚心接受批评和质疑，不必盲从或顺从非理性观点。在此基础上，全方位做好应急引导工作。

　　本章选取四川发布有效应对"7·9"暴雨洪灾、"8·8"九寨沟地震等突发重大公共事件的典型案例，体现政务新媒体在不同时期面对突发公共事件的处理方式和积极举措，有速度、有温度、有力度地彰显出政务新媒体在突发事件舆论场中的"定心针"作用。

案例 1

四川"7·9"暴雨洪灾系列报道

一、案例简介

2013年7月9日晚开始,四川省境内出现持续的强降雨天气,部分地区遭受暴雨到大暴雨,多项指标甚至一度突破历史极值。罕见的暴雨引发了严重的洪涝灾害,省内共发生较大规模山洪、地质灾害300多处。暴雨持续了整整三天,导致了大面积的洪水、山体滑坡和泥石流等衍生灾害,给四川省造成了严重的经济损失。

四川"7·9"暴雨洪灾期间,刚上线一个月的四川发布政务微博,充分发挥政务新媒体的优势和作用,赓即启动突发事件应急响应机制。从灾情发生前的预警信息发布到团队记者"蹲点"第一信源,从24小时不间断滚动更新动态到科普内容宣传、应对处理谣言,四川发布微博账号及时、准确地发布权威部门的指引和决策,消除群众疑虑和不安;第一时间跟进报道灾情现场情况和救援进展;利用新媒体手段加强科普宣传;协同其他政府部门和新闻媒体,建立快速响应和谣言处置机制。

在灾情后期,四川发布还通过报道重建工作进展、恢复生产生活的消息、重建中的感人事迹等,从情感上更为正面的角度来引导舆论风向,以政府救援工作成效的宣传报道,来全方位地回应民生关切。在当时全国政务微博日均发布量不超过20条的情况下,四川发布政务微博以平均每天超过50条的发送频率,达到了灾情相关权威信息的全时段全覆盖。

四川"7·9"暴雨洪灾专题报道,是四川发布利用政务新媒体制定应急事件处理机制、采取合署办公的信息采集模式、坚持与群众双向沟通的发布方式、实时更新信息的透明形式,发布权威信息、传递主流声音、辟谣引导舆论、提供信息服务的一次成功探索。该专题报道帮助四川发布奠定了作为省级政务新媒体准确、及时、权威的品牌基调，建立起针对应急事态的立体报道机制和关切民生的政务新媒体站位。

四川发布关于四川"7·9"暴雨的部分报道

二、创作札记

（一）线索跟进

在灾情发生前，四川发布就收到了来自四川气象的预警信息。由于本次气象局的预警属于红色预警级别，捕捉到预警灾情的严重程度，四川发布团队高度重视，作为省级政务新媒体，四川发布深知首声效应的重要性，选择第一时间及时发布预警信息，提醒群众未来的天气变化。在首次发布预警信息后，团队记者即刻与省气象台保持联系，持续对暴雨情况进行追踪，了解详细的降水量和受灾地区的信息，不断地对预警信息进行更新。通过提前介入，紧紧围绕"服务便民"这一核心，通过在微博平台对暴雨信息进行预警，四川发布借助互联网社交平台的庞大用户基础，将灾情预警的信息透明化、公开化，实现信息有效、准确地传播，不仅扩大了消息的传播面，也提前一步占领了事件的舆论高地，让公众能够准确了解灾情，提高防灾意识，及时采取预防措施，避免更多的损失。

（二）执行过程

破胆

暴雨发生之际正值四川发布的组建初期，团队的组建时间短，业务能力尚不成熟，成员也都还在磨合期，对于突发事件的处理和应对缺乏经验和技能。加之本次暴雨的降雨量大、受灾地区规模大、人员伤亡情况较严重，"初出茅庐"的四川发布应该做什么、怎么做、做到何种程度、用何种方式做，这一切都是摸着石头过河。探索的第一步就是破胆，对于四川发布来说，这是一次严峻，却又不得不应对、且得应对得漂亮的试炼。

破局

作为新生的政务新媒体，及时、准确地发布相关的灾情信息和救援信息，以便广大群众及时获取准确的受灾情况和救援帮助是平台的根本目的。为了确保信息的准确性和实时性，四川发布团队紧急制定了一套应急方案，这其中最重要的一环就是获取第一手信源。

新型政务媒体的构建与传播
——"四川发布"个案解析

然而这并不是一件容易的事——当时的信息传递并不如现在一般方便、高效，互联网互联互通、信息传播方式的多元程度远不如今时今日。由于暴雨导致交通受阻，通信设备受损，传统媒体获取信息的渠道受阻，不仅部门电话经常处于占线状态，无法及时获取一手的权威信息，前方记者同事所采取的信息也需要较长的时间才能传回，导致往往错过了信息发布的最佳时间，对信息的即时性造成了极大挑战。此外，从民众的反馈热线中获取的信息不仅量大，且真假混杂，团队人手不足的情况下，无法每条信息逐一核验、筛选，准确性也难以满足。

为了破解这一难题，四川发布团队决定采取一项创新举措——与省应急办合署办公。省应急办处长办公室是暴雨期间信息汇聚的中心，是部署暴雨救援相关工作、发布灾情最新情况的源头。秉持着"无权威、不发布"的信念，四川发布团队通过多层渠道反复沟通，在终于获得合署办公的批准后，第一时间冒着倾盆大雨赶往处长办公室。

破题

合署办公，使四川发布团队能够零距离跟进灾情的变化和应急处置的进展，极大缩小了获取权威信息的时间差。信息来了，我们就站在旁边跟着阅读，迅速编辑微博，与应急办同步发送；电话响了，我们就拿电脑速记通话内容，及时整理信息，立即汇总和发布。海量的一手信息让我们成功地守住政务新媒体的舆论阵地，但又滋生新的难题。

当时的全国政务微博，处于刚刚兴起正在起步的阶段，日均发稿量20条左右，以避免出现"刷屏"和泛娱乐化的现象。但是，在灾情面前，无论如何精简，一天仅发20条微博是不可能做到及时、准确覆盖的。在关键时刻，我们决定珍惜这次来之不易的无限接近第一信源的机会，与省应急办同步发送全部有效信息，并迅速更新现有的应急方案，采取了全员A/B轮岗制度，呈倍数提高微博的发送频率。短短3天，四川发布微博以平均每天超过50条的发稿量，实现了对权威信息的全时段全覆盖。

（三）社会效果

在四川"7·9"暴雨的前、中、后期，四川发布都扮演了重要角色，凸显了政务新媒体发布权威信息、传递主流声音、辟谣引导舆论、提供信息服务的作用。

在暴雨期间，四川发布充分发挥政务新媒体的优势和作用，及时发布准确的辟谣信息，明确权威部门的指引和决策，消除群众疑虑和不安。同时，协同其他政府部门和新闻媒体，建立联动机制，快速响应和处置谣言，及时澄清事实真相，避免谣言对社会造成的不良影响，在疏导舆情、维护社会稳定等方面发挥了重要作用，彰显了"舆论主阵地""辟谣定心丸"的功效。除了及时破解谣言、引导舆论，四川发布还采取了一系列措施，加强科普宣传，提高了民众的自救能力和预防意识。这些科普内容涉及暴雨预警、自救指南、车辆落水逃生等多个方面。

作为省级政务新媒体，四川发布是社会的瞭望者和守望人，有及时反应、主动报道、满足公众知情权的职责，更有"定星盘"的魄力与担当。通过与应急办的合署办公，四川发布能够及时对网络上出现的消息进行核实，第一时间甄别谣言，并及时辟谣。通过公开、透明的信息传导机制和及时的舆情疏导，政务新媒体能够有效引导公众的情绪和关注点，不仅及时避免信息堵塞导致的谣言和负面情绪积淀，也能增强政府与民众之间的互信感和认同感。

（戴菲俐）

三、案例评析

"云端"政务创新危机管理　主流发布协应社会治理

智能化、移动化、信息化的传媒生态与场景嬗变加速了网络云端与政务实践的耦合，作为应势而生的政府公共社交传播媒介，政务新媒体依托技术赋能与思维创新，致力政务公开、权威发声与民生关切，由此聚合民情民意、革新社会沟通。"四川发布"围绕四川"7·9"暴雨展开的传播实践，不仅证明了政务新媒体参与突发公共事件、服务舆情引导的可能与可为，更从传媒赋能危机管理、协应数字治理之维，贡献了鲜活的路径启示与地区经验。

新型政务媒体的构建与传播
——"四川发布"个案解析

官媒不失声：创新合作模式，致力信息公开

从语义来说，突发公共事件是指"突然发生、造成或者可能造成重大人员伤亡、财产流失、生态环境破坏和严重社会危害，危及公共安全的紧急事件"[1]。2003年的"非典"事件是我国正视突发公共安全事件的开端，也正是在"非典"的危机应对中，媒体缺位导致的信息不对称现象受到关注与重视，信息公开因而成为有效应对突发公共事件的最起码条件和要求。[2] 2013年四川突遇特大暴雨，灾情紧迫，群众迫切渴望获知权威信息，了解现场情况。为应对此次突发公共事件，刚"成团上马"的政务新媒体四川发布及时洞察群众需求，致力信息公开，率先顺"移动化"之势，借力新媒体技术，为后续信息发布、民意沟通、舆情应对、情绪疏导搭建可行平台。面对条件限制，四川发布转变角色思维，以官方政务新媒体之定位、权威公开执行者之要求、信息治理参与者之意识创新传播模式，狠抓信息发布的及时性与应时性，与四川省应急办开展合署办公，成功克服现实局限，获取有效信源，达成"开展投身应急管理、推进跨区域、跨部门合作以管控危机"[3]的目标，最终实现第一时间发声，在彰显地区官媒智慧的同时，更为信息公开、危机应对与舆论引导抢得先机，赢得实效。

站位不动摇：坚持权威发布，分期引导舆论

舆情工作是突发公共事件处理中的关键环节，影响着事件的有效处理及危机处置。有研究者认为，突发公共事件的舆情工作包括"舆情应对"和"舆论引导"两种，前者相对被动，侧重危机的善后与策略处置，后者则集中于事件发轫的萌芽期，核心是在舆论尚未形成的发酵阶段所采取的预警性、防范性与前置性的主动作为，强调系统治理与源头治理意识，合理化解舆情、沟通社会、凝聚共识、铸造公信。[4] 结合案例来看，四川发布在四川"7·9"暴雨舆情工作中表现出鲜明的主动意识，彰显主流站位与媒体智慧，经由信息权威发布与舆论分期引导，双管齐下，实现以民生关怀、政务公开为核心的舆情防范、危机预警。针对突发公共事件中相对混乱的网络信息空间，四川发布坚持"驻扎"四川省应急办，获取和发布权威资讯，回应群众关切，纾

---

[1] 周莉：《重大突发公共事件的舆论传播与管理》，华中师范大学出版社2014年版，第1页。
[2] 童兵：《突发公共事件的信息公开与传媒的宣泄功能》，《南京社会科学》2009年第8期，第37-44页。
[3] 郑磊、魏颖昊：《政务微博危机管理：作用、挑战与问题》，《电子政务》2012年第6期，第2-7页。
[4] 侯锷：《政务新媒体在舆论治理中的新思维》，《新闻与写作》2017年第3期，第13-16页。

解社会情绪。与此同时，面对特殊情况，四川发布不忘内容深耕，针对群众关心的"要事""难事"，精准生产，从灾情播报、救援进展、自救指南、信息科普等方面满足受众需求，用及时、公开与透明的信息传导机制防范负面舆情于未然。此外，如童兵教授所指，突发公共事件和突发群体性事件存在不同发展阶段，不同阶段信息公开与调控的重点应该有差异。[1] 舆论工作中，四川发布没有一味"一刀切"，而是理性分析舆情规律，开展科学部署，在灾情前、灾情中、灾情后不同阶段针对性发布信息，分期引导舆论，整体上提升了舆情监测、分析的精准性，优化舆论引导效能，更成功树立正确导向、传播主流声音，构筑传媒公信力之际也为政府的灾情处理、救援推进提供了相对稳定的舆论生态。

舆情不松懈：及时信息辟谣，抑制次生风险

随着贝克"风险社会"的预见成为现实，突发公共事件中的次生灾害与风险受到社会关注。谣言正是其中一隅。自媒体的技术赋能让谣言的传播进一步复杂化，由此产生的网络谣言凭借传播途径多元化、传播内容细碎化、传播速度实时化、传播动机复杂化[2]等特征，成为舆情应对与引导的严重阻力。尤其是突发公共事件中，碎片、不稳定的谣言已经成为危机的隐藏点，可能通过传播与蔓延诱发危机，形成事件的"次生灾害"。[3] 四川发布应对四川"7·9"暴雨时，就准确抓住了"谣言"这个痛点，建立起科学的谣言甄别、核实、辟谣机制，有效避免了由信息堵塞导致的谣言流传及其诱发的社会负面情绪。值得一提的是，为提高辟谣效率，四川发布充分顺应网络时代的信息共享与社会协作趋势，同其他政府部门与新闻媒体建立联动机制，以主流的聚合对抗信息的不确定，用综合统筹、合作执守舆论主阵地，及时抚平社会疑虑与恐慌，以"舆论主阵地""辟谣定心丸"之自识与追求，指导舆论引导的推进和致效。

责任不缺位：服务社会治理，回应群众需求

张志安等学者认为，政务新媒体经过实践探索，有望成为社会治理创新助推器。[4]

---

[1] 童兵：《突发公共事件的信息公开与传媒的宣泄功能》，《南京社会科学》2009 年第 8 期，第 37-44 页。
[2] 聂静虹、马梦婕：《突发公共卫生事件中的谣言传播与治理》，《新闻与写作》2020 年第 4 期，第 23-30 页。
[3] 周莉：《突发事件中的网络情绪研究》，武汉大学出版社 2018 年版，第 123 页。
[4] 张志安、徐晓蕾：《政务微信的社会功能及提升对策》，《新闻与写作》2015 年第 9 期，第 55-57 页。

新型政务媒体的构建与传播
——"四川发布"个案解析

也有研究证实，政务新媒体能够在突发事件中化解风险，回应群众、引导舆论，从而协助危机管理、服务社会治理。[①] 在应对四川"7·9"暴雨的过程中，四川发布就借由正面引导与群众服务担当媒体责任，协应社会治理。一方面，在灾情得到缓解和控制时，四川发布及时转移报道重点，聚焦民情民意之外积极开展正向引导，以暖新闻、正能量为着力点，引导社会情绪，鼓舞民众信心，从信息公开转向，发力社会稳定与数字重建；另一方面，四川发布充分认识、把握互联网传播规律与受众需要，以便民服务为宗旨，全面采集、发布灾情信息、人员伤亡、路况等资讯，精准、有效回应群众的关心事、烦心事，更注重双向互动，协助灾情中的民众发布寻人信息，尽最大可能传民情、解民忧，彰显主流媒体担当。最终，四川发布如札记中所言，不仅"完成了一场严峻，却又不得不应对、且得应对得漂亮的试炼"，更用地区的生动实践与传媒探索，为传媒新生态下政务新媒体深耕数字空间、善用云端智慧，响应媒体构筑主流舆论新格局的使命召唤、践行服务数字治理与技术人文的价值利他，积累了真经验，探出了新思路，拓展了新作为。

（张诗萌）

四、延伸案例

《中国日报》：海南
警方"硬核抓捕"Vlog

"中国天气"29 小时
直播"台风巴威"

[①] 谢起慧、褚建勋：《基于社交媒体的公众参与政府危机传播研究——中美案例比较视角》，《中国软科学》2016 年第 3 期，第 130-140 页。

案例 2

"8·8"九寨沟地震系列报道

一、案例简介

2017年8月8日,四川省阿坝州九寨沟县发生7.0级地震。地震发生后,四川发布立刻派出记者团队赶往震中,同时,编辑团队一天24小时在后端值守,前端后端双线作战,保障了权威信息的第一时间发布。

同时,本次突发事件的报道充分运用了航拍、短视频、直播、交互体验H5等智能化报道手段,实现一次采集、多样处理、多平台分发的模式,同时兼顾了客户端与"两微"之间的互动,搭建了合力发声的传播矩阵。

二、创作札记

(一)线索跟进

快速响应

2017年8月8日21时19分,四川省阿坝州九寨沟县(北纬33.2度,东经103.82度)发生7.0级地震,震级之高、影响范围之广,引发了全国人民的关注。

在自然灾害报道中,时间就是生命。四川发布经历数次自然灾害的报道,建立了完整的应急报道机制。在灾害发生时,大量网友蜂拥而至寻求"真相"。作为权威信息出口,四川发布第一时间启动应急预案,确保权威信息与前端报道"零时差":一方面是组织报道团队迅速前往灾区一线,将现场情况及时通报于社会;另一方面是与

新型政务媒体的构建与传播
——"四川发布"个案解析

政府部门、救援机构等建立紧密的联系，及时获取权威信息，并启动信息传播网络，与其他媒体、自媒体、网民等互动合作，扩大信息的覆盖面和影响力；此外，充分运用现代科技手段如无人机航拍、移动直播、社交媒体等，提高报道的速度和效率。

情绪引导

情绪引导是应急报道小组重点强调的事项之一。灾害发生后，网络热度高涨，其中掺杂着不安和焦虑。在报道中，要及时通过权威声音去伪存真、击溃谣言、稳定情绪，还要积极传递正能量和希望，报道灾区现场的感人救援故事、灾区人民自救互救行动等，激发人们的同情心和爱心。此外，报道中不仅要关注灾害救援情况，还应关注灾区人民的生活和心理状态。要尽可能还原他们的真实生活场景，展现他们的坚韧和勇气，增强战胜灾害的信心。

把握尺度

应急报道小组将人文关怀贯穿始终，强调要尊重受灾者的感受和隐私。在采访报道中，对于伤亡人员的报道，要尽量避免使用过于刺激和伤害感情的言辞，也要尊重受灾者的隐私和家属的意愿，不要过度曝光他们的个人信息和照片。同时，要避免使用夸张煽情的言辞而过度渲染灾情。也要平衡各方信息，避免片面报道。

（二）执行过程

速　度

地震发生后，四川发布立即成立由总编辑牵头的前、后端两个应急小组，通力协作，24小时不间断双线作战。我们派出精锐记者奔赴现场，团队第一批记者即刻出发，成功抵达九寨沟，第一时间发回地震灾区灾情、抢险推进进度、道路交通安全等实况信息。第二批记者在开车赶往现场的途中被拦截。因为救灾需要，此时通往灾区的道路已受管制，除救援车辆外，其余车辆禁止驶入。不过，即使尚未抵达震中地区，团队第二批记者仍未停止报道，他们完整见证并记录了九寨沟6万名滞留游客的大转移。地震发生后，四川各级各部门因情施策，迅速集结省内各地抢险救援队伍奔赴灾情一线，全力抢救伤员，疏散安置游客和群众，用热血书写"一方有难、八方支援"的壮歌。应急编辑小组发挥矩阵合力，第一时间与相关部门政务新媒体取得联系，获取一手信源，对救援情况进行全方位播报，同时对从前端和其他地方收集到的信息进行组稿、精编、剪辑（视频）等。

力　度

随着新闻业进入智媒时代，在技术的加持下，新闻生产效率得到极大提高，同时，移动端技术的多元应用让"小"屏幕可以承载更多形式的内容。直播、航拍、交互应用等手段让新闻信息能够以更直观的方式传达给受众，短视频、互动 H5 等融媒形式更提高了公众对新闻事实的体验感。

航拍、短视频、App 直播、交互应用等智能化手段在本次报道中起到了至关重要的作用。震后第二天，团队的前线记者联系到西部战区方面，跟随西部战区相关人员搭乘直升机对九寨沟震后山体进行了航拍，向广大网友直观地展示了此次地震的影响。

四川发布客户端相关报道

温　度

在报道中，我们充分挖掘救灾感人故事，报道平凡人的非凡举动，营造积极向上的抗震救灾舆论氛围。例如，推出《孩子·希望·土豆和狗 探访九寨沟安置点的震后生活》，记者深入九寨沟漳扎镇漳扎村二组的救灾临时安置点，用朴实而有力量的语言记录灾区群众乐观豁达的生活态度。推出《"小红帽"：在人群中不断"折返跑"》，将镜头聚焦到协助 6 万游客转移的志愿者身上，他们最质朴的愿望就是将水、食物、药品等救援物资以最快的速度送到游客手上，让游客安心。推出《平武群众：马路边

新型政务媒体的构建与传播
——"四川发布"个案解析

感恩"反哺"》，聚焦"5·12"汶川大地震受灾区平武，同时也是震后游客转移的"安全岛"，当地老百姓自发准备茶水、藿香正气液和清凉油等，在沿途免费供给游客和救灾人员使用，一句"5·12汶川地震时，有很多人帮助我们，现在我们应该站出来"，感人至深。

四川发布关于"8·8"九寨沟地震相关报道

此外，在本次报道中，四川发布策划制作"九寨，我们等你归来"H5产品，以交互形式为受众呈现震后72小时内，一幕幕关于"归来"的故事，记录了被困者获救归家、滞留游客踏上归途，以及回到家乡帮助他人的九寨人的事迹。

尺　度

灾难报道中的伦理问题和官方政务媒体的站位思考是本次报道中我们团队记者和编辑一直在注意的。第一批抵达九寨沟的前线记者就遇到了这样一个情况。震后，她第一时间赶到了九寨沟县医院，在病房里遇到了刚刚获救的一家三口，令人心痛的是，他们的亲人在地震中离开了。在陪伴这家人度过了一夜之后，第二天，医院迎来了大批赶往现场的记者。不同的媒体记者开始对这家人进行采访，同样的问题被反复提出，围绕这次灾难，受访者反复回答的情形令记者感到难过，后来，我们的记者主动站了出来，开始替受访者回答各路同行的提问，甚至被误当作受访者的家属。

（三）社会效果

作为省委省政府官方政务新媒体，四川发布在本次九寨沟地震报道中，始终坚持以"权威发布、温馨便民、应急引导"为宗旨，通过发布权威信息、采访救援人员、做好舆情引导、传递九寨正能量、保持与网友互动等多维手段，向公众全方位地传递了灾情信息，弘扬了抗震救灾"战士"不畏艰苦、深夜驰援的崇高精神，同时，快速、及时的发布也有力遏制了谣言滋生，为救灾任务顺利进行提供了帮助。

据统计，在"黄金72小时"内，四川发布微博共发布地震相关消息238条，四川发布微信公众号推出16组综合稿件，四川发布客户端发布稿件66篇。四川发布的一手权威信息被央视新闻、《环球时报》、中国新闻网、四川电视台等多家主流媒体采用。

《九寨沟县发生7.0级地震——救灾进行时》专题一经推出，便吸引了众多网友关注，网友纷纷留言赞叹救灾速度，"有一种速度，叫中国救援""这就是中国的速度""哪里有危险，哪里就有子弟兵的身影！为震区灾民祈福！为人民子弟兵祈福！""心系九寨，感恩有你们"。《九寨沟县发生7.0级地震——救灾进行时》专题覆盖人群达到2300万人次以上。

（简文敏）

三、案例评析

技术赋能重大突发报道　融构全媒矩阵立体网

四川发布在九寨沟地震报道中，以智媒技术赋能新闻生产全程，积极发挥资源优势，采用全新的智能报道模式。团队采用了全新的新闻生产模式，从新闻线索采集、信息统筹集合、技术手段应用、平台智能分发等多方面升级采编体系，兼顾新闻报道的增"质"与增"效"，在突发性事件报道中发挥主流媒体的决定性作用，提供信息、引导舆论、优化体验，凭借出色的报道表现提升了其媒体的传播力、影响力、公信力。

新型政务媒体的构建与传播
——"四川发布"个案解析

技术赋能生产：前后端协作再造一体化生产流程，兼顾新闻报道"速"与"质"

融媒体是传播媒介发展的趋势和方向。在重大突发性事件新闻报道中，主流媒体需要树立融媒体思维，整合优势资源，建立高效率的协作报道机制，抢占新闻报道先机，守住舆论引导高地，打造多样化的融媒体产品，以提升重大突发性事件新闻报道水平。[1] 传统新闻报道侧重于后期编辑制作，时效性相对较差。而四川发布以融媒思维打破新闻生产前端和后端的壁垒，促进记者编辑协同作战，改变传统的"采写在前、编辑在后"的生产流程，采用从采集到发布的一体化新闻生产机制，大幅提升了突发性事件报道的时效性。同时，在时效性压力之下，四川发布始终坚守作为省委省政府官方政务新媒体的使命与责任，兼顾"速"与"质"。地震发生之后，团队立即成立了由总编辑牵头的前后端应急小组，前端精锐记者奔赴现场，第一时间发回地震灾区灾情、抢险推进进度等实况信息；后端编辑小组通过线上联动各级政务新媒体获取权威信息，同时对从前端和其他地方收集到的信息进行加工发布，保障了地震相关稿件的权威性和高质量。

与单一事件的常规性报道不同，重大突发性事件往往具有较高的社会关注度，并伴随社会危险性，需要新闻媒体迅速做出反应，广泛传播有关情况，普及有关知识，回应群众关切，抢占舆论引导高地，避免造成更大范围危害的发生。四川发布在震后立即赶往震中现场，最大限度降低新闻时间差，第一时间发布地震受灾情况，保障上下信息传播渠道通畅，在本次报道中掌握了话语权，避免谣言滋生等现象发生。

技术赋能传播："两微一端"多平台矩阵发布，构筑传播合力

在新的移动技术的支持下，新闻业处于融媒转型时期。融媒体思维是指综合不同媒介、不同平台的比较优势，分工合作、整体联动、形成合力。树立融媒体理念，综合各种传播媒介的力量，建立重大突发性事件联合报道机制，既要充分发挥传统媒体阵地优势，也要善于发挥微信、微博、直播平台等新媒体的灵活性。四川发布在本次报道中，充分运用了航拍、短视频、直播、交互体验 H5 等智能化报道手段，坚持移动优先、矩阵播发，除客户端外，还在微博、微信平台进行针对性的同步发布。

此外，智能化的报道手段最大限度弥合了权威信息与前端报道的时间差，报道效

---

[1] 左维芳：《融媒体视域下重大突发性事件的新闻报道探析》，《数字传媒研究》2020 年第 37 期，第 5-11 页。

率得到极大提升。四川发布在震后第一时间发布地震相关信息，充分满足受众信息需求，其兼顾权威性和高效率的实时发布受到了主流媒体的认可和不少网友的好评。在地震发生后的"黄金72小时"内，四川发布微博共发布地震相关消息238条，四川发布微信公众号推出16组综合稿件，四川发布客户端发布稿件66篇。四川发布的一手权威信息被央视新闻、《环球时报》、中国新闻网、四川电视台等多家主流媒体采用。

技术赋能全媒体呈现：多方位优化民众信息体验

融媒体产品要赢得用户的注意力，除了在价值、语态、内容等方面不断创新，也要在产品的呈现形态上适应新的传播环境。智媒时代，是影像技术高度发展的时代，相比文字，图片、视频、直播等全媒体呈现形式能更快速、直观地为受众传递信息。同时，随着移动互联网、5G技术的勃兴，App直播、移动短视频、H5新闻成为主流的新闻传播形态。在本次九寨沟地震报道中，四川发布以智能技术赋能新闻呈现形式，采用直播、航拍、短视频等影像手段将受众带入"现场"，更全面、更清晰地了解灾区状况、直击现场动态；采用互动H5等交互手段来提升受众对新闻事实的体验感、参与度。例如，在本次报道中，四川发布记者第一时间联系到相关负责人，跟随直升机对现场情况进行了航拍及直播，第一时间满足受众的信息获取需求；关于新闻深度产品，四川发布策划制作"九寨，我们等你归来"H5产品，以交互形式为受众呈现出震后72小时内一幕幕关于"归来"的故事，记录了被困者获救归家、滞留游客踏上归途，以及回到家乡帮助他人的九寨人的事迹。互动H5可以让受众参与到交互式新闻当中，从而获得新鲜感，并拉近与受众间的距离，提升传播效果。

坚守新闻伦理：把握尺度、传递真情

新闻伦理是支持和维系新闻活动的自律规范和行为准则，媒体在灾难报道中更要把握报道尺度，不可挑战行业道德底线。在本次采访过程中，四川发布记者充分尊重受灾民众，照顾他们的受访情绪；在报道内容上，坚持导向与温度相结合，充分挖掘救灾感人故事，报道平凡人的非凡举动，营造积极向上的抗震救灾舆论氛围。

互联网传播主体众多，有时会出现信息不准确、监管困难的问题。因此，主流媒体通过融媒体方式开展重大突发性事件新闻报道，一要确保信息的权威发布，二要正确发挥主流媒体的议程设置作用，做好情绪疏导与人文关怀。四川发布的及时报道抢占发布先机，占领舆论引导高地，在灾后的 72 小时内，及时辟谣、澄清虚假信息，缓解受众的焦虑与紧张情绪，助力救灾任务顺利完成。同时，对抢险救灾中的英雄人物、感人事迹进行报道，弘扬可贵精神、传递社会正能量，不仅增强了其作为主流媒体的"三力"，更取得了良好的社会效果。

（吴含）

四、延伸案例

红星新闻：《突发！川航一航班驾驶舱玻璃被吸出！已备降成都》

新华社客户端：《东航客机坠毁事故最新情况十问十答》

第四章
矩阵共鸣

DI-SI ZHANG
JUZHEN GONGMING

引 言

在融媒体报道中，"矩阵共鸣"是一种策略，它通过结合多种新媒体渠道来触达目标受众，并共同发挥影响，从而产生显著的媒体宣传效果。作为全国矩阵联动先行者，在横向矩阵上，四川发布已在省级层面与三十余个省级行政区域的官方微平台进行互动，实现与交通、司法、教育、人力资源和社会保障等关键职能部门的官方微平台互动；在纵向矩阵上，四川发布覆盖了四川省内21个市州和183个区县，并与地方媒体建立了深入的沟通与交流机制。得益于这种矩阵效应的增强，四川发布聚焦重大主题和重要节点，推出了一系列具有全国影响力的联动报道。这些报道不仅形成了整体联动、同频共振的传播格局，更是在全国范围内产生了深远的影响。从率先实现跨省联动到百媒互动唱响主旋律，作为跨区域合作的成功实践，四川发布聚合了大音量，收获了亿级流量。

本章选取四川发布第一次跨省大联动"长江经济带"特别报道，"'援'来一家人""'早安'，我对祖国说""川渝群英谱"等百媒参与的全国联动，以及"秀家乡·百县巡礼""向往的四川"等全省覆盖的重要联动，看"矩阵传播"，融合发展新路子。

案例 1

"长江经济带"跨省大联动特别报道

一、案例简介

2016年初,国家发改委回应《长江经济带发展规划纲要》即将出台,两会期间,政府工作报告提出"重点推进'一带一路'建设、京津冀协同发展、长江经济带发展三大战略"。全面发展长江经济带,成为我国"十三五"期间的重大战略决策。长江经济带涉及上海、江苏、浙江、安徽、江西、湖北、湖南、重庆、四川、云南、贵州等11省市,覆盖人口和生产总值超过全国40%,是横贯沿江三大城市群的重要引擎。

紧贴国家战略,立足长江经济带,四川发布在2016年全国两会期间,发起"共话新五年——长江经济带跨省大联动",以走出四川联动全国的大视野,在11家省市政务新媒体上就四川经济、长江上游生态保护等内容"合唱"发声。

四川发布"共话新五年"大型策划和图解,突破了传统的宣传手段方法和传播模式,利用政务新媒体矩阵传播,联动省内外30余家政务新媒体账号,在四川发布、重庆微发布[①]、贵州发布、湖北发布、湖南微政务、微博江苏、江西发布、浙江发布、上海发布、安徽发布、微博云南等11省(市)的官方微博和微信公众号进行发布。同时,全省21个市州政务平台对图解进行同步发布,总阅读量超过7800万,覆盖人群超一亿。这是全国政务平台首次实现超过十家政务平台跨省、同步发布同一内容。

---

① 现已改为"重庆发布"。

新型政务媒体的构建与传播
——"四川发布"个案解析

"共话新五年——长江经济带跨省大联动"海报

二、创作札记

(一)策划思路

2016全国两会召开前,国家发改委回应《长江经济带发展规划纲要》即将出台;2016年全国两会,政府工作报告提出"重点推进'一带一路'建设、京津冀协同发展、长江经济带发展三大战略"。全面发展长江经济带,成为我国"十三五"期间的重大战略决策。

长江经济带涉及上海、江苏、浙江、安徽、江西、湖北、湖南、重庆、四川、云南、贵州等 11 省市。四川，是长江经济带上的重要节点。如何将如此重大的国家战略解读得更加透彻？一衣带水，"十三五"期间，11 省市如何聚智聚力？同心同行，三大城市群覆盖的亿级用户，期待怎样的蓝图？长江经济带覆盖的 11 个省市，如何依托黄金水道推动长江经济带发展，打造中国经济新支撑带？

围绕这一中心，四川团队经过反复讨论，最终做出一个大胆的决定——让报道走出四川，携手其余 10 个兄弟省份形成跨区域报道"朋友圈"，策划一个全国范围内尚无先例的跨省大联动。

就从"长江经济带"上的 11 个相关省市政务新媒体着手，紧紧围绕这 11 个省市在"十三五"期间关于长江经济带建设的相关举措和重要建设规划，包括交通情况、资源优势、产业布局、发展互动、创新机制等方面，创新使用"超长图解"的形式，在网上再现这条"黄金水道"。

（二）执行过程

这是四川发布对政务新媒体联动的首次尝试，更是全国范围内前所未有的尝试，一切都是"摸着石头过河"。

与四川发布团队而言，这是一次"跨越三重门"的挑战。

第一重挑战：如何联系 10 省市？

发起这场策划的当时，全国政务新媒体刚刚起步，尚无自己的联络机制，很多省市甚至并没有自己的官方政务账号，跨省联动更是前所未有。四川发布团队也陷入同样的困境：联络无门。经过讨论，我们决定从最简单也是最笨的办法入手：利用政务新媒体的互动性，私信 10 省市兄弟账号，从"线上接头"入手，派专人进行跟进。

经过与 10 省市政务微博的"网上云聊"，我们终于与长江经济带全部省市的小伙伴建立起联络网，每个省市专人点对点进行策划沟通。政务新媒体"矩阵"的雏形初显。

第二重挑战：用什么内容联动？

既然是围绕着长江经济带做文章，那什么样的内容是可以撬动所有沿线 11 省市的？用什么方式去展示，才能让网友直观、清晰、全面地看懂这一国家战略规划？四川发布团队想到了"清明上河图"，我们何不创作一幅长江版清明上河图、一幅走进

新型政务媒体的构建与传播
——"四川发布"个案解析

未来的新长江之图？

四川发布团队对所有沿线11省市进行了梳理，发现每个省份都已经发布自己的政府工作报告，于是我们做了11份各省的政府工作报告解读，从里面把涉及长江经济带的内容整理出来，以一张长图的形式进行集合。"长江经济带"新五年图解，以横向轴线的形式，模拟长江流向线路，将11省市按长江流经顺序从左到右排列，形成超长横图，简洁明了地梳理了11省市在长江经济带发展中生态环境、区域发展、产业转型升级、区域合作机制等方面的举措和展望。

这张长图展示了长江经济带沿线11省市聚智聚力打造的黄金水道，也是全国政务新媒体同心同行书写的盛世长江。

第三重挑战：如何进行联动？

未来新长江的图景已在眼前，用什么样的方式才能达到传播的最大化，是摆在四川发布团队面前的又一个难题，在此之前，全国没有出现过跨省联动，我们也没有"他山之石"可以借鉴。

还是要从政务新媒体的特征入手。政务新媒体是互联网上的舆论阵地，各级官方账号都保持着24小时不下线的发布规则，这让我们团队想到了"接力发声"的联动方式：同一时段成建制集中发布。

3月8日当日，四川发布"共话新五年"长图在四川发布首发，同步在重庆微发布、贵州发布、湖北发布、湖南微政务、微博江苏、江西发布、浙江发布、上海发布、安徽发布、微博云南10省市官方微博进行发布；同日，四川发布进行推送后，同步在重庆发布、贵州发布、湖北发布、湖南微政务、微讯江苏、江西发布、浙江发布7省市的政务微信上发布。

同时，四川发布联动全省21市州政务平台对图解进行同步发布。微博平台包括成都发布、南充播报、达州发布、遂宁发布、资阳之声、凤之城广元、微博德阳、生态雅安等；微信平台包括微成都、达州发布、遂宁发布、广安发布、南充播报、微眉山、四川雅安等。

跨省市"地毯式"的推送，瞬间形成了上亿级的传播效应，在全国两会期间掀起了一股热议长江经济带的舆论高潮。

"共话新五年——长江经济带跨省大联动"微博截图

(三) 社会效果

一次"跨省联动"开全国先河,覆盖人群上亿

四川发布团队的这次策划,是全国政务平台首次实现超过十家政务平台跨省同步发布同一内容。这次开全国先河的"跨省联动",产生良好的传播效应,呈现出"破局"式传播效果,是一次既有传播力又有影响力的跨省联动报道策划。这次实践的成功为之后的政务新媒体矩阵联动传播提供了四川样板。

一幅"长江版清明上河图",上千网友好评

"共话新五年"——长江经济带跨省大联动发起之后,四川发布团队收到了上千网友的点赞:"有气魄""大视野"。这张四川发布出品的"未来新长江"图解,被网友称为"长江版清明上河图",纷纷留言共话新长江:

云南网友滇男一哥：如果把长江经济带建好了，东部和西部的融合会更紧密，希望早日看到这一天！

安徽网友望夜的星星：沿线的所有省市能否坐下来好好商量一下，以免重复建设？

贵州网友丫丫冰：长江风景不错，但沿线人们的生活水平差距比较大，如果开发好，对上游来说，确实是一个利好消息。

湖北网友另类滋味：长江经济带也是一条生态文明带，既要搞经济发展，也不能忘了环境保护，给子孙后代留一个富饶的生态的长江。

……

（简文敏、戴菲俐）

三、案例评析

智媒新聚力　长江新五年
——"点线连接"的全媒矩阵联动效应

由点成线：政务新媒协同发力

新媒体技术革新带来日新月异的变化成为新闻场域的重要现象，政务媒体作为连接"政府"与"民众"的桥梁，也随之发生了巨大变革。2013年，国务院办公厅发布《关于进一步加强政府信息公开回应社会关切提升政府公信力的意见》，明确指出，各地方各部门应积极探索利用政务微博、微信等新媒体。[1]政务新媒体的出现是为了适应公共传播领域的变化与发展，为了更好地建设、利用互联网，把好网络舆论这一关。在不断地尝试与突破当中，国内政务新媒体形成了以"两微一端"为主导，其他平台诸如政务微视频、政务电台等为辅的多元化组合格局。而这也证明了政务媒体在发现、介入社会热点难点事件中的能力提升，在把控导向上的主动性、及时性、有效性显著

---

[1] 《关于进一步加强政府信息公开回应社会关切提升政府公信力的意见》，中国政府网，详见 http://www.gov.cn/gongbao/content/2013/content_2514989.htm。

增加。"中央国家机关政务新媒体原创信息比例最高、省级政务新媒体最活跃、各地市政务新媒体在内容建设工作中的整体表现呈现上升趋势、省市职能部门政务新媒体联动发声成为最抢眼的亮点之一"[①]，可见在如今的政务新媒体建设之中，由上到下各层级部门各有侧重与特点，而政务新媒体相互联动所带来的群集效应，也使得传播效果与范围再一次扩大。

2016年初，国家发改委回应《长江经济带发展规划纲要》即将出台，全面发展长江经济带，成为我国"十三五"期间的重大战略决策。长江经济带涉及上海、江苏、浙江、安徽、江西、湖北、湖南、重庆、四川、云南、贵州等11省市，覆盖人口和生产总值超过全国40%，是横贯沿江三大城市群的重要引擎。此次由四川发布领头、联动11省市政务新媒体所推出的《共话新五年》融媒体产品就是当今政务新媒体协同合作、联动发声的优秀实践。为了紧贴2016年所提出的"全面发展长江经济带"进行报道策划创新，四川发布立足于"走出四川 联动全国"的视野高度，打破常规，联动长江经济带的11个周边省市共同携手解读这一重大策略，形成"长江经济带朋友圈"，以跨区域的报道形式增强报道的全面、立体、客观。多方共聚，不仅让这次报道在四川出圈，更让报道扩散至整个长江经济带。跨省市的政务新媒体矩阵使得重大政策解读更加全面丰富，一反"孤掌难鸣"的状况，于联动之中增加信息传播的效度与信度。从四川这个点出发，长江区域周边的11个点连成线，相互呼应，携手助力媒体产品的传播。

点线连接：全媒联结长江两岸

打造贯通网络、协同发展的全媒体传播体系是包括政务新媒体在内的新型主流媒体建设的题中应有之义。在互联网话语纷繁复杂的背景下，进一步提升信息传播能力，进一步适应社会信息需求，也成为众多主流媒体全媒体矩阵的发展方向。传播方式的变革与移动互联网的发展也带来了平台的火热，因此如何通过商业平台"借力打力"，也成为全媒体发展中的重要一环。"读者在哪里，受众在哪里，宣传报道的触角就要伸向哪里，宣传思想工作的着力点和落脚点就要放在哪里。"[②]打造全媒体的媒体方阵，这就要求传统媒体要有效整合媒介渠道，营造传统媒体、互联网和移动终端三圈环流

---

① 殷俊、姜胜洪：《政务新媒体发展现状及对策探析》，《新闻界》2015年第5期，第40-43页。
② 习近平：《坚持军报姓党 坚持强军为本 坚持创新为要 为实现中国梦军梦提供思想舆论支持》，《人民日报》2015年12月27日，第001版。

新型政务媒体的构建与传播
——"四川发布"个案解析

的效果。① 针对受众在移动信息时代的新闻阅读特征，目前构建多元组合的全媒体矩阵的重要环节就是推出以"两微一端"重要平台为主的内容投放与深耕，其中的新闻产品也在朝着更贴近社交属性和移动阅读习惯的方向生产。而在将素材资源进行整合、优化、配置的过程中，要注重内容的生产与分发需适配多种新媒体终端及互联网平台，实现媒体产品内容的影响力最大化。

被网友称为"长江版清明上河图"的《未来新长江》图解，就通过四川发布及长江经济带沿线 11 省市的全媒体"媒体方阵"得到了最大范围的传播，包括微博官方账号、微信公众号等在内的四川发布"三微一端"全媒体矩阵进行同时同刻同发声。四川发布以"网上云聊"的方式，以社交媒体为线索，积极沟通兄弟媒体，召集了对长江上游生态经济的首次报道"大合唱"。此次跨省份的报道利用跨越平台的媒体矩阵，贯通内部资源，综合外部力量，联结起了长江两岸区域，简明扼要地向受众展示了长江生态环境、区域发展、产业转型升级、区域合作机制等方面的政策举措及规划，是"互联网+"思维在政务传播上的又一充分体现。由四川出发连接的这条"长江线"，点线连接，沟通起长江沿线，使得报道更具接近性、关切性，全媒体、多平台的传播矩阵也使得传播效果最优化。

点面辐射：融媒矩阵共聚智力

在融媒体的时代背景下，媒体环境、舆论格局、话语主体、传播模式都在不断变革与创新，各类新兴媒体形态、平台等不断相互融合，构建具有传播力、公信力、影响力与引导力的融媒体矩阵，是目前主流媒体为达到健全重大舆情和突发事件舆论引导机制、构建网上网下一体、内宣外宣联动的主流舆论格局的重要举措与实现机制。在传统媒体和新兴媒体融合的进程中，要大力实施移动优先战略，创新运用信息化、数字化、网络化技术。② 融媒体背景下的基于内容创新、思想宣传及报道样态的融合式生产也成为目前媒体产出的侧重方向，促使更多具有社交性、互动性、易读性的融媒体产品面向受众，在符合当前移动媒体时代受众新闻阅读方式的同时，也把握了内容为王、创新为要的原则。从探索技术到主动拥抱新技术，新兴媒体技术的加入使得报

---

① 魏晓莉：《论全媒体时代传统媒体与新媒体的深度融合》，《新闻爱好者》2016 年第 10 期，第 33-36 页。
② 程早霞、李芳园：《融媒体矩阵如何发挥传播优势》，《人民论坛》2020 年第 Z1 期，第 120-121 页。

道数据更全面、翔实，报道形式更加创新、丰富，报道内容更加简明、可读。

《共话新五年》长江经济带图解以图片海报的形式为依托，从策划初期到落地发布的过程，就是将收集的大量信息数据都浓缩于长图中的过程。四川发布"集中力量办大事"，紧扣解读长江经济带全面发展这一主题，整理长江经济带的11省市相关内容，制作核心融媒体作品。运用一张图，将长江经济带未来五年的发展规划及相关政策直观、清晰、易懂地展现出来，让受众接受度大大提升。通过融媒体矩阵的智力共聚，实现了由点到面的辐射效应，使得政策宣传更到位、传播效果更优化，融媒体作品的可读性也大大增加，内容与形式并举。同时，报道紧抓政务新媒体特征，以"接力发声"的创新方式进行联动，同一时段成建制集中发布，跨省市的地毯式推送实现了上亿级的传播效应，优化了传播效果。

由上可见，智媒时代的内容生产与信息传播处于不断的变革之中，而政务新媒体也随之不断调适，欲做到"内容为王、创新为要、导向为先"，须以智力创智品，坚持深耕内容与创新样态，同时应加强媒体内部与外部的资源融通，做到高效传播、群集响应、协同发展，以融媒矩阵助力政务传播，在信息传播实现增量的过程中，为受众提供社交化、全面化、移动化的阅读体验。

（吴海琳）

四、延伸案例

新华每日电讯：《七虎竞"南通"：困难面前拼经济，"谁都不服输"》

甘肃新媒体集团：《一条河，百万人的世纪梦》

《山西日报》：《九城蝶变——走出资源型地区经济转型新路》

新型政务媒体的构建与传播
——"四川发布"个案解析

案例 2

全国联动：百媒互动，合力打造传播爆款

一、案例简介

"援"来一家人

2008年5月12日，四川省汶川县发生里氏8.0级特大地震，这是新中国成立以来破坏性最强的大地震。2018年，距离这场举世震惊的大地震已过去十年。汶川十年巨变，留下了许多鲜活感人的故事。如今，四川大地经贸繁盛、文旅兴旺、科教振兴、社会和谐，处处彰显着健康向上的力量。作为四川政务新媒体的"领头羊"，四川发布观察发现，汶川地震十周年之际，感恩是主基调，感恩之情是震区老百姓最想传递的。

"张焕，十年前，因汶川地震救援，请战来到四川德阳，十年后，因消防援建情怀，这里已成第二故乡；张永军，土生土长的淄博人，来到北川，留在北川，投资、兴业、乐居……浙江对口援建青川，青川已经成为浙江的'编外县'，亲上加亲；上海对口援建都江堰，都江堰的猕猴桃已经成为上海人的牵挂……"四川发布敏锐把握这些感恩信息，在汶川特大地震十周年之际，策划发布了"援来一家人"感恩主题海报。

通过政务新媒体矩阵，四川发布迅速开始联动全国政务新媒体上海发布、北京发布、广东发布、重庆发布、山西发布、吉林发布、江西发布、湖南微政务、安徽发布……上百家全国政务新媒体及时转发、暖心回应"援来一家人"感恩信息，数万网民通过微博热评共同回忆感恩瞬间，"援建、感恩"成了5月12日当天微博的热词。

"早安，我对祖国说"

在新中国成立70周年之际，四川发布紧扣"我和我的祖国"主旨，精心策划并发

起以"早安，我对祖国说"为主题的大型短视频联动活动，通过全国范围内的政务新媒体矩阵协同，邀请广大网友用特别的方式表达对祖国的美好祝愿。

此次全国联动于 2019 年 10 月 1 日清晨拉开帷幕，四川发布不仅率先推出"早安，我对祖国说"主题视频，更是成功联动全国 130 多家政务新媒体共同参与，形成了一场从南到北、从东到西的盛大"表白祖国"接力，演绎了一场举国同庆的盛大场面。

这一"形式轻、立意重"的短视频联动，将创新表达形态与网络无空间、无地界限制的特点充分结合，搭建起政民沟通的桥梁，把"祝福祖国"的情感共鸣与"民族自信"的价值共生点紧密联结在了一起，展现了政务新媒体在传播正能量、弘扬主旋律方面的独特作用和巨大潜力。

"川渝群英谱"

"川渝群英谱"是一部由四川发布和重庆发布共同推出的一款策划产品，它以手绘长漫的形式呈现，通过川渝政务新媒体的联动推广，迅速覆盖千万用户。这部作品以经纬度为坐标，由西到东徐徐展开，穿插了数十个场景，每一座城市都有独特的"招式"，每一座城市都用极为精练的语句，表达对于"双圈"建设的智慧和方向。作品采用满满的武侠风设计，透着"江湖味"，散发着烟火气，让网友倍感亲切，被网友欣喜地称为"川渝版百里长轴"。

这部手绘长漫不仅展示了川渝两地的独特风情和各自特色，更通过群英谱的形式，将两地的建设举措巧妙地融入其中，使观众在欣赏精美画面的同时，也能感受到川渝人民共建"双城"经济圈的信心和担当。

业内人士评价"川渝群英谱"是一部集艺术性、历史性和教育性于一体的优秀作品，它以新颖的形式成功展现了川渝两地的深厚文化底蕴和城市精神风貌。

新型政务媒体的构建与传播
——"四川发布"个案解析

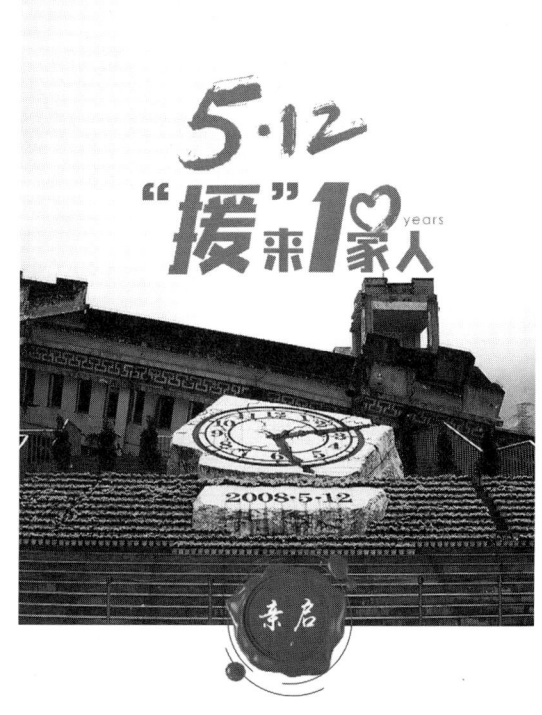

"援"来一家人 H5 产品封面图

四川发布"早安,我对祖国说"

第四章 矩阵共鸣

四川发布"川渝群英谱"主海报

二、创作札记

(一)"援"来一家人

1. 策划思路

汶川地震,对四川人来说是一个沉痛的话题。2018年,正值十年之期的特殊节点，全国媒体都将镜头聚焦到了四川。作为本地政务账号，十年前的素材、十年间的故事数不胜数，但如何把握"度"，避免反复触及川人内心伤疤，是策划团队最重视的问题。

在诸多媒体报道的题材中，灾难报道往往最容易出问题，如侵扰悲痛、造成二次伤害，过分煽情、故事化表达，追逐热点、忽视长期关注，等等。

在进行了多次讨论后，策划团队选择了"感恩"这一主题，同时不单单聚焦"感恩"，而是以被援建地十年蝶变新貌，展示全国各地对川援建成果。我们深知，外省对口援建的成果背后是国家体制的优势。对口支援机制其实并不陌生，这种由政府"结对子"，实施一对一帮扶的政策性行为，在经济援助、灾难援助、医疗援助、教育援助等方面都发挥着巨大的作用。同时，"一对一"更是从情感上联结了两地人民，在帮扶下结出的果实，更容易引发共鸣。

2. 执行过程

策划初期，一切都很顺利，但是在策划即将成型之际，5月初，汶川县将5月12日确立为汶川"感恩日"的消息，在网络上引发了一波舆情。有声音表示："不知面对此等灾难时为何感恩为先，有丧事喜办的嫌疑，建议改为'灾难日'。"

此番舆情也让策划团队进行了一波反思：以"感恩"为主题是否有违人性？如何才能积极、正面地展现我们想要表达的声音？作为四川的媒体团队，无论是以赞颂遮蔽苦难，还是反复戳中伤疤，都是我们不愿看到的。

2008—2018，十年涅槃，如今的四川大地经贸繁盛、文旅兴旺、科教振兴、社会和谐，处处彰显着健康向上的力量。回望十年，是什么创造出这场巨变？最终，策划团队对本次策划进行了调整，摒弃了过于煽情的元素，并将"感恩"主题进行了延展，把镜头对准"对口援建"的每一个平凡人，对准举国体制下国家意志的强大优越性，对准中华民族万众一心的精神基石。

2018年5月12日，四川发布策划、制作并发布了"'援'来一家人"感恩主题海报，我们对四川十年涅槃最深的真情、对全国援建地区最真的感恩，都凝聚在了这一张海报上。这张"'援'来一家人"的海报，覆盖所有汶川大地震的极重灾区，覆盖所有对口援建的全国18地。从重建、援建、感恩、奋进四个维度，以情感再次联结了援建地与被援建地人民，向所有对口援建四川的全国兄弟省市发出感谢。

在极短时间内，上海发布、北京发布、广东发布、重庆发布、山西发布、吉林发布、江西发布、湖南微政务、安徽发布……上百家全国政务新媒体参与转发、暖心回应感恩信息；《人民日报》、国资小新、共青团中央、军报记者、红网、华龙网等"大咖"微博围观和互动；近百万网民源源不断地通过微博热评，共同回忆感恩瞬间。根据新浪微舆情大数据平台统计，在评论中，"感恩""感谢""重生"成为网友热议的高频词，满满的正能量充盈着全网。

"援"来一家人微博截图

3. 社会效果

亿级数据，打造政务新媒体圈的现象级爆款。"援来一家人"主题海报，在四川发布微博的单条阅读量突破3343万次，转发互动量达8.5万次，由四川发布主持的话题"5·12援来一家人"阅读量更是近亿。四川发布这条信息当天被列入微博热搜榜，占据微博新时代榜的第一位，成为政务新媒体圈的现象级产品。

全国联动，撬动中华民族同心同德的意识。汶川大地震十周年的对口援建成功实施，是中华民族万众一心、战胜自然灾害的伟大创举，也是中国举国体制的成功实践。四川发布团队抓住这一主题，充分运用政务新媒体"轻、正、活"的优势，用这一张引发全网共鸣的海报，使"对口援建"这一闪烁着改革精神的灾后重建模式，跃然纸上；用这一次上亿级的现象级联动，使中华民族千锤百炼的凝聚力和自信心，振奋全网。

创新运用，最大限度串联平台传播特性。本次报道期间，四川发布借新媒体平台同时向18个省市表达感谢，很好地利用了微博开放、动态、协同传播的特性。首先，以感恩作为连接纽带，与数百个政务发布账号进行互动；其次，援建地与被援建地网民借救灾这个共同的愿望达到情感的共鸣；最后，政府与民众的声音融合互动，相关媒体和机构微博也参与进来，充分运用政务新媒体凝聚共识，跨越区域，跨越层级，将政府的权威声音与网民的温情留言汇聚在一起，努力实现重大主题宣传的"网上网下同心圆"效应。

知名政务新媒体观察者"微政观察"撰文说，"政府权威声音与网民温情留言，通过@四川发布政务微博交相共振，涓涓细流迅速汇聚成一股爱与感恩的洪流"。

（二）"早安，我对祖国说"全国大联动

1. 策划思路

在新中国成立70周年这一重要历史节点，四川发布面临着一个挑战：如何在众多的主题宣传报道中独树一帜，创造出能够深入人心、引发共鸣的产品？在距离2019年10月1日国庆节不到一个月的时间里，四川发布编辑团队进行了多次深入讨论，最终把策划的切入点瞄准"情感共鸣"和"跨界联动"。

紧扣关键节点，实现情感共鸣。情感，是最能打动人心的力量。国庆节不仅仅是新中国的生日，更是每一个中国人心中最神圣、最重要的日子之一。带着这样的思考，我们决定回归简单、真挚，利用新媒体"早安"栏目，以"早安，我对祖国说"为主题，以清晨向祖国表达问候和生日祝福的方式，通过15秒短视频拉近网友与祖国的情感距离，实现价值传递、激发情感共鸣。这种方式既接地气，又能有效引导网友通过新媒体平台"表白祖国"，将千言万语浓缩在10月1日早上的第一缕阳光中，浓缩在给祖国的第一声祝福中。

迭代传播渠道，探索跨界联动。为了让更多的人加入这场"表白祖国"的活动中，我们决定打破传统的传播模式，进行跨界合作。四川发布不仅在各平台发布相关内容，还在微博上开设"早安，我对祖国说"话题，开启政务新媒体大联动，邀请全国各地的政务新媒体共同参与，形成一股强大的传播力量。同时，为了打破以往仅限于政务新媒体之间的联动，团队以此为契机开启跨界合作，积极寻求与川籍正能量名人"大V"的跨界互动，通过他们的转发与参与，全面调动亿万微博网友的热情，增强网友的参与感和互动性，让"早安，我对祖国说"这一主题深入人心。

2.执行过程

为确保此次全国联动的顺利进行,我们制定了详细的方案和时间表,明确了视频制作、对外联络、内容分发等各个环节的责任人和要求。

15秒短视频抓眼球。好的产品需要迅速抓住网友眼球,并调动他们的参与热情,因此在视频制作方面,我们选取了天安门升旗仪式的视频素材作为核心画面,背景采用红色基调,既显得喜庆又充满热情,并巧妙地融入活动主题和四川地图元素,最后再配上激昂的音乐,形成了15秒主视频,简洁而庄重地表达了对祖国的热爱与祝福。同时,我们还为全国其他参与联动的政务新媒体提供了视频模板,便于他们快速生成具有地方特色的祝福视频,既提高了效率,又确保了活动的统一性和协调性。

借跨界寻求突破。在主视频制作的过程中,四川发布外联团队则积极与全国政务新媒体负责人取得联系,详细介绍活动的主题、目的和具体操作步骤,邀请他们在国庆节当天同步推出主题视频。在短短几天内,我们成功对接了上百家政务新媒体,包括北京发布、上海发布、重庆发布、浙江发布、澳门特区发布等。同时,我们还通过多种渠道,积极联络了众多文艺界的川籍名人,如李宇春、张靓颖、李伯清等,寻求跨界合作的可能性。此外,外联团队还与微博平台方进行了紧密沟通,获得了"微博政务"的大力支持,为活动的顺利推进和广泛传播提供了有力保障。

用话题增加曝光。作为联动活动的发起者和组织者,我们充分利用微博这一社交媒体平台的传播优势,提前申请了"早安,我对祖国说"话题,将所有参与联动的微博纳入该话题内,汇聚起全国政务新媒体和各地网友对祖国的深情告白。这不仅便于网友参与讨论和互动,也有效扩大了活动的影响力。同时,我们还同步使用了"微博政务"开设的"国庆168小时"话题,进一步提升了活动的热度和关注度。

以共情引起共鸣。在2019年10月1日清晨,四川发布微博率先发布了"早安,我对祖国说"主题视频,视频配文简洁而深情——"#早安,我对祖国说##国庆168小时#70年前的今天,新中国成立,70年高岸深谷、70年沧海桑田,今天,我在四川对祖国说:生日快乐!"以此拉开联动序幕,发起祝福接力。随后,上海发布、广东发布、湖南微政务、活力内蒙古、浙江发布、吉林发布、重庆发布等全国上百家政务新媒体纷纷加入,带着"早安,我对祖国说"话题发文,在祖国的东南西北,共同献上最真挚的祝福。这句"早安,我对祖国说",打动了来自文艺界的川籍名人,大家一起加入了祝福中;同时,也触发了情感共鸣,网友的热情也被点燃,祝福接力迅速蔓延至全国,由政务新媒体扩散到各行各业中。"我在四川""我在广东""我在新疆""我在安徽"……全国各地祝福祖国生日快乐的回声交织共鸣。

3. 社会效果

"早安,我对祖国说"全国大联动取得了显著的社会效果。活动期间,全国新媒体积极参与,网友们纷纷转发、评论,表达对祖国的热爱和祝福,形成了强大的传播声势。

当天,四川发布推出"早安,我对祖国说"主题视频后,很快得到了全国各级政务新媒体的接力和响应,北京发布、上海发布、天津发布、重庆发布、广东发布、浙江发布、活力内蒙古、澳门特区发布等30余家全国政务新媒体和四川司法、四川文旅、四川交通、成都发布、绵阳发布、乐山发布、泸州发布等百余家省内政务新媒体合体发声;李宇春、张靓颖、李伯清、张歆艺等知名文艺、文化界川籍名人也参与到话题互动中,引发大量转发和点赞;近万名网友花式表白祖国,一句句暖心祝福,从天南海北汇聚到一起,在全民期待七十周年盛典到来的情绪中,掀起为祖国问早安献祝福的高潮,成功为庆典预热。

此次大联动覆盖面广、互动性强,网友评论"祝福祖国母亲好""我为祖国感到自豪"……用千千万万的祝福汇成了一句"我爱你中国"。目前,"早安,我对祖国说"话题阅读量达到2003.5万,视频播放量达到150万,转评互动量达到6.4万次,登上新时代热门榜第二位,成为庆祝新中国成立70周年主题报道中政务新媒体圈的现象级产品。

(三)川渝群英谱

1. 策划思路

紧扣时代主题。推动成渝地区双城经济圈建设,是习近平总书记亲自谋划、亲自部署、亲自推动的一项重大决策,是关乎国家发展大局的关键落子。推动成渝地区双城经济圈建设,是川渝两地义不容辞的重大使命和任务,因此,围绕"双圈"主题开展策划，对于四川发布团队来说，是纪录时代的绝佳选题。

另外一个契机是，2021年10月《成渝地区双城经济圈建设规划纲要》出台，距离策划不到半年，该纲要首次明确了"双圈"的地理空间，同时也标志着成渝地区发展进入新阶段。各地正值领任务、谋布局的关键时期，动作大、措施实，为策划落地提供了内容支撑。

创新表达形式。成渝"双圈"持续高"热"，对策划小组来说，这却是一把双刃剑，"利"在于选题天然具有流量，"弊"则是各类竞品层出不穷。要在成渝"双圈"这个选题"红海"中脱颖而出，必须拿出内容硬核、形式突出的产品。团队反复商量、头脑风暴，巧妙地运用手绘长漫这一新颖的形式，以城市为支点，将武术动作与城市人文、城市建设举措有机结合，进行风格化创作，这种可视化的表达方式不仅增强了作品的艺术性和观赏性，也使观众更直观地了解川渝两地的文化和特色。

扩大传播效能。"独乐乐不如众乐乐。"四川发布策划团队迅速敲定与重庆发布的联动，共同推动产品的内容征集、产品创作，将报道下沉至相关市州、区县，形成"1+1+N"的大传播格局，同时还注重了与网友的互动和传播效果，通过各级政务新媒体的全力推广和网友的积极参与，使得"川渝群英谱"迅速成为网络热议的话题，进一步提升了作品的知名度和影响力。

2. 执行过程

全国两会，是各家媒体同台竞技的关键节点和品牌延伸的重要舞台，为进一步展现四川、重庆携手推动成渝地区双城经济圈建设的火热图景，四川发布策划团队创新思维、精心策划，联合44家城市政务新媒体共同推出全国两会大型特别策划——"川渝群英谱"。

为了能更有创意地呈现国家"命题"下的川渝"答卷"，四川发布采用了手绘长漫的可视化形式来凸显主题。策划团队从千百年来形成的巴蜀文化以及两地地理、历史、情感等相通的历史背景入手，确定整体漫画风格——武侠国风。策划团队敲定主题和形式后，及时与重庆发布召开线上会议，讨论产品形式和落地细节。

为求更精准地把好内容关，团队成立专项小组，大量翻阅政府网站、报纸版面，看政策、查文件、问措施，深入了解44地制定的"双圈"建设落地内容，"一对一"

新型政务媒体的构建与传播
——"四川发布"个案解析

联系44个市州、区县政务新媒体提供图片支持以及古今地标建筑推荐，从优中选优，对不符合要求的内容进行反复修改和磋商，并协同各单位做好图文信息审核，确保万无一失；美编则据实景图片进行创新手绘，最终通过团队协作推动产品成型，将一幅"百里长图"栩栩如生地展现在网友眼前。

"川渝群英谱"创意长漫截图

值得注意的是，产品的一大特色是将川渝江湖气与各地在双城经济圈建设中的特色相结合，赋予了相应的"武侠招式"，每一个区域都是一位"江湖侠客"。长漫以山水画卷形式，融入各地地标建筑，突出地域特色，横向展示各地建设的"一招一式"。产品由西到东徐徐展开,穿插数十个场景,让网友不仅可以看到气势磅礴的巴山蜀水,也可以看到蒸蒸日上的城市图景,还可以看到充满新闻性的政策内容、建设举措等,让受众既大开眼界,又解码"双圈"并进之路。

除了推出手绘长漫产品,策划团队还加强与44家城市政务新媒体的联动,制作系列海报产品,集纳各地特色规划、做法,全面展现"川渝一盘棋,共建第四极"的行动方略,共同聚焦加快推进国家战略新步伐。

"川渝群英谱"微博联动海报

3. 社会效果

"川渝群英谱"手绘双城经济圈长漫一经推出,迅即得到成渝地区44家城市政务新媒体的响应。15个四川省内市州政务新媒体群力合唱,29个重庆政务新媒体接力发声,学习强国、澎湃新闻、上游新闻等媒体平台争相转发传播,促使"川渝群英谱"成为红极一时的网络爆款产品。

此种风格形式让网友感受到了接地气的"江湖气息",政策文件在此场景中不再晦涩难懂,预览此图有一种身临其境之感。长漫因而备受追捧和推荐,各平台阅读量突破2000万,覆盖量过亿,汇聚成"川渝一盘棋,共建第四极"的甜蜜结对和有力回响,在全国两会大舞台上迸发出"最强川渝音"。通过此次矩阵联动,我们还推动了内容向基层下沉,让主流声音传导到最末梢,有效扩展了平台面向基层群众的传播力和服务力,进一步巩固和壮大了主流思想舆论。

(简文敏、戴菲俐、何晓凤、刘绍侠)

新型政务媒体的构建与传播
——"四川发布"个案解析

三、案例评析

构建全国性矩阵联动　发出政务新媒体更强音

全媒体时代，技术进步、万物皆媒，舆论环境、传播渠道、受众需求发生深刻变化，移动互联网成为人们获取信息的主要渠道。在此背景下，政务新媒体"四川发布"立足时代节点，搭建多维联动，创新传播方式，积极构建全国性传播矩阵，推进媒体深度融合，让四川政务声音传得更好、更远、更响。

立足时代节点，主动引导舆论

政务新媒体是政府机关或公共机构传递权威信息、构建互动交流、提供公共服务的一种新型媒体平台。[1] 面对今天这样一个思想观念多变多元、媒体竞争纷繁复杂的全媒体时代，立足时代节点，把握时代精神，主动引导舆论，凝聚思想共识，是政务新媒体的重要职责和使命。

汶川地震作为重大灾难性事件，是中国社会不可磨灭的集体记忆，而在其十周年这一特殊时间节点，四川发布策划发布了"'援'来一家人"感恩主题海报，唤醒时代记忆，铭记灾难历史，聚焦汶川十年涅槃，传递感恩精神。新中国成立70周年是具有特殊意义的重大时间节点，对此，四川发布顺势而为、应势而动，在新浪微博上发起以"早安，我对祖国说"为主题的大型短视频联动活动，率先设置议题，以"全国升起五星红旗"为主题组织网友互动交流。进入新时代，成渝地区发展迎来前所未有的重大机遇，面对推动成渝地区双城经济圈建设的国家战略，四川发布找准发力关键、把握机遇，以全国两会为契机，通过"川渝群英谱"手绘长漫为公众讲解"双圈"建设的政策措施。四川发布以海报展现汶川地震后的十年蝶变新貌，书写感恩之情，以联动祝福视频的形式，表白祖国母亲、提振民族精神，以手绘长漫联动"双圈"，创意解读双城政策、展现川渝区域特色，从党和国家发展大局的高度、民族复兴的维度、区域协同发展的角度，激发受众的民族情感，引导受众聆听成渝声音。

立足时代节点，是构建全国性矩阵联动的题中应有之义。四川发布准确把握时代节点，主动设置议题，精心策划布局，掌握舆论主导权，在重大主题宣传中铭记民族历

---

[1] 马语欧、杨梅：《在发展中完善：政务新媒体十年考察》，《传媒》2020年第2期，第47-49页。

史，讲好中国故事，唱响四川声音，更好地发挥了政务新媒体的引导力，也体现了四川发布立足川蜀大地、"红"扬主流歌声的初心。

搭建多维联动，拓宽受众覆盖

全媒体时代，传播方式打破时空限制，具有数字化、网络化和互动化特征，[①] 使媒体、受众可以更快捷地进行信息交互，搭建多维联动的宣传报道则能够有效增强政务媒体报道的影响力、传播力。在"'援'来一家人""早安，我对祖国说"和"川渝群英谱"等主题宣传中，四川发布联合平台，借势借力，在新浪微博发起"5·12援来一家人""早安，我对祖国说"和"川渝群英谱"等微博话题，通过引领话题实现覆盖平台受众的效果；打破地域限制、实现协同作战，联动全国逾百家政务新媒体及时转发、暖心回应"'援'来一家人"感恩信息，实现全国上百家政务新媒体和众多川籍名人合力为祖国母亲庆生，联动成都发布、重庆发布等44个城市政务新媒体展现巴蜀地域特色、解读双圈政策；借助平台的开放性、互动性，四川发布通过设置微博互动话题，增强与网友的交流互动，获得网友的转发和点赞，实现聚流量、聚人心的效果。

四川发布在与平台、政务新媒体、明星和网友的多维联动中，变单打独斗为协同作战，做大声势，形成规模，有效扩大了受众覆盖面，形成传播最大合力。"'援'来一家人"实现亿级数据传播，成为政务新媒体圈的现象级产品；"早安，我对祖国说"的话题阅读量达到2000万，视频播放量达到150万，转评互动量达到6.4万次；"川渝群英谱"在各平台的阅读量突破2000万，覆盖量过亿。

搭建多维联动，是构建全国性矩阵联动的基础。为适应全媒体时代的传播新格局，四川发布主动搭建多维联动，借助平台发力，集聚各方优势，实现同频共振、同向发声，扩大受众覆盖，壮大主流舆论，形成全方位、立体化的融媒体宣传。

创新传播方式，引发情感共鸣

四川发布融合发展新生态，针对不同的宣传主题和需求，创新内容呈现和表达。新闻海报具备文本直观性、视觉冲击力、传播便捷性等特点，契合"图像时代"的媒

[①] 郭广智：《重大主题报道的全媒体传播策略——以中国青年报社的两会报道为例》，《出版广角》2020年第15期，第69-71页。

新型政务媒体的构建与传播
——"四川发布"个案解析

介消费趋势。① 在"'援'来一家人"活动中,四川发布以感恩为主题,聚焦"对口援建",采用海报形式直观展示全国各地对川援建成果。当下短视频已成为广大网民获取信息和娱乐休闲最主要的方式之一,因此四川发布在"早安,我对祖国说"活动中以形式轻、立意重的 15 秒短视频形式表白祖国、祝福祖国,触发情感共鸣,以简短却极具感染力的可视化内容实现微博、微信朋友圈、抖音等新媒体平台的阶梯式传播。而在"川渝群英谱"联动活动中,四川发布以手绘长漫的可视化形式,结合各地地标建筑,展现双城经济圈建设中的地域特色,让"武侠国漫"赋能政策宣传,增强内容可读性、趣味性。相较于传统文字、海报、短视频、手绘长漫等可视化呈现形式更加直观、生动,增强了信息的可读性和易懂性,不仅有利于吸引用户观看,而且便于用户迅速掌握内容要点。②

互联网时代,情感被置于与信息同等重要的位置。在创新传播形式的基础上满足受众的情感需求,成为政务新闻增强吸引力和感染力的重要着力点之一。"'援'来一家人"将汶川地震与对口援建相联结,聚焦感恩之情,进而凸显国家制度的优越性和中华民族万众一心的精神内涵,激发情感共鸣。"早安,我对祖国说"活动以爱国情感为核心,既表达对祖国的爱,也触发公众的民族自豪感。"川渝群英谱"联动从千百年来形成的巴蜀文化以及两地地理、历史、情感等相通的历史背景入手,将公众的武侠情怀与对川渝地区的情感认同有机结合,极大激发了公众的阅读兴趣。在全媒体时代,受众的独立性、差异性更强,政务新媒体更需以情感共鸣求取共识,在全国性的矩阵联动中以情感联结受众、增强社会认同。

创新传播方式、引发情感共鸣,是构建全国性传播矩阵的关键。面对全媒体时代人民群众日趋多样的新闻信息需求,政务新媒体应当逐步向多元化、创新型的内容方向转变,从而以更加生动活泼的形式向公众传达政府的相关信息,引发公众的情感共鸣。③ 四川发布坚持提升内容生产力,不断创新传播形式,加强可视化传播,深挖情感

---

① 陈瑜嘉:《融媒体背景下新闻海报的传播优势、症结及创新》,《传媒》2023 年第 15 期,第 67-69 页。
② 郭广智:《重大主题报道的全媒体传播策略——以中国青年报社的两会报道为例》,《出版广角》2020 年第 15 期,第 69-71 页。
③ 周蕾:《政务新媒体未来建设传播路径研究——评〈移动政府:政务新媒体的传播图景与效果〉》,《传媒》2023 年第 8 期,第 100 页。

"共鸣点",打造出了多个可视化、个性化、情感化的新闻产品,获得了群众的喜爱和认可。

(周于七)

四、延伸案例

上海发布:#爱上海的 100 个理由#

成都发布:#相约成都大运会#

新型政务媒体的构建与传播
——"四川发布"个案解析

案例 3

全省覆盖：市县聚力，唱响四川发展好声音

一、案例简介

"秀家乡 百县巡礼"全省政务新媒体大联动

2021年是"十四五"开局之年，也是全面推进乡村振兴的开局之年。为展现四川各地打赢脱贫攻坚战后的新气象、新风貌，四川发布充分发挥政务新媒体矩阵联动优势，独家策划发起了"秀家乡 百县巡礼"全省政务新媒体百县大联动，集结全省183个县（市、区）政务新媒体，打造了一场持续一年的大型线上展示。

该联动自2021年元旦启动，历时一年，以早安日历海报的形式，每天推荐一个区县的乡村美景、城市新貌、自然风光。这些早安日历海报内容丰富多彩，有的是家门口那条最美的小河，有的是日新月异的城市，也有的是树上刚刚结出的果实，每一张日历海报都讲述着一个区县的特别故事。这些微小而真实的画面，不仅是对四川脱贫攻坚成果的生动展示，也是对四川各区县独特魅力的有力宣传，让网友感受到了家乡日新月异的变化。

除了每天推出的早安日历海报，四川发布还依托全国两会和省两会重要节点，推出了"88个摘帽县 接力秀家乡！""美丽乡村接力晒"等全国和全省的主题联动活动，为"秀家乡 百县巡礼"注入全国各地新活力。

向往的四川

四川以其独特的地理风貌和悠久的人文历史，在中国乃至全球都有着重要的地位。然而，作为一个多样化的地区，四川的发展历程亦是一个鲜活的篇章，值得深入探索。

为了全面展示四川的多元魅力,四川发布推出了名为"向往的四川"早安日历海报新媒体产品。

本策划以月为单位,全年设置12个主题,覆盖365天,旨在聚焦乡村振兴、高质量发展、拼经济等主题,通过"乡遇四川""强国引擎""争春夺秒的四川""川越古今""工业之画""千百年间""万千气象""天府粮仓""这乡有礼"等主题日历海报,联动21市州和183区县,展示了国家高质量发展中的四川新貌。同时,该项目得到了成飞集团、中科院高海拔线宇宙观测站、雅砻江水电开发有限公司、中国石油西南油气田、国网四川电力等科研机构和大型国企的支持。最终,"向往的四川"栏目总阅读量突破2500万,备受网友推崇。

四川发布"秀家乡 百县巡礼"专题

二、创作札记

(一)"秀家乡 百县巡礼"全省政务新媒体大联动

1. 策划思路

2020年11月17日,四川省政府批准凉山州7县退出贫困县序列,至此,全省88个贫困县全部清零。这是一个令人欣欣鼓舞的喜人成果,这是一个具有标志性意义的历史时刻。在这样的背景下,四川发布团队立即召开专题策划会议,讨论宣传方案、产品形态及推广计划。

新型政务媒体的构建与传播
—— "四川发布"个案解析

以共情促共鸣。脱贫攻坚主题宏大，如果只是一味强调四川取得了哪些成果，难以引发网友的共鸣共情。随着"三农"工作重心由脱贫攻坚转入全面推进乡村振兴，我们决定以大主题、小切口为抓手，将传播各地美景和展示脱贫攻坚成果相结合，抓住"家乡"这个情感纽带，把四川的乡村美景、城市新貌、自然风光展示出来，让网友在点滴之间看见四川的美好与变化。这样的思路既能展现美丽四川，又能激发网友对家乡的自豪感和归属感。

轻体量快传播。四川有183个县（市、区），如果要做到全覆盖，那么体量必然很大，如何展示是我们在策划过程中面临的又一考验。经过多次讨论，我们确立了轻体量、快传播、可持续、易分享的思路。新媒体的力量在于互动与共享，此时，正值微信公众号流行推送早安海报，团队一致认为早安日历海报形式是最合适的选择，不但具有持续性，也方便网友在朋友圈分享。并且可以从2021年元旦起，做到365天持续刷屏，让每一天的早安都成为展示四川区县特色的窗口。

矩阵化聚力量。要满足365天持续有内容发布，素材从哪里来？靠四川发布记者去183个县（市、区）采访和拍摄显然不现实，于是我们站在省级政务新媒体的角度，决定发起全省县级政务新媒体大联动，依靠矩阵的力量来完成这次主题宣传。一方面县级政务新媒体更容易获得这些素材，也更清楚本地特色和亮点；另一方面，我们也希望通过矩阵合力推广，做到全媒联动、同频共振，让这一主题宣传的品牌效应和影响力不断放大。最终，基于重点展示内容，我们确定了"一个全年策划+两个重要节点策划"的联动模式。

四川发布"秀家乡 百县巡礼"主题海报

第四章 矩阵共鸣

四川发布"88个摘帽县 接力秀家乡"主题海报

2. 执行过程

开展多级联动。在执行的过程中，我们整合了全省各级政务新媒体资源，通过各种方式陆续和他们取得联系，并进行了前期初步沟通，明确活动目的和素材提交要求，协调他们积极参与其中。此后，制订早安日历海报的区县推送计划，提前向相应区县收集图片素材和文字资料，确保这些素材既具有代表性，又能充分展现当地的特色和魅力，还能引起网友的共鸣。

重塑视觉魅力。在确定了早安日历海报这一呈现方式后，文字编辑和美编紧密配合，从文案撰写、图片筛选到海报设计，都力求做到精益求精。在海报设计上，我们

新型政务媒体的构建与传播
——"四川发布"个案解析

注重色彩的搭配和视觉效果的极致呈现，经过多次尝试和调整，最终形成了一套统一模板，让每天的海报既体现各地特色，又保持整体的视觉统一。在文案的打磨上，我们则追求简洁明了，既能传达核心信息，又能触动人心，激发网友的分享欲。于是，从1月1日的"贡嘎日出"到12月31日的"大美于天地间"，我们365天日日如一，为网友带来了一场持久的视觉盛宴。

深化互动体验。为激发广大网友的参与热情，一起共绘家乡新画卷，我们特地开通了在线投稿通道，向广大网友征集四川各地的图文素材，鼓励他们分享家乡感人瞬间或者美好时刻。网友提供的图文一旦被选中则将成为某一天的特制日历，登上四川发布头条。这种做法不仅拉近了政务新媒体和网友之间的心理距离，更让网友们有机会亲身参与家乡宣传推荐，进一步增强了他们对家乡的归属感和自豪感。同时，我们在微博平台开通"秀家乡 百县巡礼"话题，邀请网友展示家乡风采，分享家乡的故事，让每一位网友都成为家乡的代言人。

推出特别策划。"秀家乡 百县巡礼"大联动是一场贯穿全年的策划，除了每天准时与大家见面的早安日历海报，我们还特别选取了全国两会和省两会这样的重要时刻，紧扣"脱贫攻坚"和"乡村振兴"时代主题，分别发起"美丽乡村接力晒"全国联动和"88个摘帽县 接力秀家乡！"全省联动。88个脱贫摘帽县是我们这次策划的核心展示对象，我们精心设计了88张系列邮票海报，从青山绿水到乡村新貌，从特色产业到幸福生活……秀出了这些地区脱贫后的崭新面貌和变化，用新面貌踏上"十四五"新征程。

3. 社会效果

365天，365张日历，365处四川美景。本次"秀家乡 百县巡礼"大联动自推出以来，受到了广泛关注和好评，在四川发布客户端、网站、微信及微博等全渠道推送后，吸引了一大批网友们的点赞和参与。联动覆盖了我省上百个县级政务官微，武侯发布、品位锦江、锦绣青羊、天府龙泉、这里仁和、活力什邡、幸福绵竹等众多账号积极参与发布互动，形成宣传合力。目前，微博话题"秀家乡 百县巡礼""美丽乡村接力晒""88个摘帽县 接力秀家乡"总阅读量超过2000万次，取得了良好的传播效果。

与此同时，本次联动成功展现了四川在脱贫攻坚后的新气象、新风貌以及在现代化建设中的新成就，让更多的人看到了四川的变化和进步，提升了各区县的知名度和美誉度，增强了四川人的自豪感和归属感。此外，该联动也促进了四川各地的文化旅游产业发展，许多区县的早安日历海报吸引了大量网友的点赞和咨询，从而吸引了外地游客参观旅游，有效推动了当地的经济发展，为四川的发展注入了新的动力。

（二）"向往的四川"全省大联动

1. 策划思路

"秀家乡 百县巡礼"系列发布之后，每天一张海报，每日一句早安，已成为万千网友清早打卡四川发布的日常习惯。四川发布团队充分听取网友和政务矩阵小伙伴的意见，在新一轮贯穿一年的早安日历中，定题为"向往的四川"，融入更多元素，既丰富了主题内容，又扩展了矩阵对象，还照顾了网友情绪。

"向往的四川"早安日历海报项目的策划思路是多维度的，通过确立以月份为单位的主题变换机制，力求呈现出四川丰富多彩的景观、人文和发展成就。每月一个核心主题，既能保持内容的新鲜感，又能确保传播的深度和广度。这些主题紧密围绕乡村振兴、高质量发展、经济建设等时代热点，展示了四川在不同领域的风采。

在内容规划上，策划团队充分挖掘了四川的地理、历史、文化、经济等资源，推出了"乡遇四川""强国引擎""争春夺秒的四川"等一系列富有创意和内涵的主题日历海报。这些海报不仅美观大方，而且信息量丰富，每一张都能引发受众的强烈共鸣和深入思考。这种策略不仅使观众可以从不同的角度去认识四川，也为项目提供了更多的展示空间，使得覆盖范围更加广泛。

为了提升产品的影响力和权威性，策划团队积极寻求与各级政府部门、科研单位及大型国企的合作。通过联动21市州和183区县，以及科研机构和大型国企的力量，汇集了各方资源，确保了内容的丰富性和质量，而这些资源的整合和共享，也为产品的顺利推进奠定了坚实的基础。

MEDIA CASE STUDY

新型政务媒体的构建与传播
——"四川发布"个案解析

"向往的四川"主题海报

2. 执行过程

俗话说:"万事开头难。"策划团队在决定采用每月一题进行创新时,存在较大的内部争议:一方面担心不同的主题必然对应不同的领域,相当于从产品上便将网友进行了兴趣分割;另一方面是联动主题变多,势必会让联动范围脱离现有矩阵的"舒适圈",让难度无限增大。在经过多轮讨论之后,我们决定尝试突破,以一月作为试点,推出"乡遇四川"主题产品。定这个主题也是十分讲究的:首先,内容能够很好地衔接"秀家乡 百县巡礼",不至于让网友觉得过度生硬;其次,乡村振兴是热门话题,联动的各家政务新媒体拥有丰富且高质量的材料,网友能够充分领略四川乡村旅游的蓬勃发展、农村电商的崭露头角、乡村文化的传承创新等。策划团队不打无准备之仗,在栏目初期便认真梳理省委省政府重点工作,围绕工程建设、产业制造、乡村振兴、科技创新、数字经济、对外开放、生态文明、绿色低碳、现代农业、民生保障、文化旅游、美食美景等精心制定主题。

2023年2月，正是春节长假收假之时，为了营造良好的"开门红"舆论氛围，策划团队精心设计了"强国引擎"月度主题，聚焦那些推动四川高质量发展的关键力量和支撑体系。从科技创新到产业升级，从人才培养到政策引导，全方位展示四川在高质量发展道路上的探索和实践。在这里，你不仅可以看到世界最深、最大的深地实验室——锦屏地下实验室、高海拔宇宙线观测站、国家超算成都中心等"国之重器"，还有歼-20翱翔升空的珍贵画面。对此，网友自豪地表示"四川的骄傲，成都的骄傲！"阅读量更是创下系列新高。这也拉开了四川发布与成飞集团、雅砻江水电开发有限公司、中国石油西南油气田、国网四川电力等大型央企、国企深度合作的序幕，标志着四川发布媒体矩阵突破政务新媒体圈子，向外界大幅扩容。同时，合作伙伴们也会在自己的官方渠道上进行同步推广，形成了强大的传播合力。

"强国引擎"月度主题海报

为让网友获得更好的阅读体验，策划团队创新尝试设计动图，为海报注入了生动的画面和艺术感，使得每张海报都充满了活力和魅力。为了增强产品的互动性和用户黏性，策划团队还设置了丰富的互动环节，如邀请用户参与主题讨论、分享自己的四川故事等。通过这些活动，策划团队不仅收集到了大量宝贵的用户反馈，还进一步扩大了产品的影响力和知名度。例如，在"向往的四川"栏目开启之时，为10位网友提供专属新年福利——四川发布精美日历，引导网友在评论区分享自己眼中的山川河湖、美食美景等，同时还公布网友投稿通道，提升网友的参与感，收获了大量好评。网友锐评道："全年准时准点的早安，都很有深度！大大的赞！""美丽四川，魅力天府，心向往之。""安逸四川，巴适生活，我喜欢。"

3. 社会效果

"向往的四川"早安日历海报新媒体产品一经推出，就受到了社会各界的广泛关注和高度评价，栏目总阅读量突破2500万，产生了良好的社会效应。

首先，提升了四川的形象和知名度。通过全年无间断的海报发布和推广，四川的美景、文化和发展成就得到了全方位的展示和传播。这不仅增强了四川人民对家乡的自豪感和归属感，也让更多外地人了解并爱上四川这个美丽富饶的地方。

其次，推动了经济发展和旅游业的繁荣。海报中展示的四川各地的发展情况和旅游资源，吸引了大量投资者和游客的目光。许多企业和个人纷纷表示要到四川来投资兴业、观光旅游，为四川的经济发展和旅游业的繁荣注入了新的活力。

最后，探索了新媒体时代下的传播新模式。"向往的四川"早安日历海报的成功实践，为新媒体时代下的传播工作提供了新的思路和模式。它充分利用新媒体平台的优势，将图文结合、线上线下互动等多种传播手段有机结合在一起，实现了信息的快速传播和有效到达，被多地同行纷纷效仿。

（何晓凤、刘绍侠）

三、案例评析

脚踏实地：用行动"编织"具有四川特色的媒介矩阵

夯实基础工作　打磨内容精细度

河冰结合，非一日之寒；积土成山，非斯须之作。所有的成功之路都没有捷径可走，四川发布推出的"向往的四川"早安日历海报新媒体产品之所以能够收获良好的传播效果，最重要的一个环节就是扎实的前期工作。在早安日历海报新媒体产品推出之前，四川发布需组建融媒报道专项组，派采编团队带着专业的设备到城市生活、田间地头、山林水源的最前线去观察、去采访、去记录，收集和整理一手材料，为后期的内容制作打下最坚实的基础。四川发布无论是在语言的组织还是海报的制作上都肯花心思，才打造出高质量的图片作品，海报式的呈现使得每一张图片都可以作为壁纸。

中国幅员辽阔，经纬度跨度较大的地理特征导致不同地域的自然景观各具特色。四川发布的传播内容立足于川内，选取四川境内的城市或乡村最具代表性的自然风光和生活景象，作为早安日历海报的画面内容，让更多的人知道了四川"百县"的名字。例如，攀枝花米易县、眉山丹棱县、达州大竹县、泸州合江县、乐山峨边彝族自治县、宜宾屏山县、成都蒲江县、甘孜丹巴县……风景秀丽的世外桃源，风光如画的人间仙境，摄影师们用镜头记录下美的瞬间，四川发布则搭建展示与传递的窗口，让照片海报去实现美的永恒。

四川发布打造的早安日历海报产品，其形式看似简单，但选择这样的呈现方式需要足够的勇气和底气。为了保证365天的不间断更新，创作团队前期需要周密策划并做好充分的准备工作，队员要提前实地拍摄或征集大量的图片，然后进行分类整理、筛选、排序和二次制作，如此才能保证后期的早安日历海报如期呈现。在确保图片数量的同时，还要保证图片的质量，这是四川发布的创作团队要面临的一大挑战，这就要考验一个政务媒体平时对自身素材库的组织建设能力，以及工作人员的素材收集和运用能力。由此可见，对于媒体特别是政务媒体来说，日常的积累工作尤为重要，它会成为每一次重大策划报道的前期工作，它让媒体的每一次报道都不是从零开始，毕

新型政务媒体的构建与传播
——"四川发布"个案解析

竟地基的坚实程度决定了今后每一条路的宽度。

拓展媒介矩阵　盘活信息连通度

四川发布极力发挥"三微一网多端"的同频共振作用，使各个平台的受众都可以方便快捷地接收早安日历的传播内容。四川发布抓住了不同平台与不同呈现方式的特点和优势，在微信公众号中以文字为主，用小地方和小人物来讲好中国故事，在微博平台则以图片和视频为主，吸引用户的注意力，满足用户碎片化的阅读需求……这种各取所长的报道方式有利于跨平台的内容相互呼应、互为补充，实现多平台间的灵活协作。

在"秀家乡　百县巡礼"和"向往的四川"早安日历创作过程中，四川发布充分发挥自身作为四川政务新媒体的龙头优势，组织川内的各级媒体和相关单位进行多主体联动，在四川省内编织出一张充满活力的、高效的信息网，盘活了每一个信息节点上的独家资料，最大限度开发各主体的信息潜力，打开自身媒介矩阵的边界，真正实现信息全覆盖，形成局部与整体的良性互动。四川发布的报道实践切实推动四川各级媒体形成渠道丰富、覆盖广泛、传播有效、可管可控的移动传播矩阵，加速建成具有四川本土特色的整体协同、响应迅速的政务新媒体矩阵体系。四川发布的联动视野也不局限于省内，通过发起"美丽乡村接力晒"活动，对话其他省份的政务新媒体，为"脱贫攻坚"与"乡村振兴"的主题活动注入新活力。

紧贴群众路线　激活受众参与度

群众路线始终需要思考的问题是"如何更好地为群众提供服务"，四川发布坚持剖析受众的求知心理和阅读期待，借助新媒体平台在信息呈现方面的优势，从小处着手，先后以"秀家乡　百县巡礼"和"向往的四川"为主题推出早安日历，为读者提供关于时间的信息服务，同时展现乡村振兴的时代画卷，使政务平台紧贴亲民路线，推动政治的生活化，创新政治话语的书写方式。日历是每户人家的生活必需品，电子日历的出现使日历的形式和功能都变得更加丰富，四川发布坚持每天早晨以图片的形式呈现当天的日期和一处川内景色，在2021年用365个美丽的瞬间唤醒读者每一天的生活。其实我们从手机上可以很快捷地获取日期信息，但是四川发布的早安日历的价值在于用纪实性的摄影作品为人们忙碌的生活提供艺术的滋润。

早晨是一天之始，早上的心情往往能够决定一个人一整天的状态。早安日历中的摄影作品因拍摄时间、角度、设备的要求，所呈现的常是普通人难以捕捉的川内美景，让读者能够在刚关掉闹钟的睡眼惺忪之际，或通勤的早高峰之路上，又或是刚坐在办公桌前，点亮手机屏幕，即可感受图片带来的视觉冲击，那是来自大自然和人类智慧的震撼力，使得不久前还沉浸在睡梦中的头脑变得清醒。此番场景化的阅读效果体现出四川发布对传播内容细致的设计理念，随着时间的推移，早安日历的信息服务功能和图片质量能够逐渐培养读者的阅读习惯，让读者每天早晨带着期待和好奇自觉地打开早安日历。

"向往的四川"案例的策划与实施启示我们：该主题向内激发川内人对家乡的热爱和赞美，能让本地人重新认识、了解自己生长的地域，去发现家乡更多的"美"——文化美、风景美、发展美；向外引发川外人对四川的好奇心和探索欲，能让来川旅行的游客们看到更多藏在四川深处的秘境。早安日历海报画面中的景象作为独特的注意力资源，可为四川的旅游业注入新活力，并可转化为提升用户黏性的传播力。

（魏梓慧）

四、延伸案例

云南发布：《"有一种叫云南的生活"是怎样的生活……》

重庆发布：《早生活｜逛超市、挑精品、享折扣……开启你的美好一天》

第五章
融合创新

DI-WU ZHANG
RONGHE CHUANGXIN

引 言

在"万物皆媒"的全媒体时代，政务新媒体的融合发展不再只是简单的"媒体+互联网"，而是需要紧跟时代步伐、持续创新，借助热门话题、热点事件等设置议题，利用直播、短视频、H5、SVG等网友喜闻乐见的形式并加以融合。既要"融合"也要"融活"，政务新媒体在推出符合互联网传播特点的原创策划报道的同时，也需练就快速响应、跨界协作、IP打造、矩阵联动等多重能力，破圈传播形成现象级融媒体产品，进一步巩固政务宣传、推动社会发展的网络基石。

本章选取四川发布在全国两会、中国农民丰收节以及牢记总书记嘱托等重要节点方面推出的系列报道，体现了政务新媒体在重大议题上敢于突破创新，打破单一的发布模式，通过议题创新、流程优化、产品升级，推动人力、信息、媒介等各类要素深度融合，形成网、端、微、屏全媒体同频共振、同向发力的传播格局，既追求了"时效度"的轻量化产品，又有"精准新"的重磅策划，让正能量产生大流量、好声音成为最强音。

案例 1

"听见争春夺秒的中国"主题报道

一、案例简介

2023全国两会召开之际，四川发布团队紧扣推动经济高质量发展战略定位，联动京津冀、长三角、粤港澳、成渝双城四大经济增长极，发起"听见争春夺秒的中国"特别策划，以"声音"为主线，通过创意短视频的形式，带领网友一起飞"跃"经济增长极，探寻中国高质量发展动力源，见证争分夺秒的春天。这120秒的短视频产品融汇数十个火热建设场面，从冰雪消融、草木生长、鸟语花香、春雷阵阵转场到四极各行各业实干"争春"的奋斗场面，屏屏有料，声声有力，奏响四极共谱的春之序曲。

精品短视频自3月5日上线后，24小时全网曝光量超过1亿次，登上新浪微博要闻榜，被《人民日报》客户端主页推荐，登上人民号当日热文榜全国第一。作品在全省所有媒体网站、新媒体、短视频平台接力传播。据统计，包括《人民日报》、共青团中央、国资小新、国是直通车、上海发布、广东发布等上百家主流媒体和政务新媒体转发报道，形成强大正面宣传"合声"。

新型政务媒体的构建与传播
——"四川发布"个案解析

四川发布"听见争春夺秒的中国"微博截图

二、创作札记

（一）策划思路

2022年，习近平总书记在学习贯彻党的二十大精神研讨班开班式上指出："中国式现代化走得通、行得稳，是强国建设、民族复兴的唯一正确道路。"2023年，中国在高质量发展中书写现代化建设的新篇，北有"京津冀"，南有"粤港澳"，东有"长三角"，西有"成渝"，四大经济增长极引领区域发展的空间格局正为高质量发展蓄力赋能。

2023年是疫情防控进入新阶段后的首年，春暖大地，经济复苏，全国各地铆足干劲乘势跃升，全力以赴拼经济、搞建设，推动高质量发展。新形势要有新作为，四川发布团队发挥融媒优势，创新思路，提前谋划，于两会召开前2个月便成立由总编辑牵头的专项报道小组，锚定推动经济高质量发展大主题，瞄准京津冀、粤港澳、长三角、成渝双城四大中国经济最活跃的区域，致力创作一个"爆款出圈"的新媒体产品，在两会期间弘扬正能量、唱响主旋律。

第五章 融合创新

专项小组迅速确立"前端深采,后端深策"的协同推进思路,以"三天一小会、五天一大会"的节奏紧密召开策划会,推动采访、设计、包装、联动等各项事宜有序进行。全员聚智聚力,谋划 100 余个主题,从中精挑细选、梯次淘汰,最终确定"听见争春夺秒的中国"宣传主题,以"听"为主线,围绕"春天""拼经济""搞建设""现代化""高质量发展""争分夺秒"等热词,紧扣当下优秀视听新媒体产品形态,创作音视频产品。

(二)创作过程

采访 + 制作,双线并行确保产品质量

在策划过程中,四川发布团队一手抓采访,确保产品充实有料;一手抓制作,确保产品澎湃精致。

在采访层面,4 组记者兵分四路,聚焦小切口故事,深挖经济发展典型案例,用脚步丈量中国经济发展路径。例如,奔赴四川省绵阳市盐亭县,共睹中国石油西南油气田的蓬深 6 井顺利完钻并成功固井,见证 9026 米、亚洲最深直井纪录在四川的诞生,推出相关报道、视频和海报;再如前往雅砻江锦屏一级水电站,感受江河水流一泻千里的能量转换,测算 4000 亿千瓦时电能的惠及对象和时间,看见四川电力赋能,助力经济高质量发展谱新篇。

在制作层面,专项小组抽调专人深度对接"四极"政务新媒体,如北京发布、天津发布、网信河北、上海发布、微博江苏、浙江发布、安徽发布、广东发布、深圳发布、广州发布、重庆发布等,协调视频材料供给,共同商议宣发口径、宣传节奏。同步向省内政务新媒体、央企和国企等征集视频材料。从 50 余小时视频素材中,优中选优,剪辑出 2 分钟《听见争春夺秒的中国》短视频产品。这 120 秒的短视频产品融汇数十个火热建设场面,从冰雪消融、草木生长、鸟语花香、春雷阵阵转场到"四极"各行各业实干"争春"的奋斗场面,屏屏有料,声声有力,奏响"四极"共谱的春之序曲。

跨省 + 跨界,整合资源实现全国覆盖

我们深谙推广是推动产品出圈的关键一环。在狠抓采访和产品制作的同时,开足马力,整合资源,联动了包括但不限于"四极"政务新媒体、国省级媒体以及微博平台

新型政务媒体的构建与传播
——"四川发布"个案解析

方等,不分白昼、巨细无比地将策划思路与对方进行沟通对接,最终争取到大量资源支持。

《听见争春夺秒的中国》短视频自 3 月 5 日 14:00 上线,24 小时话题阅读量突破 1 亿人次,登上新浪微博要闻榜,被《人民日报》客户端主页推荐,登上人民号当日热文榜全国第一。《人民日报》、共青团中央、国资小新、国是直通车、未来网、《人民日报》评论、央视网快看、中国日报网以及天津发布、上海发布、浙江发布、安徽发布、广东发布、重庆发布、深圳微博发布厅、成都发布、四川共青团、四川省广播电视局、四川建设发布等新媒体平台纷纷转发,形成现象级传播,引发网络正面舆论。此外,还吸引了甘孜刘洪、花游蒋文文、花游蒋婷婷、张晓雅等众多川籍"大 V"互动转发,形成强大宣传合力,成为正能量"出圈"传播的典型案例。

(三)社会效果

南北中国的火热建设场景承载着大家的希冀与期盼。四川发布团队创新了报道手法,通过创意短视频的形式,以"声音"为主线,展现了中国高质量发展的动力源,体现了媒体融合的新趋势;凸显了强烈的时代意义,紧扣"中国式现代化"这一时代主题,聚焦四大经济增长极,展示了中国在新时代背景下的发展成就和活力;获得了强烈的社会反响,该报道发布后,迅速燃爆网络,相关微博话题阅读量超过 1 亿人次,多家主流媒体和政务新媒体互动转发,产生了广泛的社会影响。

#听见争春夺秒的中国#微博话题数据

引爆全网的不是产品,而是人民群众对于经济复苏、高质量发展的期盼与信心。

视频发布后，迅速火爆网络，网友互动热烈，纷纷发表正能量留言。网友"桠煊"说："万物复苏，柳绿花红，祖国大好河山，太震撼了！"网友"韶华诺歌"说："春回大地，万物复苏，是新的一年，也是新的时代，经济发展越来越好！"网友"STAYGOLID"说："复苏的春天太美了。"网友"Rita_蓝天"说："不同的声音，一样的奋进。"还有大量网友在留言中表达了对祖国发展的祝福与期待，表示"这是最美的声音""期待祖国发展越来越好，很自豪"，等等。

万物复苏从春始，正是四川发布这 120 秒的视频，带领网友一起听见了争春夺秒的中国，见证了春日中国的蓬勃力量。

（戴菲俐）

三、案例评析

紧跟时代发展　创新主题表达

随着互联网技术和智能手机的普及，短视频已经成为一种新兴的内容形式，短视频具有较快的传播速度和较强的互动性，逐渐成为新闻宣传和品牌营销等方面的新渠道，也为新媒体环境下主流媒体、政务媒体的转型带来了新的挑战和机遇。2023 年 3 月 5 日，四川发布推出《听见争春夺秒的中国》短视频，24 小时全网曝光量超过 1 亿次，并以"听见争春夺秒的中国"话题登上新浪微博要闻榜，被《人民日报》、共青团中央、国是直通车、央视网快看等上百家主流媒体和政务媒体转发报道，登上人民号当日热文榜全国第一，取得了良好的传播效果。

全国加快推动经济高质量发展，京津冀、粤港澳、长三角、成渝双城是引领区域发展的四大经济增长极，简称"四极"，是中国经济的主要动力源。成渝地区双城经济圈作为中国经济增长的第四极，处于长江经济带与"一带一路"的连接点，不仅是西部大开发、统筹区域协调发展的"主战场"和"前沿窗口"，在中国国土空间格局

新型政务媒体的构建与传播
——"四川发布"个案解析

中也具有重要的战略地位。[1]《听见争春夺秒的中国》这一作品在有限的视频时长内,用严谨的策划和有趣的创意生动地诠释了"中国式现代化"建设的发展面貌,展现了中国经济的动力与活力。这既是对中国经济高质量发展的真实记录和美好展望,也是对人们的鼓舞和激励,与人民群众对经济复苏、高质量发展的期盼与信心产生了共鸣,表现出了政务媒体的责任担当。

表达形式新颖,声音见证经济发展

《听见争春夺秒的中国》以声音为创作主线,将自然界的鸟语花香、街头巷陌的生活气息、工业发展的机器轰鸣、轨道交通的川流不息等画面配合声音表现出来,画面干净利落、声音清晰透亮,一帧帧画面引人入胜,让人身临其境,展现出四个区域经济繁荣发展的景象。把声音作为场景的象征符号,是一种富有新意的创作手段。区别于其他用歌曲作为背景音乐来渲染情绪的短视频作品,《听见争春夺秒的中国》以原声的方式进行表达和串联,让视频声音更干净、清晰,也让该作品在许多短视频作品中具有较强的辨识度和特色。声音既能支撑画面,让视频的表达更完整,也能让受众更加投入,更好地理解视频中的主题和故事情节。

声音为主线的表达具有丰富的象征意义,体现出了主题创作的创新思维。春天的声音有"新声"之意,既展现了生机勃勃的春日景象,也展现了在新的一年里充满干劲和奋斗热情的工作者,还象征了中国经济发展具有蓬勃的生命力。这种有趣且富有创意的主题表达形式,充分考虑了受众特征、社会背景和时代精神。创新表达形式,有利于传播政策理念和工作成果,让宣传内容更具审美价值,有利于与公众建立更紧密的联系,提高公众对经济发展的信心,让人们积极参与经济高质量发展。

角度切入明确,围绕"四极"形成主线

《听见争春夺秒的中国》以四大经济增长极引领区为主题,将每个地区的经济特色融入画面,用声音表达场景,视频选题角度明确,以"小切口"见"大主题",把经济高质量发展这样一个大话题巧妙地表达了出来。饱满的内容和生动的视听语言,形成了直观的传递效果,也避免了让宣传内容落入大而空的宏观叙事之中。同时,这

---

[1] 田园、肖雪、任毅:《成渝地区双城经济圈交通基础设施对协同发展的影响研究》,《长江大学学报(社会科学版)》2023年第3期,第60-70页。

样的切入角度也有利于贴近受众，让短视频内容更具有温度和活力，有利于增强政务媒体和受众的互动交流，拉近两者之间的距离，提高公众对政府工作的参与度和认同度。

切入角度明确有助于聚焦主题，理清思路，有效陈述观点，并且可以突出某个方面，使视频内容的针对性更强。2分钟的视频，内容逻辑清晰，主线层层推进，通过抓住某个细节或局部来反映大主题，可以让受众更好地理解视频主题的意义和价值，加深印象，提高短视频的可看性和可信度。例如，《听见争春夺秒的中国》中便出现了天安门、舞狮、港珠澳大桥、川剧变脸、火锅、熊猫等典型代表事物，这些事物是具有象征意义的符号，能够以小见大地表达各经济发展区域的特色和经济发展状况，使短视频更有针对性和条理性，更好地展示主题。

矩阵效应明显，联动扩大传播效果

四川发布联合北京发布、天津发布、上海发布、浙江发布、广东发布等地区政务新媒体和宣传部门，共同创作了《听见争春夺秒的中国》。在该作品发布后，全省各级各类媒体网站、新媒体、短视频平台进行接力传播，让作品通过多种媒介渠道进行传播，拓展传播平台，提高传播效率，新媒体矩阵效应明显，传播效果显著。

建设新媒体矩阵对政务媒体的发展具有重要作用，政务媒体在新媒体时代需要不断创新和转型，适应时代发展的需求和变化。《听见争春夺秒的中国》作品体现了新媒体矩阵拓展传播平台、丰富内容形式、提升传播效果等作用。政务媒体通过引导互动、建立良好形象、注重视听体验等方式，提升了自身品牌的知名度和美誉度。此外，新媒体矩阵也能通过数据监测和分析，为政务媒体提供精准的数据支持，了解受众需求，优化传播策略，提高运营效率。

当下，京津冀协同发展、长三角一体化、粤港澳大湾区和成渝地区双城经济圈是国家重大区域战略。短视频作品形式为宣传报道提供了更多的机会和手段，能有效提高作品的质量和效果。当地政务媒体宣传四大经济增长极引领区的实践和探新，不仅有助于打造区域形象和品牌，也能吸引更多的投资和资源，加速经济发展步伐，提升地方形象，带动全方位的发展和变革。

（田雪韵）

四、延伸案例

天津发布：《春AI大地》

《海南日报》：《一曲〈黎花开〉，致敬了不起的她们！》

中国蓝新闻：#一条线画出浙江经济的韧性#

案例 2

"天府好丰景"主题报道

一、案例简介

2022年6月8日，习近平总书记在成都平原考察粮食生产时强调，要在新时代打造更高水平的"天府粮仓"。新使命需要新作为，四川发布牢记总书记殷殷嘱托，在中国农民丰收节开幕之际，以融媒手段践行媒体的责任担当，及时开设"天府好丰景"专题，推出独家策划短视频产品《跟着节气看丰景》，全方位、多角度、立体化聚焦四川农耕一线，描绘出四川二十四节气的丰收画卷，刻画出一幅动态版的"天府农耕图"。

视频自2022年9月23日10:00上线后，8小时全网阅读量已破亿。截至目前，微博话题"天府好丰景"累计阅读量已达到2.1亿次，视频观看量达到200万+次，《人民日报》、新华网、环球网等头部媒体纷纷转发，发挥了主流媒体的舆论引导力，让"天府粮仓"得到有效宣传。

MEDIA CASE STUDY

新型政务媒体的构建与传播
——"四川发布"个案解析

"天府好丰景"主海报

二、创作札记

（一）策划思路

紧跟时代脉搏，响应国家号召

天府之国，沃野千里。2022年6月8日，习近平总书记在成都平原考察粮食生产时强调，要严守耕地红线，保护好这片产粮宝地，把粮食生产抓紧抓牢，在新时代打造更高水平的"天府粮仓"。四川发布牢记嘱托，围绕中心，服务大局，迅速组建"沃野千里 天府粮仓"大型主题报道专项组，深入分析四川省作为我国产粮大省的特点和地位，紧密围绕在新时代打造更高水平的"天府粮仓"这一主题展开策划，确定将"天府好丰景"作为报道的核心主题。以中国农民丰收节开幕作为报道时机，并结合四川丰收的农耕景象，推出《跟着节气看丰景》报道视频，展现四川农业的发展成就和丰收景象。

创新报道形式，突出融媒特色

策划团队采用了融媒体的手段，通过多种形式的报道和创新的技术手段，将丰收景象生动地呈现给观众。记者们不仅使用摄像机记录农耕景象，还利用航拍机等设备进行空中拍摄，以获取更全面的画面。在编辑制作方面，团队深度挖掘优质素材，将画面与音乐相融合，以增强视频的感染力和观赏性。主题报道通过这种融媒体的创新手段，成功地将四川丰收的美景展现给网友，引发广泛的关注和热烈的反响。

强化矩阵联动，形成传播合力

策划团队在推广宣传方面精准定位，走出已有的矩阵传播舒适圈，将传播场域扩大至头部媒体。一方面充分发挥政务新媒体的矩阵力量，联动各地媒体平台，共同推广"天府好丰景"专题；另一方面选择中国农民丰收节这一时机，将《跟着节气看丰景》视频推向社会大众，将传播场向主流媒体延伸。过硬的质量得到充分认可，各家媒体纷纷转载，使得天府粮仓强势"出圈"，共同构建起一个多层次、广覆盖的传播矩阵，有效扩大了报道的影响力和覆盖面。

（二）执行过程

深入调研，精心选题。策划团队在前期进行了大量的调研工作，深入了解四川农业的发展现状和地域特色，确定了以"天府好丰景"为核心的报道主题。同时，结合二十四节气传统文化，为每个节气选定了具有代表性的农耕场景和丰收元素。

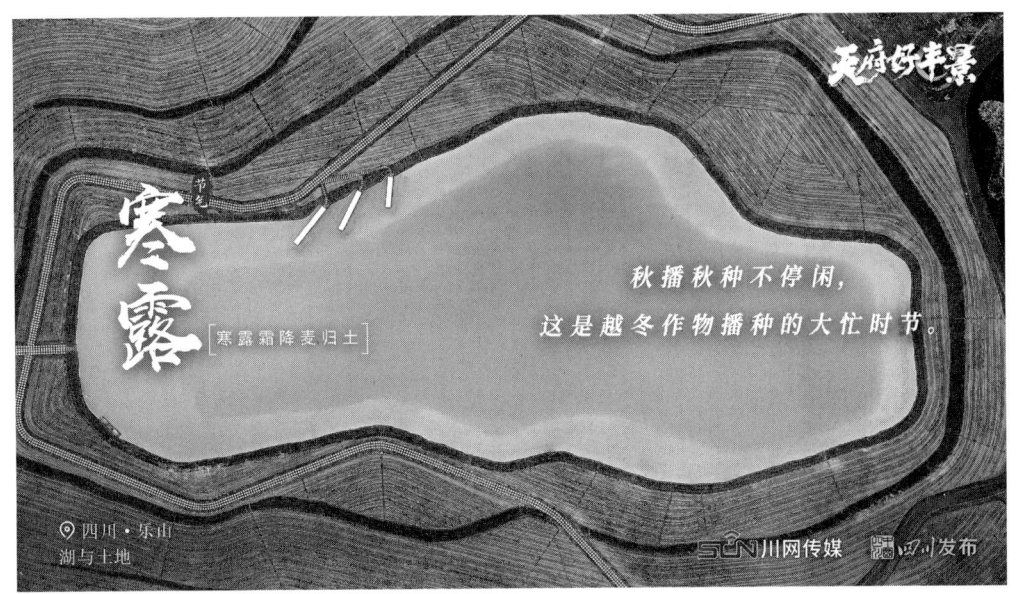

"天府好丰景"二十四节气海报

  实地拍摄，收集素材。"天府粮仓"在新时代迎来了新使命。四川发布第一时间紧密谋划、深度挖掘、兵分多路，全面开启"天府好丰景"壮丽图景的融媒报道。

  融媒为旨，技术赋能。记者手扛摄像机、航拍机走进田间地头，将最真实的农耕景象记录成 100 余小时的画面；编辑深度挖掘、优中选优，将画面与音乐逐帧相扣，一年的光景跃动在屏幕的方寸之间。成都金堂的隆隆机鸣、遂宁安居的粒粒稻香、乐山犍为的菜花翻黄……一幅幅最美"丰景线"，跃然屏上。

  精心制作，打磨精品。专项报道组提前捕捉到 9 月 23 日秋分日正值本届中国农民丰收节开幕，且本届丰收节落地四川这样一个多重爆点叠加的时机，选择将镜头瞄准丰收之美、农人之美、希望之美。在拍摄完成后，编辑团队对海量的素材进行了精心挑选和剪辑，通过巧妙的剪辑手法和富有感染力的配乐，将一幅幅生动的农耕画面串联成一部扣人心弦的短视频作品。同时，还邀请专业播音员录制解说词，确保每一句解说都能准确传达出四川农耕文化的独特魅力。

  从"耕牛遍地"到"一人耕于阡陌之上"，正是四川发布这 150 秒的视频向全国展示出来的进阶之变。从刀耕火种到农业建圈强链，帧帧农业机械化、现代化的画面代表着巴蜀大地现代粮食产业的更高水平；无人机、大型喷雾机、装载了北斗导航系统的插秧机，让"天府粮仓"绽放新的光芒。这幅动起来的最美"丰景线"，展示出新时代更现代、更智慧、更创新、更多元的天府粮仓。

矩阵传播，扩大影响。 视频制作完成后，四川发布充分发挥政务新媒体的矩阵优势，通过自有平台以及主流媒体、政务新媒体等多渠道进行推广。同时，还积极与社交平台上的主流媒体互动，联系《人民日报》、新华网、环球网、《农民日报》、国资小新等进行转发和评论，进一步扩大了报道的传播范围和影响力。

（三）传播效果

视频自上线后，8小时全网阅读量已破亿，截至9月25日19时，累计阅读量已达到2.1亿次，视频观看量达到200万+次，上百家主流媒体和政务新媒体转发报道。《人民日报》、新华网、环球网、《农民日报》、国资小新、今日头条、国是直通车、21世纪经济报道、21世纪商业评论、芒果TV、湖南红网等媒体纷纷转载；重庆发布、云南发布、安徽发布、江西发布、安徽发布、天津发布、郑州发布、石家庄发布、佛山发布、兰州发布、青海发布等全国省级政务新媒体联动推广；成都发布、宜宾发布、泸州发布等四川21市州及多区县政务新媒体接力转发，四川省农业农村厅、四川文旅、四川残联、成都共青团、成都人防、成都市场监管、成都交通运输、成都科技等四川各职能部门官方账号齐齐"打call"。

爆款不仅是四川践行打造更高质量"天府粮仓"的责任担当，更折射出人民群众对美好生活的殷切向往。视频发布后，迅速火爆网络，网友互动热烈，纷纷发表正能量留言。网友"大鹏小助理"说："生活不止诗和远方，还有家乡的稻谷和田野，一分耕耘，一分收获，愿辛勤的付出，都会有回报，满载而归。"网友"把你的眼睛点亮"说："手里有粮，心里不慌。"网友"July晰然"说："青葱的春，热烈的夏，都比不上丰收这一刻更多由衷的喜悦。"网友"正版GWWmio"说："丰收 希望。"还有大量网友在留言中表达了对四川的赞美，表示"这才是不需要滤镜的美""生活不止诗和远方，还有家乡的稻谷和田野，秋收季节的天府粮仓永远不会失望！""太美了，中国的大好河山。"

"天府粮仓"的千年积淀、农耕智慧以及秋收丰景在本次宣传中得到传播和升华，"任何磨难都打不垮顽强的川人，这就是四川能量！"不少网友表示从产品中获得了情感共鸣，特别是在经历过地震突袭和疫情反复的磨难后，这个产品来得恰到好处，不仅是对丰收在望的喜悦，也是对川人心灵的治愈，进一步增强了大家对四川的热爱和信心。

（简文敏、刘绍侠）

三、案例评析

优化体验　融合创新　打造精品

来成都平原考察粮食生产时，习近平总书记强调：要严守耕地红线，保护好这片产粮宝地，把粮食生产抓紧抓牢，在新时代打造更高水平的"天府粮仓"。四川省作为我国的人口大省和农业大省，在保障国家粮食安全、推动农业现代化等方面发挥着重要作用。当地主流媒体亟须在"万物皆媒"的全媒体时代通过传播形态的融合创新将四川农业的最新发展动态、创新实践以及取得的成果，以大众喜闻乐见的形式传递给受众。四川发布瞄准"天府粮仓"的发展成果和美好图景所发布的"天府好丰景"主题报道，在选题策划、叙事呈现、传播策略等方面都体现了媒体融合创新、打造精品的匠心，不仅展示了四川农业的现代化水平和潜力，也增强了公众对四川农业发展的信心和期待。

选题策划：返璞归真，立足价值深度表达

在媒体融合发展和新技术层出不穷的今天，融合创新已成为当下媒体工作和新闻生产无法规避的词汇。但在媒体融合持续深化，不断向纵深方向发展的同时，我们更应聚焦新闻产品深度与价值的双重创造，保障新闻产品的精心策划与高质量制作，让这些新闻产品更好地发挥引导社会舆论、传递正确价值观的作用。习近平总书记对四川在新时代打造更高水平的"天府粮仓"寄予的殷切期望，不仅为四川的农业发展指明了方向，也成为"天府好丰景"主题报道的策划起点。四川发布以此为契机，精心策划了"天府好丰景"主题报道，通过鲜活的事例讲好四川故事，充分展现新时代四川农业的发展成就和川人严守耕地、保护红线的责任担当。"天府好丰景"主题报道

新型政务媒体的构建与传播
——"四川发布"个案解析

以中国农民丰收节开幕为报道时机,以天府粮仓为主题,融合动画、短视频、海报、Vlog、航拍视频等多媒体手段,融媒界面更加生动,应用场景更为广泛,全方位、多角度、立体化地聚焦四川农耕一线,回顾了四川农业从"耕牛遍地"到"一人耕于阡陌之上"的进阶之变,又展现了"天府粮仓"现代农业智慧化、多元化及创新化的发展方向,更让我们看到了四川劳动人民的农耕智慧和坚韧品质。因此,该作品在通过融合创新的传播形态带给受众视听震撼之余,更具新闻价值和社会价值。尤其是在地震突袭和疫情反复的社会背景下,以"三农"为主题且品质过硬的"天府好丰景"主题报道对社会民众情绪的安抚和生产劳动积极性的提高都具有正向影响。

叙事呈现:融合创新,沉浸交互强化体验

"天府好丰景"主题报道在叙事框架的构建上,别出心裁地采用了"立体绘本书"的创新形式,巧妙地将"天府话粮仓""农民推荐官""天赋农耕图""丰收大礼包"以及"天府粮策"等专区融为一体。这种框架设计不仅极大地拓宽了作品信息的延展性,而且使受众的阅读体验更为流畅与连贯。更进一步的是,该主题报道采用H5的呈现形式,将各类融媒体内容进行整合,精心打造了一个沉浸式的融媒专题,使原本抽象的叙事框架得以具象化,空间感与层次感更为突出,结构框架也因此变得更为清晰、明了。这种创新的内容呈现方式在提升受众阅读体验的同时,展现了媒体在内容呈现上的创意与匠心。从功能应用的角度来看,"天府好丰景"主题报道"立体绘本书"的呈现形式与常规报道中设置的专栏有异曲同工之妙。它是对同一主题下不同内容的归纳与整合,通过这一形式,受众可以更加便捷地获取关于"天府好丰景"主题的全面且深入的信息。这种报道形式不仅提升了信息传播的效率,也强化了受众对报道内容的认知与理解。

在内容呈现方面,"天府好丰景"主题报道以独特的镜头位移形式,将图片、音视频、动画、文字等多种元素巧妙融合,通过由远及近的观察视角和元素间的流畅位移动画,营造一种深度穿透的场景融入感。[①] 这种呈现方式不仅生动展示了四川农业的发展成就和丰收的壮丽景象,更凸显出强烈的交互性、沉浸感以及受众体验的友好性。

---

① 郑弘、单丹丹:《浅析媒体融合创新的纵深发展之路——以央视新闻融合传播实践为例》,《传媒》2019年第11期。

不仅如此，这本"立体绘本书"还采用了横向滑动的互动控制形式，模仿书本翻动的视觉感官体验，受众能通过点击画面设计的多个坐标按钮播放或切换交互动画及音效，从不同侧面感受四川丰收的农耕景象。

"天府好丰景"主题报道不仅在传统的新闻选择与内容选择方面直击社会需要，在针对移动端网络平台的叙事呈现上也多有闪光之处，如视听媒介的高度动态统合以及受众自主参与的动画场景再现。由此可见，"天府好丰景"主题报道是一个高度交互化、场景化的融媒专题，它鼓励受众深度参与交互，这种创新的呈现方式能够使受众自然而然地增强存在感。通过这种方式，"天府好丰景"主题报道充分调动受众的积极性，为他们营造一个优质的体验与互动环境。"天府好丰景"主题报道所体现的创意表达，始终注重优化受众体验，共同为受众提供良好的交互体验。

传播策略：品质过硬，分享转发多维推广

丰富的互动效果，受众在作品内部的互动操作能够将物理动作与新闻内容联系起来，赋予受众良好的受众体验，起到鼓励受众转发分享的作用，实现二次传播，形成以每个受众的人际关系网为延伸的多级传播网络，实现了裂变式传播。[①] 这种方式能够将原本单向接收信息的受众转化为积极参与的传播者。受众的参与行为不再仅仅停留在表面的浏览或阅读，而是深入信息传播的每一个环节，他们的每一次互动、每一次分享，都在无形中塑造着他们的态度，进而影响着他们的传播行为。除此之外，有思想、有温度、有品质的新闻产品能促使受众主动传播。"天府好丰景"主题报道选择3D建模、手绘动漫的信息承载模式，适应了新媒体时代受众的信息获取方式的转变，增强可读性，同时适度使用接地气和年轻化、网络化的语言开展有效传播。越贴合受众的现实情况，引发受众关注和讨论的可能性越大。不少网友对"天府好丰景"主题报道的内容产生了情感共鸣，表示"生活不止诗和远方，还有家乡的稻谷和田野""任何磨难都打不垮顽强的川人，这就是四川能量！"四川发布的"天府好丰景"主题报道的新闻贴近性强，受众接受度高，起到了入眼入耳入脑入心的传播效果。

综上可见，"天府好丰景"主题报道8小时全网阅读量破亿的传播力不仅在于作

[①] 洪杰文、柴舟：《时政新闻报道的融合创新之路——以庆祝改革开放40年部分主流媒体H5作品为例》，《新闻战线》2019年第13期。

新型政务媒体的构建与传播
——"四川发布"个案解析

品品质过硬,吸引受众主动进行二次传播,更在于四川发布勇于跳出固有的矩阵传播模式,依据品质过硬的新闻产品优势将传播的范围大幅扩展至头部主流媒体领域,并充分发掘政务新媒体的矩阵优势,积极联动各地的媒体平台,协同推广"天府好丰景"专题,以此实现资源共享和优势互补。同时,四川发布敏锐抓住中国农民丰收节这一重要时机,利用互联网传播特性,把握好了舆论引导"时、度、效"的有机统一。因之,这一系列举措通过强化矩阵联动和形成传播合力,成功打造了一个具有高度整合性和传播力的宣传体系,既有效提升了报道的影响力和覆盖面,还进一步增强了受众对天府粮仓的认知和好感度。

(刘朋燕)

四、延伸案例

吉林网络广播电视台:《白山松水"丰"景"吉"好》

人民日报新媒体+中国移动+咪咕:《你抽中一个种子盲盒!》

案例 3

"川江水暖一线连"系列报道

一、案例简介

2022年6月8日，习近平总书记在四川宜宾三江口考察时强调，要以能酿出美酒的标准，想方设法保护好长江上游水质，造福长江中下游和整个流域。这份嘱托言犹在耳，一年之后，四川发布策划推出"川江水暖一线连"系列融媒报道。报道组派出多路记者，深入宜宾叙州区、长宁县、江安县和泸州市合江县、龙马潭区、江阳区等长江沿岸地区，挖掘长江上游生态保护故事，编撰成稿。

同时，引入AI新技术，运用H5、手绘、SVG等创新形式，推出"川江水暖一线连"融媒产品，以一滴江水的足迹为引，跨越宜宾、泸州等长江沿岸城市，植入交互功能，简明扼要的文字、妙趣横生的场景充满代入感，让网友获得沉浸式体验，身临其境地感受子承父业30年、钓鱼人变身护鱼人、"老烟囱"倒下的背后、川渝联手跨界追击、"臭水沟"的华丽转变、观鸟人看生态变迁等故事，在趣味互动中助力一江清水向东流。最后，还植入AI谱曲技术，邀约网友共同为长江写歌，唤起公众对长江保护的关注，让每一位用户都成为长江的守护者。

新型政务媒体的构建与传播
——"四川发布"个案解析

"川江水暖一线连"主题海报

二、创作札记

（一）策划思路

深挖细嚼，长江保护故事要有点有面

地处长江上游的四川，被誉为长江生态保护的"第一守门人"。在这里，江水以怎样的质量流出四川，无疑是一个象征性的指标，它代表了四川向全国乃至全球递交长江生态保护答卷的质量。这份答卷既是对四川自身生态环境建设的检验，也是对全国乃至全球环境保护事业的贡献。四川发布策划团队深谙此事的重要性，在启动报道之初，便明确要将本组报道做深做实，实地探访，抓措施、看落实、重实效。通过挖掘一系列长江畔的小故事，增强代入感，让受众对四川政府、企业保护长江的措施和决心可观、可知、有感，以此来诠释这个大主题。

以融促新，可视化产品要有盐有味

融媒时代，特别是短视频等视听产品的普及，让单纯的图文信息显得枯燥无味，难以引发人们的共鸣。因此，在策划时，团队力求可视化表达，让故事变得"有盐有味"。"盐"即实用性和价值性。搭建一个大型融媒专题，将丰富、扎实、深入的采访报道与AI创意融媒产品相结合，打破现有融媒体产品普遍存在的单纯炫技、浮于表面的困境，真正走向深度融合，在重大主题宣传中，展现出主流媒体的责任担当。"味"则指可视化产品的独特性和创新性。在当今这个竞争激烈的时代，只有不断创新，才能在市场中脱颖而出。我们不断尝试新的设计思路、新的展现形式，让产品更加具有吸引力和竞争力。

"AI"加持，网友互动要可知可感

AI正作为一种新技术承载着主流媒体融媒表达的创新任务。在AI绘画、AI写作被广泛运用的当下，本产品创新运用AI谱曲技术。通过大量的数据分析和学习，AI能够从海量的音乐作品中提炼出规律，进而创作出新颖且富有感染力的音乐作品。通过在线互动，网友们可以亲身参与音乐创作，共同谱写属于自己的"长江之歌"，短时间内，百万网友共同见证了这一主流爆款产品的诞生。这种融媒表达将宣传内容以

MEDIA CASE STUDY

新型政务媒体的构建与传播
——"四川发布"个案解析

更加生动、形象的方式呈现给受众,不仅增强了宣传效果,还使受众产生共鸣,从而提高了传播效果。

"川江水暖一线连" AI 互动产品

(二)执行过程

兵分多路,挖掘活水故事。掐准时间节点,四川发布成立专项报道小组,提前谋划采访点位、设置采访议题,一切准备工作就绪后,多路记者分赴目标城市,开启"急行军"采访历程。我们走进宜宾叙州区、长宁县、江安县以及泸州市合江县、龙马潭区、江阳区,聚焦水生生物多样性保护、监管队伍机制转型、工业产业绿色升级、川渝联防联治探索、生态综合整治、环保意识提升等主题,一对一采访对象,在对接过程中,团队深刻感受到新闻报道只有深挖才出活水。例如,第一站去到位于宜宾江安的宜宾珍稀水生动物研究所,在这里,已被认定野外灭绝的长江鲟"起死回生",研究所通过人工繁殖推动长江鲟逐渐"野化",而这个新闻事件背后,还藏着一对坚守30年的父子在长江鲟保护中"接力跑"的故事。报道组在得知这一新闻线索后,紧急对原有采访思路进行调整,开篇推出《周氏父子,长江头望大鱼归来》深度报道,透过"周氏父子"坚守30年的典型事迹,层层铺开"长江鲟"保护之路。小切口的思路笃定,陆续讲述钓鱼人变身护鱼人、"老烟囱"倒下的背后、川渝联手跨界追击、"臭水沟"的华丽转变、观鸟人看生态变迁等故事,有的描绘四川人民与自然和谐共生的生动画面,有的展现当地政府和企业在环保事业上的坚定决心和积极行动,还有的揭示长江生态保护背后的科学原理和实践智慧,透过报道,既见历史厚重感,又知护河人情味。

融媒赋能,打造爆款产品。团队同步策划融媒产品,在AI大潮席卷的当下,团队敏锐制作出一款令人耳目一新的融媒SVG产品——"川江水暖一线连"。报道组要求将实地素材进行场景化手绘,并植入AI作曲技术。产品结合采集大量的实地素材,通过手绘对这些素材进行分析和加工,并进行动态场景化处理。同时,设计一系列互动环节,让网友参与其中。其中,最具亮点的是AI谱曲技术,让网友自行生成一段旋律,共谱新"长江之歌"。除了上述AI动画和互动环节,团队还邀请专业的插画师,根据实地考察和资料收集,绘制一份《手绘长图 | "千河之省"四川的生态密码》,生动展现了四川丰富的生物多样性和生态保护工作所取得的成果。

百家齐鸣,共护长江生态。在新媒体时代,"酒香也怕巷子深",加强产品的推广尤为重要。专项小组设置专人负责外联推广,广泛联动湖北、云南、重庆等多家长江沿线省份政务新媒体,将产品同步至四川发布政务新媒体矩阵,形成"百家齐鸣"的传播态势。

(三)社会效果

产品和相关稿件得到了湖北、云南、重庆等多家长江沿岸政务新媒体的联动推广,数百家四川政务新媒体跟进转发。"川江水暖一线连"AI 融媒产品一经上线，便因 AI 谱曲的趣味性吸引了广大网友参与，网友纷纷留言表示"我也会作曲了""有音乐的地方世界就不会荒芜""一曲动听""我作的曲子有点空灵"等。"千河之省"四川的生态密码长图画卷将四川生态保护举措和成果巧妙地嵌入漫画中，给网友带来了全新的视觉体验，也引起网友共鸣，阅读量超 300 万，有效提高了公众生态保护意识，增强了社会凝聚力。

（刘绍侠）

三、案例评析

小切口　轻表达
用融媒报道讲好生态文明故事

生态文明建设是"五位一体"总体布局的重要组成，随着我国经济社会发展不断深入，其地位和作用日益凸显。习近平总书记指出："走向生态文明新时代，建设美丽中国，是实现中华民族伟大复兴的中国梦的重要内容。"党的十八大以来，党中央以前所未有的力度抓生态文明建设，全党全国推动绿色发展的自觉性和主动性显著增强，美丽中国建设迈出重大步伐，我国生态环境保护发生了历史性、转折性、全局性变化。[①]

与此同时，生态文明故事也成为新时代中国故事的题中应有之义。在推动媒体深度融合的当下，用全媒体方式讲好生态文明故事，为宏大中国故事增添精彩篇章，是媒体的重要职责。四川省地处长江上游，承担着长江"守门人"的角色，为守护好一江清水、筑牢长江上游生态屏障做出了多方面的努力。2022 年 6 月 8 日习近平总书记到宜宾市考察时，曾强调"作为长江上游城市，要强化上游担当"，作为四川省政务新媒体的四川发布牢记总书记嘱托，创新传播形态，推出"川江水暖一线连"系列报道，

[①]《中共中央关于党的百年奋斗重大成就和历史经验的决议》，《人民日报》2021 年 11 月 17 日，第 1 版。

结合短视频、文字、图片海报、SVG等多元融媒表达，用六篇报道书写了四川在水生生物多样性保护、监管力量拓展壮大、工业产业绿色升级、川渝联防联治探索、生态综合整治、环保意识提升等方面的治理成果。

基层案例讲活故事，小切口紧扣大主题

生态文明建设报道和传播，不仅要让受众"知其理"，更要让受众"感其情"。正如创作札记中所言的"挖掘活水故事"，其中"活水"既指长江上游源头的活水，也指新闻报道永不枯竭的源头活水——基层。人是新闻的主角，马克思主义新闻观中的人民性早已指明了这一点，马克思主义同样强调社会是由"现实的人"构成的，社会历史是"现实的人"的活动过程，新闻作品只有贴近人民，聚焦身边人、身边事，才能真正让读者产生代入感，进而打动人、影响人、塑造人。

在"川江水暖一线连"系列报道作品中，聚焦单篇报道的主题，做到了从小切口入手，深挖生态文明建设宏观主题背后"人"的故事；纵观系列报道的主题，做到了以点串线，以线织网，让受众融入"一线连"的传播情景，既见厚重感，又知人情味。在具体采写过程中，四川发布的记者前往宜宾市三江口、南溪区、江安县以及泸州龙马潭区等多地实地探访，不断去寻找这些散落在各处的"点"，通过发掘具有代表性的人物和故事，把这些人物和故事串线织网，展现生态文明建设的成果，最终呈现的作品用一对父子、一位钓鱼人、一个烟囱、一场追击、一个公园、一位观鸟人这六个基层"小"案例讲活了生态文明"大"主题。

《周氏父子，长江头望大鱼归来》《钓手周涛的"变形记"》《观鸟达人看泸州生态账》均以人物为主线展开，用典型人物彰显核心价值观，凡人微光"点睛"生态故事。周氏父子周亮、周世武从全国最早的民营长江珍稀鱼类研究机构接力到如今的宜宾珍稀水生动物研究所，两代人对中华鲟、长江鲟的人工繁育保护一脉相承且与时俱进。宜宾江安长江协助巡护队队长周涛由钓手转型而来，早期为保护和拯救长江鲟物种、打击非法捕捞，自掏腰包在江上巡护，顶着种种困难坚持至今，将之当作一生的事业。泸州观鸟会会长胡明镜在十余年的观鸟经历中亲眼见证了长江泸州段沿岸生态的点滴变迁，泸州从候鸟补给站逐步发展到如今有候鸟留下过冬。三位主人公，既有建设者，也有见证者，生态保护能够取得如今的成果离不开千千万万平凡人的付出。

新型政务媒体的构建与传播
——"四川发布"个案解析

《老烟囱"倒下"了》《长江水域上的跨界"追击"》《"臭水沟"老鹰坵的华丽转身》则结合典型案例整改与相关政策剖析,由点带面,既对新经验、新做法进行全方位推广,又对政策进行深度解读宣贯。倒下的老烟囱见证了宜宾长江沿江传统老工业企业的产业转型升级,宜宾天原集团的清洁生产正是发展"一蓝一绿"企业、让生态环境高水平保护与经济高质量发展协同共进的最好写照;长江上川渝跨界流域水环境联合执法行动实现了面对跨区域环境问题纠纷时的快速有效跟进解决,共治跨界污染的"朋友圈"逐步扩大,体现出环境执法行动的日益成熟;泸州市龙马潭区罗汉街道石樑社区的老鹰坵生态湿地公园曾因污水溢流长江的问题,被中央生态环境保护督察"回头看"作为典型案例曝光,如今已摇身一变成为附近老百姓休闲娱乐的好去处,污染问题与人居环境改善持续进行着。生态文明建设是内涵丰富的科学系统工程,讲好生态文明故事,就要做到事件的深层剖析与政策的全面解读,体现新闻作品的社会意义与传播价值。

技术创新赋能传播,"重"题材实现"轻"表达

全媒体时代,重大主题报道要取得好的传播效果,仅有优质的新闻内容远远不够,还应当破除模式化、程式化的窠臼,与新媒体创新实践融为一体,遵循"内容+传播"的传播基本策略。[①] 传播介质和作品必须考虑用户体验、呈现方式和产品形态等,建立立体式多渠道的传播格局,打好内容与形式的组合拳,让内容真正"到达"受众。相较于传统报道,可视化元素与AI互动技术的加入让"川江水暖一线连"系列报道更加可观、可知、可感,生态文明建设这一重大主题在一张张图片、一条条视频与一次次互动中变得更加轻盈、亲民,也更具传播力。

技术赋能让"重"题材变"轻",一个有效手段是转换为可视化场景,视频、海报这些可视化元素直观、易懂、有趣,具有天然的传播优势。[②] 六篇系列报道每一篇都在开头配有同名短视频与海报,其中视频时长在1~3分钟,以人物出镜讲述为主,辅以典型场景的特写,带读者用记者的视角走近该篇报道的主角,让读者在阅读文字

---

① 吴幼祥、徐文杰、王帆:《小画笔绘大青绿——杭州网做好习近平生态文明思想宣传阐释的实践与思考》,《新闻战线》2022年第20期。
② 简文敏:《可视化赋能政务新媒体品牌塑造——以"四川发布"政务新媒体为例》,《新闻战线》2022年第24期。

之前对报道主题留下大致印象，且每一个短视频呈现出的剪辑方式、包装风格都契合当篇主题，给人以执法追捕的紧迫感、观鸟休闲的轻松感等多样的观感。海报则更为简单、明快、切题，以当篇报道的经典场景作为背景，如《周氏父子，长江头望大鱼归来》的海报就是长江头的航拍全景；《长江水域上的跨界"追击"》是跨江大桥的俯拍全景，突出"追击"蕴含的速度感；《"臭水沟"老鹰坵的华丽转身》则是公园草坪上草丛的平拍特写，色调以象征生态自然的蓝色、绿色为主，给人宏伟大气、直击人心的震撼感，同时不失清新。

用户交互同样是增强传播力、实现轻表达的重要组成部分。在《新长江之歌你来创作 | AI 谱曲》这一 SVG 作品中，受众在动画中一滴江水的"足迹"带领下化身 AI 音符，首先跨越宜宾、泸州等长江沿岸重要城市，跟随系列报道中长江边六位主人翁的视角，见证大鱼归来、江岸新生等川渝联防联治的成果；其次点开 AI 谱曲界面，读者可以选择几个音符生成一曲个性化的旋律，五线谱对应了主题"川江水暖一线连"的"线"字，海报中江水的波纹与金色的五线谱恰成呼应，让受众在趣味互动中感受环保，共谱绿色乐章，分享功能也强化了社交属性，提升了用户黏性。

习近平生态文明思想是新时代我国生态文明建设的根本遵循和行动指南。四川发布作为地方政务新媒体，始终坚持守正创新，推动生态文明建设重大主题报道与新媒体创新实践融为一体，在内容主题上用基层小案例讲活故事，小切口紧扣大主题，在传播技术上通过可视化与 AI 的运用实现重要话题的亲民表达，为媒体在服务群众、推动全民参与美丽中国建设的进程中，提供了更丰富的实践经验与中国故事表达。

（赵婧轩）

四、延伸案例

新华网：《大河奔流——黄河流域生态保护和高质量发展》

《江西日报》：《全媒体传播视角下生态文明建设的可视化新闻探索——以江西日报"探访'五河源'"系列报道为例》

第六章
技术驱动

DI-LIU ZHANG
JISHU QUDONG

引 言

技术驱动是融媒发展的"新质生产力"之一。如今,媒体融合发展已走过十余年,人工智能技术加速迭代演进,媒体融合进入媒体智能化快速发展新时代。在移动互联网、大数据、人工智能、区块链的助力下,政务新媒体也持续融合推进,这种融合以其强渗透与场景附着、社交增能及传受时空关系重构等传播特点,深刻改变着政务新媒体的生态与传播格局。在信息无处不在、无所不及、无人不用的时代,政务新媒体更应有效利用云计算、人工智能、大数据等新兴技术和思维进行深化创新,让传播内容更好地适应分众化、差异化的信息需求,进而有效支撑政府治理能力的迭代升级。

本章选取了四川发布最早的 AI 播报。四川发布是一个以创意引领内容、技术赋能传播为发展理念的政务新媒体,早在 2017 年全国两会期间,就在全国新媒体中率先引入智能机器人,推出"小川说两会"专题,运用"大数据+算法"让机器人"智说"全国两会热点。近年来,四川发布也让"数字化劳动力"以更多方式参与融媒新闻生产,并随着技术发展创新迭代。在技术驱动下,不断演变推出的创新 AI 产品"云脑对话"和"人机 AI 共创产品",是政务智媒体发展的有效探索。

案例 1

智能机器人"小川"首登全国两会

一、案例简介

每年的全国两会,均是官方媒体竞相报道的焦点,全国的新媒体亦在此展现其创新之力,这里汇聚了尖端的科技、最具创意的点子以及热门话题。作为四川省委省政府的官方政务新媒体平台,四川发布亦致力推陈出新。

2017年全国两会期间,四川发布精心策划了"智汇"报道,率先在新媒体领域运用新技术、新应用与大数据结合的智能机器人进行两会报道。特别推出的"小川说两会"专题,以机器人记者"小川"的形象,每日针对热点话题进行深入剖析,并展开富有见地的讨论与评论,共计推出11期报道。这种既轻松又不失庄重的手法,成功地为全国两会的时政新闻注入了新的活力,让智能机器人成为解读两会热点的独特视角。

新型政务媒体的构建与传播
——"四川发布"个案解析

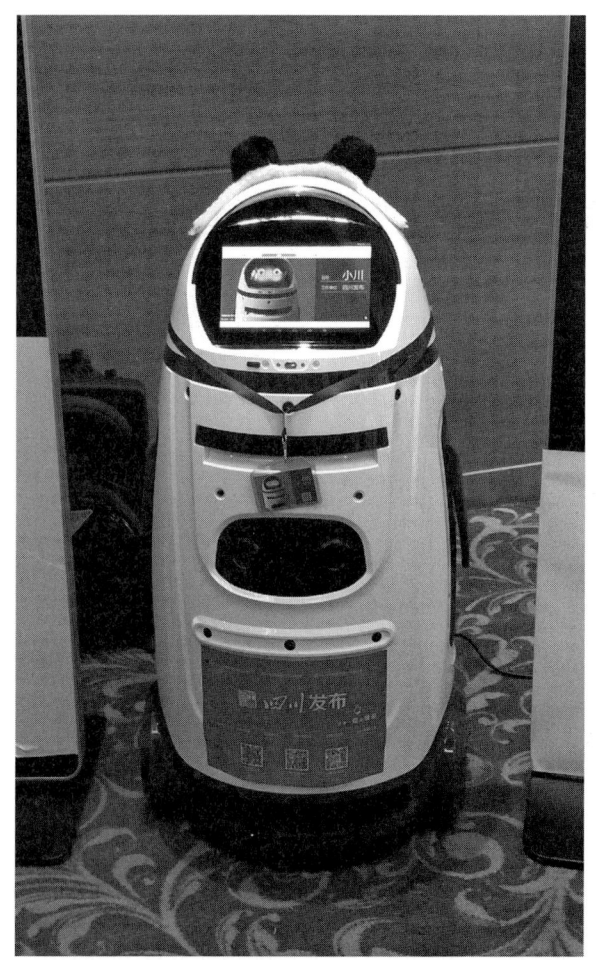

四川发布机器人记者"小川"

二、创作札记

（一）策划思路

大胆突破，才能吃到"第一口螃蟹"

媒体融合时代，四川发布始终致力运用创新手段，为读者提供更加多元化、深层次的新闻体验。事实上，在 2017 年，媒体运用 AI 的案例寥寥无几，在没有任何前路可以摸索的情况下，团队在总编辑的带领之下，多次带队拜访智能机器人公司，了解产品发展近况，分析研判应用可能性，最终决定大胆尝试"新物种"，开辟传媒发展新竞争赛道，率先将新媒体、前沿技术与大数据分析相结合，在当年的全国两会上推出了独具特色的"智汇"系列报道，力求在新闻报道形式上实现新的突破。

孵化数字IP，打造机器人记者"小川"

本次策划的亮点在于，团队引入了智能机器人"小川"作为特派记者，以全新的视角呈现两会盛况。"小川"每日对两会热点话题进行深度剖析，以机器人的独特视角展开富有洞察力的讨论与评论，不仅为读者带来了轻松愉快的阅读体验，更在保持时政新闻庄重性的同时，提供了新颖独特的解读视角。

人机互补，推动报道既要固本又有升级。"小川说两会"系列报道共计11期，每期围绕一个热点话题展开，借助大数据分析工具，对两会期间的各类信息进行深入挖掘和整合。"小川"的分析视角，为全国两会报道注入了新的活力，为读者带来了全新的、科技感十足的新闻阅读体验。这种报道模式既彰显了团队在新技术应用方面的敏锐洞察力，也体现了团队在新闻报道形式上的创新精神。此外，团队还通过社交媒体、移动应用等多种新媒体渠道，让记者和"小川"实时交互，读者可以通过点赞、评论等方式与"小川"进行互动，分享自己的观点和看法，从而进一步丰富新闻报道的内涵和价值。

"小川"与主播对话

（二）执行过程

人脑是此次智慧播报的"指挥棒"

在今天，机器人云播报已经逐渐成为一种推广开来的新闻报道形式。而在2017年，智能机器人播报绝对算得上是创新之举。让机器人播报新闻，对我们幕后的制作人员来说是一次前所未有的尝试。彼时，机器人播报的相关技术还不那么"智能"。如何能够让它与主持人顺利对话，如何让它看起来更加智能，如何克服重重困难抢抓新闻的时效性，是我们面临的重大难题。

其中，"人脑"需要发挥更大的作用，形成了报道共识。两会期间的每一天，团队成员一睁眼就开始找热点议题，与文案负责人核对讨论文案，在"小川"调试的过程中不断演练、设计对话展现形式等，背后的工作远超镜头前的短短几分钟。整个过程中，团队扛住了抢抓新闻热点、实时设置议题、生产内容的巨大压力，克服拍摄环境受限等诸多困难，投入了许多精力到机器人调试中。

最终，憨态可掬、能与人对话聊天的可爱机器人"小川"挂着专属记者证出现在全国两会新闻记者一行中，第一时间就成为绝对的明星记者，吸引了大量的参会人员合影留念。

技术创新是"小川"取胜的法宝

在每一场报道中，小川与主持人都对答如流。谈两会热点时，它能搜索、提炼出两会期间老百姓最关心的住房、上学、医疗等民生问题，解读政府工作报告中的相关条款；谈脱贫致富时，它能从宜宾筠连的"苗绣和蜡染"说到珙县的"麦秆画"；谈天逗乐时，它能讲出"让我玩儿命加载一下""感觉身体被掏空""希望大家给我五星好评"等经典梗，让大家轻松之际又不禁捧腹。这里既有机器人播报带来的新鲜感，更有技术力量与新闻媒体深度融合尝试带来的传媒变革和冲击。"小川说两会"也成为一例在全国舞台上率先出现的人工智能与媒体融合的生动实践。

"小川"与主播对话

作为一款智能机器人,"小川"不仅可以通过"云脑"在线搜索关于两会的新信息,代表委员还可以通过与小川语音交互,了解最受关注的热点话题。据北京进化者机器人公司创始人魏然介绍:"进化者机器人的核心研发团队来自北京航空航天大学机器人研究领域和知名互联网公司AI研究领域,是真正由中国科学家原创的'中国智造'机器人。"

新媒体属性是"小川"播报的突出特点

"小川说两会"说什么?怎么说?这一系列报道充分运用了新媒体产品的思维,抓住了移动互联网的特性。整个报道中,不仅有直播,还有短视频,此外,就连图文报道也以聊天对话框的形式创新展现,让网友的阅读体验轻松、愉快,真正达到了用轻松形式讲严肃内容的目的。

从传播的形式上来看,"小川"不仅会讲脱口秀,还编制了对应热点的说唱,甚至其中一期,还通过直播为四川的各大地方带货,让整个系列报道有声有色,兼具趣味性和传播性。镜头里,小川与主持人频繁互动。而镜头之外,"小川"还与参会者频繁互动。每一位路过的人都会好奇地来看看它,尝试与它对话。

2017年3月2日,时任四川省委常委、宣传部部长甘霖在北邮科技大厦慰问四川赴两会采访代表团。在现场,甘部长亲自聆听四川发布机器人"小川"的介绍,慰问四川发布前线记者团,他指出,本次两会报道要做出亮点、做出特色,并为四川发布机器人"小川"点赞。事实上,"小川说两会"一经推出就引起了业内的广泛关注,报道期间,更是收到了代表委员和网友们的频频点赞,不少网友发来的提问点名小川进行播报,可见其受欢迎程度。

（三）案例效果

"小川说两会"的系列报道，用轻松幽默的语言解读了严肃的时政新闻，让人们在轻松愉快的阅读中，也能够了解到全国两会的热点和重点。"小川说两会"的成功之处，在于它找到了时政报道与大众接受度之间的平衡点。通过智能机器人的形象，将时政议题转化为通俗语言，广大民众可以轻松获取和理解这些重要的信息。这种创新的手法，不仅使报道更具吸引力，也增强了信息的传播效果。

该系列报道在四川发布微博、微信公众号等平台上，都取得了较高的关注度和较好的传播效果。据统计，这些报道的总覆盖人群超 2300 万，显示出强大的影响力和传播力。本次策划也得到了代表委员和网友的高度评价。他们认为，这种报道方式不仅让时政新闻更加贴近民众，也提高了民众对于全国两会的关注度和参与度，为时政新闻的传播开辟了一条新的道路。

（简文敏）

三、案例评析

"小川"说两会，智、趣相合，跟"新"潮流，让新闻"活"起来

推陈出新，跟"新"潮流，奔走在创新第一线

"创意引领内容、技术赋能传播"是四川发布的发展理念，技术的革新是推动政务新媒体创新发展的原动力。每年两会期间，从中央到地方的媒体都会使出浑身解数，在抢时间、拼角度之外还要"曝神器"，智能新闻机器人正成为各媒体乐于"PK"的新产物。[1] 在 2017 年两会期间，四川发布不光在时效、主题上下功夫，更是开拓领域至科技创新，精心策划了"智汇"报道——同北京进化者机器人公司一起，特别打造了机器人"小川"。这一"神器"的曝光，立刻引发了广泛的关注。在两会的现场，机

---

[1] 王芳菲：《智能新闻机器人助力两会融合传播——以 2017 年全国两会报道为例》，《新媒体研究》2017 年第 3 期，第 64-65 页。

器人"小川"说新闻，提供新鲜资讯，并为大家答疑解惑，针对当天的新鲜话题结合热点深度剖析，以其幽默的特征，迅速抓住了观众的注意力。本次"小川说两会"系列视频共计11期，是一次非常大胆且成功的尝试，也为后期四川发布走在创新前沿，持续推出"AI"产品打下基础。

随着科技的进步，机器人记者逐渐成为各大媒体不可或缺的得力干将之一，从2015年腾讯财经"Dreamwriter"的第一次亮相开始，机器人写新闻，参与新闻生产过程的时代就开始了。在这次全国两会开始前媒体的紧张筹备过程中，四川发布嗅觉灵敏、紧跟时代步伐，除了对"新闻要素"的必要考量，还顺应媒体融合的大趋势，将创新作为依托，将重点放在了技术端口，将高科技投入新闻生产运作中。此次的机器人记者"小川"，是四川发布与北京进化者机器人公司共同研发的智能机器人，它同时具备了"云搜索"、大数据分析、语音识别交互等功能，能迅速捕捉两会过程中的重要信息，在短时间内整理迅速生成报道，大大提高了新闻生产的效率，再一次呼应了新闻的"时效性"。同时，语音交互技术的运用，提高了机器人的"对话属性"，将智能机器人的信息整合、动作控制能力结合，实现最大程度的拟人化、无障碍交流，并进行新闻的现场报道。

在此基础上，"小川"的核心研发团队都是"本土的"，四川发布真正地支持"中国制造"，与来自北京航空航天大学机器人研究团队和知名互联网公司AI研究的团队共同打造了由中国科学家自主原创的机器人——"小川"。一方面，保证了"小川"的"血脉纯正"，更放心地让它走进两会现场，确保新闻记者的"素养"；另一方面，更是支持了国产，让中国科学家的原创技术越来越多地走入人们的视野，让"中国制造"走上国际舞台，走向世界。

"人机对话"，形式新颖，让新闻软下来，让受众"走"进来

正如马歇尔·麦克卢汉所言，"媒介即信息"，每一种媒介技术都形塑着我们理解和思考的习惯。[①] 机器人"小川"的智能语音交互功能让它实现了"聊天"功能，人们可以通过与它聊天的方式获取新闻。而在此基础之上，新闻也从整体的信息单元被

---

① 毛湛文、郑昱彤：《"人机对话"的理想与现实：新闻聊天机器人应用的创新、困境及反思》，《青年记者》2020年第22期，第34-37页。

新型政务媒体的构建与传播
——"四川发布"个案解析

拆分成为分段式的新闻板块,这在不知不觉中改变了受众获取新闻的阅读习惯。

同时,"小川"报道通过插入"小川"与记者的聊天页面截图,为大家展现了新闻聊天机器人的运作形式。新闻聊天机器人提供了一种新的新闻呈现形式,通过人机对话的形式,分段式地通过问答引出不同的新闻热点,与当下受众在微信、QQ等聊天软件中的体验感相近,想要获取更完整更多的新闻内容,受众必须与之"深入交流"下去,一定程度上提高了受众的参与度和人机互动性。

虽然"小川"还没有应用到成熟的自然语言处理技术,但四川发布前瞻性地将"形式"引进报道中,将受众带入"记者"的视角,通过一张张聊天页面的截图,带领受众走进"人机互动"的过程中,体验与机器人对话的感觉,并从"小川"口中获取到新闻信息,使得受众专注于此刻聊天的过程,一定程度上削弱了当下大众阅读的碎片化、浅表化、标签化,并加强了受众对新闻本身的关注度和对新闻事件整体的把握度。

机器人主持,"视角"独特,播报方式生动有趣,轻松把握两会热点

在此次两会上,机器人记者"小川"持证上岗,一进会场便是记者中的焦点。在这次两会过程中,它任务艰巨,不光要进行整场会议信息的收集和整理,还要履行"主持人"的身份职责,对新闻事件进行评论,并且与主持人同台进行节目录制。无疑,在技术的加持下,这些都是"小川"收获受众芳心的法宝。

在报道的过程中,"小川"以其幽默风趣的语言风格收获了一众芳心,网络热梗的使用对它来说根本不在话下,"让我玩儿命加载一下""感觉身体被掏空"的经典梗频频放出,同时,它还进行了"音乐创作",将最新热点整理成一段说唱词,将脱口秀辅以说唱音乐的形式,使得新闻生动有趣、有滋有味。对于出镜记者来说,除了快速处理新闻的能力和强大的临场应变能力,核心技能就是语言表达能力,语言组织要严谨,语言表达要清楚伶俐,还要有独特的语言风格。而"小川"在不失严肃、保证新闻真实性的基础上,将报道"玩"了起来,使新闻"活"了起来。报道过程中,"小川"利用自己的显示屏,根据不同的新闻内容,随时切换相适应的图片、视频、音频,达到了多元化的信息呈现,加之它独特的语言风格,使得报道更具吸引力。

"上知天文下知地理,动之以情晓之以理",洞悉民情,回应受众关切

服务性是新闻属性之一,不管新闻所包含信息量的多少,只要能为受众释疑、解

第六章 技术驱动

惑，扩大认识面，我们都认为这条新闻具有服务性。机器人报道新闻最大的特点就是其强大的数据处理能力和计算机本身庞大的信息库。之前所发布的新闻动态，都能被"小川"捕捉到，而且在报道过程中机器人更加中立与客观，避免了人的主观因素。"小川"还能通过数据凝练出百姓最关心的问题，大大提高了新闻的服务性；同时，其聊天属性和多元的呈现形式能更加"细心"、清晰地为老百姓解读政府工作报告的相应条款，并举出典型实例，以更利于百姓了解其中利害。

习近平总书记指出："新闻舆论工作各个方面、各个环节都要坚持正确舆论导向。"[①] 新闻报道要坚持正确的舆论导向，维护党和人民的根本利益。"小川说两会"系列报道，通过机器人"小川"的讲解，给受众带来了更加清晰的报道内容、更加新鲜的报道样式、更加生动的报道语态以及更加关切的报道宗旨。四川发布率先将人工智能融入新闻报道的生产过程，使得本次两会的报道成为求新创新中的又一个典型案例，它回应了受众的关切，也给媒体融合的深度探索提供了参照。

（李梓涵）

四、延伸案例

人民网：《厉害了，我的"神器"2017两会报道中的智能新闻机器人》

《广州日报》：《广州日报全媒体报道两会"十八般武艺"获央媒点赞》

人民网：《技术创新报道创新融合创新 2017两会新媒体报道观察》

---

① 《习近平谈治国理政》第2卷，外文出版社2017年版，第332页。

案例 2

云脑对话——AI 虚拟主播面世

一、案例简介

2022年初，AI交互新技术开始深度融入各行业。在传媒领域，不少有实力、嗅觉敏锐的传统媒体、新媒体都开始深度接触人工智能技术公司，尝试拥抱技术，让人工智能应用于传媒领域。其中，最显性的应用尝试莫过于AI虚拟数字人。

在2022年四川省两会期间，四川发布在川内率先打响了这一炮。与科大讯飞合作，在全国率先一批启动AI虚拟主播、AI虚拟记者形象，推出"云脑对话——AI虚拟主播e跑两会"系列报道，让AI与新闻采访深度结合，一方面派出虚拟记者直接到现场对话省人大代表、政协委员，另一方面派出虚拟主播实时播报两会热点，在技术创新、AI与新闻报道的实际应用合作模式上做出大胆探索。

该系列报道紧贴大众最关心的问题，让AI主播通过线上"云采访"对话十余位代表委员，其中既有财政厅、人社厅、住建厅等厅局一把手，又有攀枝花市、巴中市、凉山州等地主要负责人，既聚焦成渝地区双城经济圈的合作发展，又关注三孩政策、减税降费、医保、加装电梯等民生热点。

虚拟人工智能+两会播报的传媒新范式自此开启，并掀起了后续的AI虚拟主播播报潮流，推动四川官媒宣传进入AI时代。

第六章 技术驱动

"云脑对话——AI虚拟主播e跑两会"专题

二、创作札记

（一）策划思路

每年都在召开两会，但报道形式相对单一。怎样用一种新的形式播报省两会，更好地引起大众的关注？这个问题是本次策划的起源。

恰逢其时，四川发布团队正好在与科大讯飞团队对接新的技术应用，其中，AI虚拟人"小晴"以其端庄、清新的形象进入我们的视野。在这个政治性较强的舞台上，用高清、端庄的虚拟主播来播报两会热点既合适，又新颖。人们对虚拟人播报到底能精准到什么程度，是否会替代真人播报，好奇心正盛。于是双方一拍即合，决定在四川省两会平台上首次启用虚拟主播进行播报。

紧接着需要抉择的第二个问题是，在操作层面，是仅仅采用记者撰稿＋虚拟主播播报的一般形式，还是让虚拟人深入现场，直接参与同两会主角的深度互动？这两种方式的难度是截然不同的。经过商讨，四川发布团队决定采用第二种，同时启用一名虚拟主播和一名虚拟记者，在播报间和两会现场连线直播。为保障效果，提前打通前端记者、AI技术人员、后端编辑联系通道，实时配合节目制作。

形式确定，内容做什么？众所周知，每年两会，人大代表和政协委员们提出的意见建议以及群众关心的民生问题都是热点话题。经过短暂商议，本系列报道基本确定为十余期，每期聚焦一个民生热点问题，深入采访代表委员，听建议、回应民生关切。

新型政务媒体的构建与传播
—— "四川发布"个案解析

"云脑对话——AI虚拟主播e跑两会"主题图

（二）执行过程

一场准备战

每一场报道的背后，都需要周密的准备。云脑对话系列要求尤甚。虚拟记者没有现实真人，一切与代表委员的对话事实上都需要前端记者代为操作。与谁对话，讨论什么热点内容，这些都需要提前准备。

针对热点选题，团队提前一个月就开展摸底调查和在各个渠道征求群众意见，之后迅速根据群众呼声确定了三孩政策、医保、就业、减税降费、加装电梯等热门选题，提前预设问题，同步联络相关领域代表委员，提前了解他们带到本次两会上的建议、提案。事实上，全系列13期报道中的多数选题早在两会开幕之前已基本确定。部分选题为随机应变，根据最新出炉的代表委员建议、提案进行临时调整。

同时，记者提前对接相关采访对象，沟通这次特殊的采访拍摄中所需注意的场景、着装及其他准备工作，帮助双方更好适应，使节目展现最佳效果。

一场技术战

本次系列报道最大的亮点在于新技术。AI虚拟人云播报、云采访从场景上看一个是后台录制，一个是前线对话，但事实上原理是一致的，都是通过文生视频的方式，输入文字，通过系统转化为虚拟主播的动态播报，同时切换不同景别的分镜来展现。

这里面主要有三层操作。一是文字转化为视频的基础技术。针对文生视频的虚拟人影视转化主要由技术团队开发形成，在操作上已经实现了便捷化应用。随着一篇文本的输入，只需要短短几十分钟甚至几分钟就能够输出对应的播报或采访情况。二是精准度的调试。AI虚拟人的形象清晰度一般无需调试，只需选择不同场景、景别。但虚拟人口型与文字发音的匹配度则需要技术团队进一步修正。为了让虚拟人播报实现最大程度的精准、真实，技术团队需要在首次生成的基础上进行精细化调整。三是影视产品的剪辑包装。这一步需要视频编辑人员结合文本将AI虚拟人与现场采访对象的对话内容无缝衔接，剪辑成最终展现的报道作品。

四川发布团队与科大讯飞技术团队紧密配合，组成了由技术、视频剪辑、记者、文案编辑、审核等多工种人员参与的特别报道小组，全力配合本次报道。

一场时间战

本作品采编的最大难点在于打"时间战"。根据模拟，从现场采访到后期调试包装，再到虚拟主播对话内容播出，每一期报道的全部操作时长需抢抓在3小时内完成。

2022年四川省两会期间，记者在前端争分夺秒采访报道，精准快速找好话题点，并用最短时间形成虚拟主播提问、对话内容，供后端技术实时转换。技术人员在接收文本的第一时间利用最新技术将文字转化为虚拟主播的动态播报和采访，并完成虚拟主播面部神态、口播与文字的核校工作，由视频剪辑将多素材混合剪辑成最终成品供当日发布。

整个省两会期间，前端采访紧锣密鼓，后端配合顺畅高效，每日发布1~2期，共紧密推出1期预告及13期"云脑对话"采访作品。

（三）社会效果

该新闻作品率先以AI虚拟主播"实地"上两会的形式开展，报道方式新颖，表现形式创新，AI虚拟主播大屏矗立在主会场门口，成为最吸睛的两会报道之一，受到了广泛关注，在会议大礼堂现场吸引了一大波参会人员合影留念。

作品在四川发布微信公众号、微博、客户端等平台发布，总阅读量超400万人次。不少网友留言："太真实了！""感受到了技术的先进。""虚拟人也可以采访，新闻还可以这样看。"同时，引起省内外媒体的群体关注和后续模仿效应。自此，AI 虚拟主播等多种人工智能与传媒的应用广泛进入大众视野，在全川乃至全国掀起传媒领域人工智能变革新浪潮。

（戴菲俐、张药滟）

三、案例评析

智伴新闻生产　激活传播效能

两会报道既是政务民情的聚集地，也是媒体报道策划的练兵场。2022 年四川省两会期间，四川发布与科大讯飞合作领跑，推出 AI 虚拟主播、AI 虚拟记者形象，其参与制作的"云脑对话——AI 虚拟主播 e 跑两会"系列报道，成为智能技术焕活新闻生产效能的代表性案例。AI 技术不仅创造屏端时代虚实共感的阅听体验，更有效增强信息内容与新兴技术的双重吸引力，为用户打造新奇、趣味的视听服务场景。

人机互动与虚实共感的阅听体验

2022 年四川省两会"云脑对话——AI 虚拟主播 e 跑两会"系列报道中，虚拟主播"小晴"已能在肢体语言和面部表情上做到高度仿真，配合微笑的表情神态和规范的动作手势，虚拟主播趋新向实，具有了别样生命力。在新闻播报中，主播同期声与受访代表委员的人声交叠，构建出新闻报道的多模态交互情景；专访环节中的人物画面与虚拟主播并置，除能作为虚拟播报的显性标识外，也更强化了虚实交错的阅听体验，将用户送入极富科幻感的数字化多元空间。此外，AI 主播的个性化解读使得用户可以同新闻现场"面对面"交流，这种交互不仅让虚拟主播更加生动传神，还赋予用户对新闻事件更深刻的理解和情感投入。虚拟主播作为媒体中的新角色，在拓展语义传播与无障碍传播的新空间之时，也成为链接人与人、人与事物以及事物与事物的新介质。

信息内容与虚拟主播的双重吸引

新兴技术应当如何助力媒体变革，"云脑对话"系列报道做出如下回应，即"播报内容为主轴，新兴技术做辅助"。本次报道在主创人员提前策划下，选定成渝地区双城经济圈、三孩政策、减税降费、医保、加装电梯等主题，信息内容本身便是民生关切的热点话题。而为使得虚拟主播的参与更流畅，主创人员还设计了主播与记者的不同形象穿插其中，并分别担纲新闻内容的播报、转场与对话角色，事件场景展现流畅，观感上与真实场景几乎无异。

"云脑对话"的报道标题与头条展现的虚拟主播形象既是本次报道的技术创新点，也是吸引关注的亮点。AI 技术在视觉表现和角色互动方面的革新，极大提升了新闻内容的吸引力与覆盖面，如虚拟主播小晴的视觉呈现效果清新靓丽，动态效果丰富。这类视觉刺激能够吸引视觉导向型的用户群体，特别是偏好数字媒体和视觉新鲜感的青年一代。虚拟主播的形象设计经主创人员审核在增强新闻报道的视觉吸引力的同时，保障了播报内容的专业和深度，这便有效增强了信息内容与新兴技术的双重吸引力。

智能优化与陪伴强化的服务场景

技术迭代不仅让虚拟更加仿真，也让智能化的交互体验更能触达用户的情感联结，因此智能技术的优化往往能起到陪伴强化的效果。在四川发布借助 AI 技术搭建的信息服务场景中，AI 技术使新闻生产过程自动化，提高了新闻反应的速度和新闻报道的质量；虚拟主播和记者的引入，增加了报道的互动性和吸引力；报道周期长、覆盖流程广，进一步保证了虚拟陪伴的持久性，从而为用户提供更为深入的交互体验；报道以虚拟主播实时采访提问代表委员的形式架构，使用户的沉浸感亦大幅度增强。当前，用户体验中的信息通达、情绪交流、情感共振、需求回应等效果也愈发成为衡量虚拟时空沉浸感的重要指标。在 AI 技术参与建构的服务场景中，虚拟主播正是为用户提供了更具现实感和实用性的信息服务场景，使其能在一对一的临场交互中获得通达内心的陪伴感受。

创新驱动与情感融动的未来发展

虚拟主播突破了真人主播局限，如情绪控制、时间限制与环境限制等，通过数据赋能，实现了高效率的新闻生产与信息转化。各种技术赋能的虚拟数字人全方位模拟了"人"的生理属性和社会属性，如借助算法预判与实时回应实现互动，建基于"AI 大脑"，具备海量知识存储的决策功能，以及通过智能技术，精准识别用户意图，做

新型政务媒体的构建与传播
——"四川发布"个案解析

出相应语音与动作回应并驱动用户与虚拟主播进入下一轮交互服务的社交功能等。

伴随技术迭代与用户诉求的提升,未来 AI 技术助力新闻媒体变革与信息生产还可从以下方面着力创新。一是增强实时互动性。互动既有虚拟主播跟受众的互动,也有内部参与人员之间的互动,前者可以借助算法预判用户需求,在临场交互服务过程中为用户营造"适时体验",同时可以调动用户评论、弹幕等形式的互动参与,满足用户的内容获取需要;后者可以创新报道的流程设计,在现有"一问一答"的基础上开创"有问有答"的报道形式,使其真实感与智能化程度更高。此外,在互动基础上,未来还可以开放虚拟主播主导的直播报道,为用户提供更具临场感与情绪满足感的阅听体验。二是适时创新多种背景场景,融合媒体品牌标识。本次虚拟主播报道"云脑对话"已然展现出技术发展的前沿水平,且取得了较好的传播效果。但在底层设计上,目前播报背景相对单一,且缺乏媒体品牌标识,未来建议融入更多"发布"元素,塑造更具识别性的"四川声音",在传播新信息的同时也注重呈现媒体的新面貌,以形成信息品牌的记忆点,由此提升多维度的传播实效。

(宋巧丽、夏迪鑫)

四、延伸案例

央视网:北京广播电视台 AI 数字人"时间小妮"亮相深圳文博会

百度客户端:虚拟助理度晓晓说明书萌妹外表隐藏超强技能

澎湃网:"制造"宋朝女孩

第六章　技术驱动

案例 3

人机 AI 共创"与中国合拍"

一、案例简介

2024 年《政府工作报告》提出，推动城乡融合和区域协调发展，大力优化经济布局。以中国式现代化为主线，聚焦城乡融合和区域协调发展，四川发布瞄准"千万工程"最前沿，以"山海之约、一拍即合"为立意，实地走访调研浙川 20 地，深入新一轮东西部协作和对口支援的区（市）县，抓两地视角、浙川合作中的鲜活故事，推出献礼全国两会的专题策划——"与中国合拍"大型融媒调研报道。

《与中国合拍·春之交响》是专题首篇推出的先导片，以音乐和乐器为主线，曲谱素材不单由文本生成，而是采集自真实现场。实地收录浙川 20 地田间地头、车间作坊"争春夺秒"的忙碌之声，通过将实地收音素材、文本指令和乐器音源共同输入训练过的 AI，生成基础旋律，再经由专业作曲家精调锻造，人机协同谱出一曲"山海之春交响乐"，由此开启"与中国合拍"沉浸式融媒报道的序幕，接续推出浙川 10 城的深度稿件、观察侧记、人物故事以及创意视听产品集。

产品发布后，引发全网热议，赴京参加全国两会的代表委员畅谈城乡融合发展。全国人大代表、四川省北川羌族自治县擂鼓镇五星村党支部书记、村委会主任表示，东西部产业资金为当地带来了许多文旅项目，老百姓感受非常深刻；浙川东西部协作工作组纷纷热议："这个视频，有春天最美的样子，未来的浙江与四川一定会发展得越来越好！""第四乐章是属于我们的两地建仓，勾勒消费之红！愿闻乐章详篇。"网友夸赞作品 AI 创意："这是 AI 协作的曲子，厉害了！""太燃了，看得热血澎湃！""厉害了我的国，川浙协作越来越好！"

·185·

新型政务媒体的构建与传播
——"四川发布"个案解析

截至目前,作品阅读量500万,话题浏览量5500万,获得《人民日报》App、学习强国App等近百家主流媒体推荐。

"与中国合拍"主海报

二、创作札记

(一)策划思路

2024年中央一号文件提出"以学习运用'千万工程'经验为引领""学习运用'千万工程'蕴含的发展理念、工作方法和推进机制"等重要内容。浙江是"千万工程"的

第六章 技术驱动

最前沿，四川是乡村振兴的新锚点。2024年，是新一轮东西协作和对口支援的三年之期，在新一轮东西部协作和对口支援工作中，浙川延续了自1996年就结下的浓浓"山海情"，浙江11个市62个县与四川12个市（州）68个县结成县县结对关系，为四川从脱贫攻坚向乡村振兴发展有效衔接贡献巨大力量。

"千万工程"是核心，城乡融合是主题，浙江、四川是载体，正是通过梳理这环环相扣的关联，四川发布团队发现：全国脱贫攻坚"硬骨头"凉山与中国百强城市宁波千里姻缘一线牵，是东西部经济发展脉搏的合拍；一根纱线从宜宾屏山到浙江嘉兴，是城乡融合发展"一盘棋"的合拍；浙江义乌与四川巴中推进电子商务等多位合作，是新质生产力与高质量发展的合拍；四川达州与浙江舟山携手共建陆海联运大通道，是长江经济带城市齐头共进的合拍；从乐山沐川培训学习到绍兴诸暨对口就业，是人民美好生活需要与中国式现代化发展的合拍。

我们通过摸索这"山海之约、一拍即合"的立意，最终形成了"与中国合拍"的策划报道理念。

把山海之春谱成曲，你听！

四川发布　2024-03-05 14:25　四川

"与中国合拍"主题视频截图

（二）创作过程

新技术赋能：生成式 AI 成为"数字化劳动力"

此次创作是四川发布团队在重构新闻叙事策略的基础上，用生成式 AI 赋能融媒生产的一次创新实践。

先导视频《与中国合拍·春之交响》就是以音乐和乐器为主线，曲谱素材不单由文本生成，而是采集自真实现场。报道组深入走访浙川 20 地，实地收录田间地头、车间作坊"争春夺秒"的忙碌之声，将实地收音素材、乐器音源和文本指令共同输入AI，生成基础旋律，再经由专业作曲家精调锻造，人机协同谱出一曲"山海之春交响乐"。该视频融入了实地收音和乐器音源的 AI 创作，相比单纯的文本生成方式，更贴合主题宣传的传播话语需求，让 AI 不只是作为辅助新闻生产的一种工具，而是被赋予融媒产品更多的内涵，延展了数字媒介语境下的话语表达形态。

在《与中国合拍·春之交响》的镜头语言中，不仅包含实地拍摄的画面，而且巧妙地与演奏乐器动作相融合，镜头美感与主题表达相得益彰，形成新的美学修辞策略，进而点燃受众的情绪。这种创新的叙事结构和镜头语言也是在 AI 参与下设计的，完成了技术"赋情"的全新表达。

"深一度"掘金：在融合报道中锤炼新闻价值

我们深知，无论信息传播、新闻表达的手段如何创新，获取新闻线索和采访资料的途径如何多样化，践行"四力"并深入调查研究依旧是生产好新闻的基础。《与中国合拍·春之交响》作为我们推出的大型融媒深度调研报道，在创新融媒形态的同时，坚持新闻价值的"深一度"掘金。

"与中国合拍"报道专题在推出《与中国合拍·春之交响》先导片之后，紧接着，有节奏地持续推出《一根纱线连山海》《一对仓库两地开》《一票到底跨陆海》《一张网络连义乌》《一只"蓝鹰"向东飞》五个章节的系列报道，还配套推出"山海里的那些人"系列采访稿件，聚焦浙川协作"大时代"中对口支援"小人物"的故事，有助力浙东白鹅引入宜宾屏山的卤鹅企业老板，有深入大凉山拯救"废苹果"的宁波新农人……从高处着眼，又以小见大，有立意、有创意地讲好新时代山海情，通过短视频、人物故事、采访侧记等形成系列的全景式宣传。

这一系列引人入胜的新闻叙事策略，是四川发布团队"追根问底"的新闻采编思维的坚持。前期给足采编团队时间，从四川到浙江，多路记者奔赴两省20地，不仅深入一线蹲点采访、往返追踪，在后期写作中也认真打磨，这样方可使"与中国合拍"系列报道传递出新闻价值、讲好"新时代故事"。

（三）社会效果

在全国两会开幕之初，以《与中国合拍·春之交响》视听产品作为先导片，由四川发布联合浙川两地政务新媒体共同"领唱"，随后上百家主流媒体跟进"合唱"，千万网友在线"聆听"，形成"引爆式"开局。作品阅读量达500万，话题浏览量达5500万，获得省委网信办推送至全国正能量稿池，获得视听主管部门省广电局全网推荐，天府融媒联合体全网推送，《人民日报》App、学习强国App、中国记协网、国是直通车、央视网快看等近百家主流媒体推荐；浙江日报潮新闻、中国蓝新闻等浙江主流媒体转发传播；川观新闻、四川观察、封面新闻、红星新闻、听堂、熊猫视频等四川主流媒体积极转评；浙江发布、四川共青团、达州发布、宁波发布等政务新媒体平台倾力联动。

全国两会期间，"与中国合拍"报道专题还引发了代表委员们的热议，赴京参加全国两会的代表委员畅谈城乡融合发展。全国人大代表、四川省北川羌族自治县擂鼓镇五星村党支部书记、村委会主任表示东西部产业资金为当地带来了许多文旅项目，老百姓感受非常深刻；浙川东西部协作工作组纷纷热议："这个视频，有春天最美的样子，未来的浙江与四川一定会发展得越来越好！""第四乐章是属于我们的两地建仓，勾勒消费之红！愿闻乐章详篇。"网友夸赞作品AI创意："这是AI协作的曲子，厉害了！""太燃了，看得热血澎湃！""厉害了我的国，川浙协作越来越好！"

（简文敏、戴菲俐）

新型政务媒体的构建与传播
——"四川发布"个案解析

三、案例评析

深化融媒践行"四力" 人机 AI 共谱山海情

"与中国合拍"是四川发布为献礼全国两会重磅推出的大型专题融媒调研报道。特别之处在于，该专题首篇推出的先导片《与中国合拍·春之交响》是由人机 AI 协同谱曲的一首"山海之春交响乐"，展现了技术驱动生成式 AI 赋能融媒生产的新理念。以此为序幕，以浙川两地为锚点，四川发布后续跟进推出了"山海里的那些人""两会传音""观察日记""专家看报道"等多篇系列报道，聚焦城乡融合发展，发现浙川协作发展的痛点、亮点、做法，唱响"春日最强音"。

现实为"谱"，主题聚焦城乡融合发展

城乡融合发展是现代化的重要标志，是奋力谱写中国式现代化四川篇章的必然要求。四川推进城乡融合发展，必须以习近平新时代中国特色社会主义思想为指导，全面贯彻党的二十大精神，深入学习贯彻习近平总书记来川视察系列重要指示精神，走出一条符合中国式现代化要求、具有四川特色的城乡融合发展新路子。[①]

专题报道的先导片《与中国合拍·春之交响》就从四川出发，采编团队在浙川两地间采集乡音，将浙川两地最鲜活的音符融入 AI，造就了这一场跨越 1800 多公里的春之交响。第一乐章"声生不息"关注浙企入川；第二乐章"动力和鸣"连贯东西、连接校企，聚焦学生赴浙就业；第三乐章"创新协奏"铺就数字之网，通过共建电商学校和服务站点，展现大量数字场景在浙川落地开花；第四乐章"热力交响"关注两地建仓，打通物流运输难；第五乐章"一路同歌"则描绘了一条陆海黄金通道在达州舟山间共建而成。

不同乐章对应不同的发展主题，不变的主旋律是浙川两地谱写共同富裕新篇章。每一乐章之序都分别以浙川两地的不同建筑、交通等现实场景拼接在一起为"纸上的乐谱"，同时以人手模拟乐器演奏，在画面背景中或拉弦，或弹奏，或指挥，或敲击，

[①] 《如何走出一条符合中国式现代化要求、具有四川特色的城乡融合发展新路子？》，四川省人民政府网站，详见 https://www.sc.gov.cn/10462/10464/13298/13302/2024/4/22/fc177736f13743f7831f0fcd2ab700f2.shtml。

虚实相生，共同谱奏出这一首"春之交响"，充满了视听美学的设计巧思。

人机共创，"新质"理念赋能融媒生产

2024年1月，习近平总书记在中共中央政治局第十一次集体学习时强调，发展新质生产力是推动高质量发展的内在要求和重要着力点，必须继续做好创新这篇大文章，推动新质生产力加快发展。[①]强调新质生产力理念与近年来技术迭代，尤其是人工智能突飞猛进的发展密不可分，是形势使然，更是时代必然。突破性AI技术驱动下的人机共创，引发了传统新闻内容生产方式和观念的变革，带来了更多元化的信息传播格局。

为献礼全国两会，《与中国合拍·春之交响》是该专题推出的先导片，音乐制作采用人机AI共创，将记者团队实地收集的声音素材与文本指令等输入AI生成旋律，再由专业作曲家协同创作。生成式AI作为一种能够自主创造新内容的颠覆性技术，为这首"春之交响曲"注入了新的活力和动力。不同于其他的独立原创作品，生成式AI这一"数字化劳动力"促进了新闻生产关系的重构，也意味着技术的革新迭代颠覆了原有的创作模式。人机协作"把山海之春谱成曲"，这是新质生产力理念下用生成式AI赋能融媒生产的一次创新实践。同时，也是四川发布团队深刻领悟新质生产力内涵和要求，准确把握融媒体发展趋势和规律，推动媒体融合向纵深发展的一次大胆尝试。

"春之交响"先导片在全网热推、多点开花，在受众反馈和流量数据方面均产生了较好的传播效能。这也充分展示出主流政务新媒体做到树立互联网思维、把握全媒体方向、用好数字化技术，以及主动迈入网络化、数字化、智能化新赛道的重要性。

深入一线，以"四力"锤炼新闻价值

身处互联网时代融媒语境下的融合新闻报道，必然要面对如何平衡内容与形式的问题。在"互联网+"时代，传统媒体要将媒介融合理解为"内容生产+产品形态+渠道占有"的整体。《与中国合拍·春之交响》作为四川发布重磅推出的大型融媒深度调研报道，充分运用先进技术、渠道和平台来挖掘内容深度，实现最优的传播效果。可以看到，在积极探索融合转型的内容与形式平衡方面，四川发布做出了积极有效的实践。在创新融媒形态的同时，四川发布坚持新闻价值的"深一度"挖掘，不断探寻

---

① 《习近平在中共中央政治局第十一次集体学习时强调：加快发展新质生产力 扎实推进高质量发展》，新华社，详见 https://www.gov.cn/yaowen/liebiao/202402/content_6929446.htm。

新型政务媒体的构建与传播
——"四川发布"个案解析

更深层次的新闻信息,以求提供更全面、更有深度的报道。

当今世界正经历百年未有之大变局,媒体格局和舆论生态发生深刻变革,践行"四力"要求、加强深度调研是时代要求我们必须回答好的重大命题。"与中国合拍"的采编团队在前期实地走访调研浙川20地,实地收录浙川20地田间地头、车间作坊争春夺秒的忙碌之声,采集真实现场的声音和故事,与AI共同创作出弘扬主旋律、传播正能量的融媒体创新作品。在现场获取大量有效的细节信息是让新闻报道丰富生动的关键,这也要求记者调用脚力、眼力、脑力、笔力,调动多种感官去进行采编。这一过程充分展现了四川发布团队以"四力"锤炼新闻价值的生动实践——以脚力不断深入,以眼力见微知著,以脑力深思熟虑,以笔力表达呈现。

以人为本,打造"接地气"的政务新媒体

政务新媒体是移动互联网时代党和政府联系群众、服务群众、凝聚群众的重要渠道。新时代以来,党和国家事业取得历史性成就,发生历史性变革。身处其中,作为新型主流政务新媒体的四川发布瞄准"千万工程"最前沿,深入基层、深入实践、深入群众,感受时代脉搏,书写时代风貌,坚定地当好党和政府声音的有力传播者。

新闻工作者的核心使命在于始终关注"人",坚守"保持人民情怀,记录伟大时代"的精神与信念。"与中国合拍"专题后续报道《一艘船舶通江海 达州舟山架起新桥梁丨与中国合拍》就以浙江舟山与四川达州协作打通陆海联运大通道为主题,着眼宏观,同时不忘刻画一个在舟山船厂务工多年的达州人依托政府专项政策"把娃娃接到舟山去"的生动细节。在此过程中,四川发布作为主流媒体始终坚持新闻报道以人为本的原则,在社会发展中深挖"人"的故事,将个体命运与时代相勾连,既发挥了媒介赋能信息通达的作用,也彰显了人文主义关怀,引发社会共情。《一对仓库两地开 凉山农特产端上宁波百姓桌丨与中国合拍》则以小见大,通过"凉山农特产端上宁波百姓桌"的鲜活画面,将凉山地域广阔与地形复杂导致的物流交通运输不便展现在读者眼前,从而突出浙川两地共建的"两地仓"帮助搭建消费协作桥梁、推动物流方式变革的重要作用。

由以上两则报道可见,政务新媒体既要深刻领悟党和国家事业发展大政方针和战略部署,又要从群众利益出发,在基层找到重大主题与群众关切的交汇点、情感的共

鸣点，用群众语言讲"接地气"的好故事。只有这样"有思想、有温度、有品质""沾泥土、带露珠、冒热气"的新闻作品，方能壮大主流声音、引导社会舆论，弘扬社会主义核心价值观。

AIGC时代全面到来的今天，主流媒体应积极主动思考如何与技术共生，打造一条新质生产力驱动的"科技+人文"的中国式现代化发展链路。四川发布推出的《与中国合拍·春之交响》正是这样一个人机协作共创新闻传播美学的积极示范。不仅"独唱"，也要"合唱"，技术驱动融媒发展释放数字生产力的同时，坚持融媒创新，积极策划推出一批有感染力、引导力的系列报道，形成整体联动、同频共振的政务信息传播格局。同时，始终坚持以"四力"锤炼新闻价值，坚守新闻价值，保持人民情怀，才能创造出新时代喜闻乐见的融媒产品。

（王卓颖）

四、延伸案例

《人民日报》：《AI共创大片｜江山如此多娇》

新华社：《AIGC绘中国｜跟着全国人大代表探索远古生命密码》

四川新闻网：《「创意H5」川行两万里！解锁"AI"意满满的履职长卷》

第七章 高校思政

DI-QI ZHANG
GAOXIAO SIZHENG

引 言

Z世代是潮流的引领者、追随者，新时代背景下，青年教师和学生在"文化自信""自主创新"等方面发出富有青春特色和时代气息的最强回音。而对互联网的充分运用，使新媒体技术和平台为丰富高校思政教育提供了可能性。并且，政务新媒体不同于普通新媒体平台，官方属性的加持使其具有显著的权威性和公信力，在国家政策传递、政策解读、时政跟进、舆论引导等方面有明显优势。借助公益力量，四川发布自2017年起就着手深入思考如何更新思政教育理念，实现思政课从封闭式到开放式的转变，走进高校、融入青春力量，寻找与青年群体的共同点和情感共鸣点，探讨"政务新媒体+高校"合作新模式。

本章选取了围绕重大节点，四川发布乘势而上打破"次元壁"，引领"政务+思政+公益+企业"的跨界融合案例，展示出政务新媒体充分发挥平台优势，用年轻机制激活青春能量，从青年视角出发提升思政教育的亲和力、吸引力和影响力，表达青年之所思所想，让政务传播顺畅走进"Z时代的朋友圈"，打造极具传播力、引导力和影响力的"思政金课"。

案例 1

"百年风华·奔跑如初"
——高校接力专题报道 献礼建党百年

一、案例简介

2021年是中国共产党成立100周年，在这重大历史时刻，四川发布凝聚青春力量，联合多所高校、多个代表行业、多个县级政务新媒体发起大型接力跑活动，一同踏寻红军在川足迹。为讲好红色故事，四川发布独家策划推出大型网络新闻专题"百年风华·奔跑如初"。

"百年风华·奔跑如初"突出"长征精神"与"青春力量"两个主题词，用党史学习教育串联全省高校，引导高校学子在活动中丰富自己的党史知识。城市红色接力跑活动，通过多种方式和活动周边让红色血脉贯通全城，将长征精神薪火相传，真正实现了有参与感、互动感、现场感。

专题运用航拍、短视频、海报、直播等多种新媒体手段形成3D宣传，目前线下活动参与人数10万+，累计覆盖人群2800万+，话题关注度800万+，各平台累计阅读量1000万+。

新型政务媒体的构建与传播
——"四川发布"个案解析

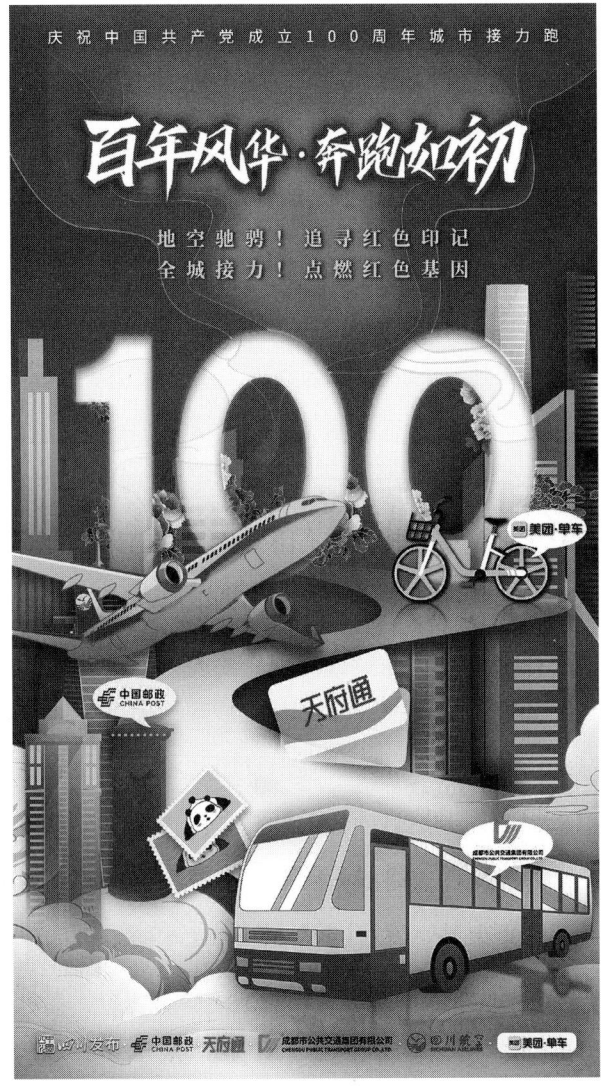

"百年风华·奔跑如初"四川城市红色接力跑启动海报

二、创作札记

（一）策划思路

献礼建党百年，是一个宏大的命题，如何在百花齐放的报道中产生不一样的关注点？四川发布团队展开了多次专题会议讨论。我们梳理党史、认真学习党的百年奋斗历程、专题梳理红军长征在四川的故事，通过四川发布团队自身的所感、所思、所悟，最终抓出了两个主题词——"长征精神"与"青春力量"。

我们党走过百年，历经风霜，站在新的百年起点上，依然秉持着初心不改，依旧坚守着向前奔跑，这恰恰与青年学子传承红色血脉的理想信念不谋而合。立足这一核心思路，四川发布团队将策划的注脚放在了"高校"。我们探索出在寓教于乐引导高校学子学党史、强信念、跟党走的活动方略，在展示四川各大高校特点特色、生动宣传展示省内高校大学生的青春风貌的同时，引导广大青年坚定中国特色社会主义理想信念，积极践行社会主义核心价值观。

团队经过反复讨论，最终确定在高校接力跑活动中分别融入"重走长征路·红军长征在四川"之"四渡赤水""巧渡金沙江""彝海结盟""强渡大渡河""飞夺泸定桥""翻越夹金山""懋功会师""红军长征过草地"8个红色故事，并用小游戏和党史小考问答的方式，让同学们在活动中丰富自己的党史知识。

同时，选取红军长征在四川的代表性点位，在线联动古蔺发布、西昌发布、冕宁发布、石棉县融媒体中心、泸定之声、小金发布、阿坝州官方发布等融媒体中心官微，用"隔空喊话"的形式，号召学子们在青春宣言中激情开跑。

除了探索政务新媒体与高校之间如何有机连接，我们也在思考这场主题活动能为社会带来什么，所以，开展整体活动之前，我们就构思了"城市跑"与"公益跑"这两个概念，并落地实现。

（二）执行过程

"校园跑"打开头阵

2021年5月15日，以"百年风华·奔跑如初"为主题的高校接力跑正式拉开帷幕。四川发布陆续走进成都大学、成都理工大学、电子科技大学、四川农业大学、成都信息工程大学、西华大学、四川师范大学、成都工贸职业技术学院8所高校开启接力跑。同时为引导高校学子学党史、强信念、跟党走，接力跑活动还分别融入了"重走长征路·红军长征在四川"之"四渡赤水""巧渡金沙江""彝海结盟""强渡大渡河""飞夺泸定桥""翻越夹金山""懋功会师""红军长征过草地"8个红色故事，并用小游戏和党史小考问答的方式,让同学们在活动中丰富了自己的党史知识。不少同学在活动中表示"感受到了先辈们坚韧不拔、自强不息、勇往直前、无畏牺牲的精神"。活动覆盖上千名师生,累计接力20公里。

"百年风华·奔跑如初"首站成都大学站

"公益跑"线上云接力

在校园接力跑的同时,我们也继续接力联合咕咚运动App在线发起"百年风华·奔跑如初"线上公益跑活动,累计挑战5公里就为乡村孩子送去一本课外书籍。据统计,该活动在线参与人数5万+,累计完成挑战8万余公里,同时为乡村孩子赠出上万本课外读物。

"城市跑"燃动全城

除线上公益跑外,我们将红色血脉贯通全城,在校园接力跑后开启了城市接力跑。6月16日"百年风华·奔跑如初"四川城市红色接力跑活动正式启动。四川发布联合四川省邮政分公司、四川航空、成都公交、成都天府通、美团单车推出五大路线、五种打卡模式,进一步讲述"红军长征在四川"的伟大故事,通过语音广播、车身打造、红色公交路线定制、联名卡、明信片等多种方式和活动周边让红色血脉继续奔涌不息,活动一经推出就吸引了网友的积极参与。

成都公交首发绘制主题公交，以"红军长征在四川""红军长征过草地""飞夺泸定桥"为主题的3辆公交车追逐百年红色印记，在绿色出行中学习百年党史；四川航空开启追寻百年故事之旅，在万米高空聆听红色故事，手写纪念卡，将长征精神薪火相传；四川省邮政分公司带着一张张充满历史记忆的邮票，附身一封封信件奔跑、传递在广袤的中国大地之间，跨越时间的长廊，见证党的发展、国家的进步；成都天府通定制400张以"彝海结盟""强渡大渡河""飞夺泸定桥""翻越夹金山"为主题的红色联名卡向广大网友发放，共同回忆峥嵘岁月，重温城市里的红色记忆；美团单车接力城市跑第五棒，一夜之间，单车点位悄然换上新装，通过悬挂红色故事卡，以运动的方式寄语百年，用骑行的轨迹圈出爱的祝福，一张张承载着党史重要节点的小小卡片伴随着四散的单车骑向了城市各地。

（三）社会效果

"高校+城市"跨界接力，线上线下全覆盖

以"百年风华·奔跑如初"为主题的高校接力跑陆续走进成都大学、成都理工大学、电子科技大学、四川农业大学、成都信息工程大学、西华大学、四川师范大学、成都工贸职业技术学院8所高校开启接力跑，活动覆盖上千余名师生，累计接力20公里。校园接力跑结束，城市红色接力跑接续，四川发布联合四川省邮政分公司、四川航空、成都公交、成都天府通、美团单车推出五大路线、五种打卡模式，进一步讲述"红军长征在四川"的伟大故事，通过语音广播、车身打造、红色公交路线定制、联名卡、明信片等多种方式和活动周边让红色血脉继续奔涌不息，吸引网友积极参与。

时空穿越跨界接力，红色集结号刷屏

此次高校接力跑，我们选取红军长征在四川的代表性点位，在线联动古蔺发布、西昌发布、冕宁发布、石棉县融媒体中心、泸定之声、小金发布、阿坝州官方发布等融媒体中心官微用短视频的形式，动情讲述红军长征在当地发生的感人故事，同时喊话激励高校学子热血接力。成都大学、成都理工大学、电子科技大学等高校官微积极回应、隔空对话，学子们在青春宣言中激情开跑。

多媒体手段创新表达，全方位 3D 覆盖宣传

本次高校接力跑活动，我们利用航拍、直播等技术手段，完成了系列视频、图文、海报等多种宣发报道，发布《@成都大学 首跑，燃！》《@成都理工大学，第二站，接力！》《第三站@电子科技大学，星火传递！》《快来打卡！这3辆公交车上"画"满了红色记忆》《城市跑"上天了"！邀你一起在万米高空游红色线路、听红色故事》等报道，好评如潮，反响良好。活动累计覆盖粉丝量超 2800 万，四川发布创建的"百年风华·奔跑如初"微博话题阅读量达 800 万＋，四川发布客户端、微信、视频号以及《人民日报》、今日头条、一点资讯、天天快报、网易等多平台已累计阅读超 1000 万。

（简文敏、戴菲俐）

三、案例评析

新场域高扬主旋律，探索"政务新媒体＋高校"多元融生新范式

近年来，政务新媒体进入多元化、系统化发展新阶段，成为政府信息公开、舆论引导、思想传播的重要阵地。随着全国教育系统逐步普及实施"大思政"方案，政务新媒体在丰富高校思政教育方面得以广泛应用，成为推行思政教育的一种新型工具。然而，大多数政务新媒体仍然面临在增强吸引力和感染力上下功夫的转型期挑战。政务新媒体风格严肃、话语严谨，这固然是主流新媒体权威性保障的基本要求之一，却也在另一层面上拉远了与受众的距离，难以调和鲜活度、深度、力度三者的统一。如何在保证媒体定位的准确性的基础上，转文风、巧叙事，是政务新媒体需要解决的现实问题。此外，如何有效利用政务新媒体的教育功能，以面向青少年的形式开展"大思政"课程，促进思政小课堂与社会大课堂互动融合，也是政务新媒体需关注的重要课题。

在中国共产党成立 100 周年这一重要时间节点，四川发布开拓新场域，赋能主旋律，结合媒体自身特点和定位，发挥专业采编优势和信息资源优势，综合运用多媒体表现形式，通过专业、权威、深度、特色报道满足用户需求，更好地发挥引导舆论的

主体作用，以内容优势赢得发展优势，策划引领高校赛事"百年风华·奔跑如初"活动，通过"运动+学习"的模式，引导高校学子学党史、强信念、跟党走。同时，联动全省各级政务新媒体、县级融媒体中心、省内各大高校、社会跑团、四川省邮政分公司、四川航空、成都公交、成都天府通、美团单车、咕咚运动等多领域多行业，踏寻红军在川足迹，重温伟大长征精神。

这一在传播场域的媒体融合典型案例缔造了"政、企、学"跨界宣传合作的典范，为政务新媒体未来发展开辟了新的路径。

新场域"进高校"，写好青年思想"大文章"

习近平总书记在2023年新年贺词中深刻指出，"明天的中国，希望寄予青年。青年兴则国家兴，中国发展要靠广大青年挺膺担当。年轻充满朝气，青春孕育希望。广大青年要厚植家国情怀、涵养进取品格，以奋斗姿态激扬青春，不负时代，不负华年"[1]。党的十八大以来，以习近平同志为核心的党中央高度重视、亲切关怀青年一代，全方位加强党对青年工作的领导。党的二十大报告中再次强调，"全党要把青年工作作为战略性工作来抓，用党的科学理论武装青年，用党的初心使命感召青年，做青年朋友的知心人、青年工作的热心人、青年群众的引路人"[2]。在新时代背景下，"育新人"成为宣传思想工作的一项重要使命工作。如何抓牢青年群体、坚持马克思主义新闻观，让党的理论创新成果"飞去寻常百姓家"，尤其是增强面向青年群体的宣传思想工作的传播力、引导力、影响力、公信力，成为新时代主流媒体主题宣传工作的必答题。

作为政务新媒体的四川发布，其官方属性为其注入了突出的权威性和公信力，尤其在国家政策传递、政策解读、时政跟进、舆论引导等领域，政务新媒体表现优异，具有十分明显的优势。与此同时，四川发布不仅承担了更多的教育和知识传播功能，还为"大思政"建构提供了有力支撑，从而有助于实现传播中的"双赢"，即扩大传播的影响力、凸显思政教育属性。

有鉴于此，四川发布开拓新场域，以高校为切入口，以创新的传播形态和传播方

---

[1] 《国家主席习近平发表二〇二三年新年贺词》，中国政府网，详见 https://www.gov.cn/xinwen/2022-12/31/content_5734452.htm。

[2] 《高举中国特色社会主义伟大旗帜 为全面建设社会主义现代化国家而团结奋斗——在中国共产党第二十次全国代表大会上的报告》，中国政府网，详见 https://www.gov.cn/xinwen/2022-10/25/content_5721685.htm。

新型政务媒体的构建与传播
——"四川发布"个案解析

式搭建了崭新的融媒体舆论场,实现了新闻空间布局和新闻时间脉络的大拓展。大型网络新闻专题"百年风华·奔跑如初"采用"高校+城市"的跨界联动新模式,陆续走进成都大学、成都理工大学、电子科技大学、四川农业大学、成都信息工程大学、西华大学、四川师范大学、成都工贸职业技术学院8所高校,联合四川省邮政分公司、四川航空、成都公交、成都天府通、美团单车推出五大路线、五种打卡模式,让年轻创意力量反哺品牌影响力,打破政务新媒体在年轻群体中的刻板印象。通过该类活动,四川发布在引领当代青年奋进新时代、踏上新征程、实现新使命的同时,创作、传播了一批正能量宣传作品,涵养了一支强大的后备网军队伍,打造出具备全国影响力的青年活动品牌。此类活动形式呈现出活泼、接地气、有温度等特质,可以有效缩短与受众群体之间的距离,同时巧妙地将思政教育内涵嵌入活动内容之中,引导广大青少年对社会现象产生正确认识,塑造积极健康的世界观、人生观和价值观,并在潜移默化中达到预设的教育效果和良好的教育目标。

硬新闻"软着陆",奏响主题宣传"最强音"

大型网络新闻专题"百年风华·奔跑如初"适应新兴媒体传播特点,在"三微一网多端"布局传播,扩大优质内容产能,也更加注重网络内容建设,始终保持内容定力,专注内容质量,发挥采编和信息资源优势。其中微博话题"百年风华·奔跑如初",以生产精准短小、鲜活快捷、吸引力强的信息,在传播中抢得先机。此外,综合运用多媒体表现形式,结合媒体自身定位,满足多终端传播和多种体验需求,切实增强吸引力、感染力。

本案例以"中国共产党成立100周年"的重要主题宣传报道为背景,依循全媒体时代的群众路线,以开放平台吸引用户参与新闻信息生产传播,实现单向式传播向互动式、服务式、场景式传播转变,适应分众化、差异化趋势,准确了解受众使用习惯和信息需求,不断提高新闻宣传的精准性和舆论引导的时度效。案例综合运用全媒体方式、大众化语言、艺术化形式制作新闻产品,打造网上知名品牌栏目,从而更好地发挥引导舆论的主体作用。四川发布始终坚持内容建设为本,增加网络内容供给,立足固有的专业生产优势,努力推出有思想、有温度、有品质的新闻产品,以内容优势赢得发展优势,以专业权威践行职责使命。

这反映出，打造内容精品，需要在及时性、权威性、准确性、思想性上下功夫，提高正面宣传和舆论引导的质量水平，具体可从以下三方面展开：

一是增强新闻生产的对象意识。把内容供给和受众需求有机结合起来，推动理念、内容、形式、方法、手段等创新，多推出适合移动传播、社交传播的新闻产品，满足受众信息需求。加大音视频内容供给，多生产短视频、微电影、公益广告、海报图片、有声新闻等产品，打造更多群众喜爱、刷屏热传的作品，形成新的增长点和竞争力。如"高校接力跑"活动中，四川发布与成都天府通定制400张以"彝海结盟""强渡大渡河""飞夺泸定桥""翻越夹金山"为主题的红色联名卡，向广大网友发放，有针对性地设计新载体、搭建新平台，扩大典型报道和重大主题报道的覆盖面和影响力。

二是创新内容表现形式。在校园接力跑的同时，四川发布也继续接力精神午餐公益项目，联合咕咚运动App在线发起"百年风华·奔跑如初"线上公益跑活动，累计挑战5公里就能为乡村孩子送去一本课外书籍。活动不仅视角独特、内容丰富，并且以文、图、视等全媒体素材、融媒体手法全景呈现百年风华的盛况，以传播正确价值观为引领，善于发掘和讲好生动鲜活故事，综合运用全媒体方式、大众化语言、艺术化形式制作新闻产品，用情用心制作有品质、有格调的内容，增强正面宣传表现力和感染力。"高校+城市"跨界接力，红色集结号刷屏，还吸引近千名高校学子、万余名市民积极参与。在校园红色接力跑活动中用党史学习教育串联全省高校，引导高校学子在活动中丰富自己的党史知识。在城市红色接力跑活动通过多种方式和活动周边让红色血脉贯通全城，将长征精神薪火相传，弘扬主流价值、凝聚社会共识。

三是提升内容传播效果。"高校接力跑"活动中，四川发布选取红军长征在四川的代表性点位，在线联动西昌发布、石棉县融媒体中心、泸定之声等多个融媒体中心官微，用短视频的形式，通过历史画面、党史小考问答、校园情境、城市风貌等场景的展示，激发日常生活叙事和宏大叙事的共同作用，"在线喊话"，激励高校学子热血接力，让主题报道和典型报道真正扎根于鲜活的实践。由此可见，坚持效果导向，增强服务意识，强化用户理念，实现单向式传播向互动式、服务式、场景式传播转变，能够引导青年网民由"感动"到"行动"，提升正面宣传到达量、阅读量、点赞量。

新型政务媒体的构建与传播
——"四川发布"个案解析

全媒体"新触角",巧打深度融合"组合拳"

习近平总书记在视察解放军报社时强调,"读者在哪里,受众在哪里,宣传报道的触角就要伸向哪里,宣传思想工作的着力点和落脚点就要放在哪里","要顺应互联网发展大势,勇于创新、勇于变革,利用互联网特点和优势,推进理念、内容、手段、体制机制等全方位创新","要研究把握现代新闻传播规律和新兴媒体发展规律,强化互联网思维和一体化发展理念,推动各种媒介资源、生产要素有效整合,推动信息内容、技术应用、平台终端、人才队伍共享融通"。[①]网络和数字技术迅猛发展,带来媒体格局深刻变革。当前,新兴媒体生成舆论、影响舆论的能力日渐增强,成为人们特别是青年一代获取信息的主要渠道,传统媒体面临严峻挑战。通过推动媒体融合发展,积极开拓媒体发展领域,把传统媒体的影响力向网络空间延伸,是传统媒体生存发展、赢得未来的必由之路,是巩固壮大主流思想舆论阵地的一项紧迫任务。可见,媒体融合发展是巩固壮大宣传思想文化阵地的必然选择。

生活在全媒体时代的青年一代,是信息传播的对象,也是制造、传播信息乃至引领文化潮流的重要主体。在本案例中,四川发布采取个性化方式,较好地适应青年群体特征,依托互联网技术,改变了传统主题宣传报道中"大而全"的方式,让信息传播融入生活日常,以"小而美"的形象呈现给受众,依托分众化策略和个性化方式,增强宣传的针对性和吸引力。同时,四川发布构建新型采编流程,遵循互联网传播规律,形成集约高效的内容生产体系和全媒体传播链条。本案例有探讨艺术思政化、思政艺术化创新路径的线下活动,也有一系列新颖独特、立意高远的线上深度融合产品,通过"全程在场"和"场景传播"的核心竞争力,成功实现对青年群体的有效联系与价值引领,实现一次采集、多次生成、多元传播,取得了良好的成效。四川发布不断优化全媒体内容管理系统,全力提升全媒体内容生产能力,着力打造现象级融媒产品,推进传统采编资源与现代生产要素有效结合和深度融合,最终形成全媒体、立体化传播态势,突出跨界、协同、联动、共享四个关键词。

21世纪以来,互联网正在媒体领域催生一场前所未有的变革,出现了全程媒体、

[①] 《习近平:受众在哪里 宣传报道触角就要伸向哪里》,国务院新闻办公室网站,详见 http://www.scio.gov.cn/37231/37251/Document/1603597/1603597.htm。

全息媒体、全员媒体、全效媒体,四川发布将互联网平台作为宣传的主阵地,探索发展"政务新媒体+高校"思政教育新路径,使得宣传思想工作更加贴近、更能打动受众群体。本案例启示我们,坚持"短实新",构建群众喜闻乐见的话语体系,推动新闻信息与政务、服务紧密结合,能更好满足受众需求,亦成为"大思政"的题中应有之义。

(郑秋)

四、延伸案例

上海发布:"寻找百位留言人@一大留言簿"活动第一批留言人已就位

《中国青年报》:"不一Young 的新中国"

案例 2

"奋斗者 正青春"
——高校诗朗诵融媒报道 喜迎党的二十大

一、案例简介

在党的二十大胜利召开之际,四川发布精心策划并推出了一项特别的宣传报道活动——"奋斗者 正青春——迎接党的二十大·四川高校诗歌朗诵大接力"。这一活动不仅聚焦了青年群体和奋斗精神,更通过线上诗歌朗诵的形式,联合电子科技大学、西南交通大学、西南财经大学等川内数十家高校,共同展现了一场别开生面的文化盛宴。

活动展现出四川青年一代"请党放心、强国有我"的豪情壮志和坚定信念。通过诗歌朗诵的形式,各高校青年们用铿锵有力的声音、饱满的情感和生动的演绎,通过线上接力的形式,将诗歌朗诵的精神传递给更多的青年学子,激发了他们的爱国热情和奋斗精神。同时,这也为校、媒之间搭建了一个文化交流的平台。

活动得到了社会各界的广泛关注和高度评价。网友在观看朗诵视频后纷纷表示,青年学子用他们的声音和行动传递了正能量和积极向上的精神风貌,让人深受感动和鼓舞。

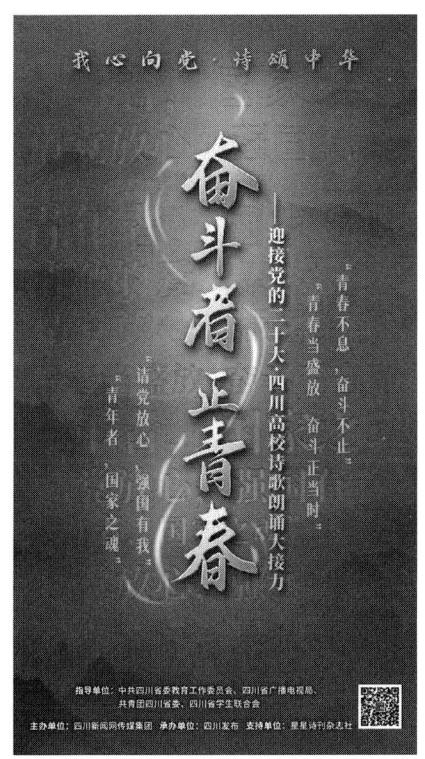

"奋斗者 正青春"主题海报

二、创作札记

（一）策划思路

习近平总书记强调："要运用新媒体新技术使工作活起来，推动思想政治工作传统优势同信息技术高度融合，增强时代感和吸引力。"四川发布作为政务新媒体，一直在联动高校，积极与四川各高校一起将思政工作融入活动中，运用新媒体和青春的活力做活高校思政工作。2022年6月，习近平总书记赴四川考察，深入农村、文物保护单位、学校、企业等进行调研。2022年也是党的二十大召开之年，为深入学习贯彻习近平总书记来川视察重要指示精神、迎接党的二十大胜利召开、深入推进"奋斗者 正青春"主题宣传，"四川发布进高校"活动势在必行！

在此之前，"四川发布进高校"活动已经持续两年，成为团队重点打造的品牌IP。2022年受新冠疫情影响，团队最终在和各高校多次商量后，决定以线上的方式开

MEDIA CASE STUDY

新型政务媒体的构建与传播
——"四川发布"个案解析

展。活动由四川发布组织发起,携手四川省教育厅、四川省广播电视局、共青团四川省委、四川省学生联合会、《星星诗刊》和数十家高校以诗歌朗诵的视频形式在线上进行接力发布,运用中华优秀传统文化诗歌形式,把重大主题宣传工作的丰富内容融入活动中,在活动中潜移默化地丰富青年学生的精神世界。

不仅如此,主创团队还联系到从这些高校毕业的优秀校友讲述关于自己的青春故事,通过这些"小故事"反映新时代中国青年的奋斗面貌,树立当代青年的标杆榜样,弘扬主旋律,传播正能量,使专题报道有高度、有广度、有温度、有深度。

"奋斗者 正青春"视频截图

(二) 执行过程

高校集结，打造政媒牵手高校新风尚

四川发布通过一系列主题活动"圈粉"大学生群体，燃动年轻创意力量，让年轻创意力量反哺品牌影响力，打破政务新媒体在年轻群体中的刻板印象。

青年强，则国家强！该活动以时代为号召，紧扣"奋斗"和"青春"主题词，创新报道形式，集结川内各大高校青春的力量，以青年诗朗诵燃动全国，进一步影响青年、激励青年，让青年教师和学生在"文化自信""自主创新""乡村振兴"等方面发出富有青春特色和时代气息的最强回音，"请党放心、强国有我"的铮铮誓言在耳畔回响，"清澈的爱，只为中国"的深情告白仍在心中回荡，广大青年以实际行动讴歌新时代、喜迎二十大。视频每一帧都洋溢着青春的风采、每一声都是振奋人心的青春宣言，这是青年力量奋进新时代的嘹亮旋律，亦是青春中国凯歌前行的嘹亮号角。

严把导向，字句之间传递青春正能量

在此次活动中，策划团队深度对接星星诗刊，借力其专业诗刊的能力，在诗歌库中优中选优，坚持正确导向，弘扬青春正能量。不少高校进行了原创，如电子科技大学的《走好新时代科技报国长征路》、宜宾学院的《一滴水的力量》、成都理工大学的《攀登者》、西南石油大学的《光的方向》等。

在活动期间，不仅高校学子发出青年强音，从四川农业大学毕业的著名水稻栽培专家、四川农业大学水稻所教授马均，从西南石油大学毕业的 2020 年全国劳动模范詹仕凡，从四川警察学院毕业的宜宾市屏山县公安局刑侦大队大队长蒋茂华，从电子科技大学毕业的极米科技创始人、董事长钟波等校友也纷纷讲出了自己的青春故事。

内外兼修，诗歌意境之中融入真人真事

在希望的田野里，一代代川农人躬耕田园、日晒雨淋，把论文写在大地上，在强农兴农中交上一份沉甸甸的川农答卷；从西南石油大学毕业的校友们，在工作岗位第一线，仍频频回首站在"光的方向"，为学弟学妹提供指引；8 次与死神擦肩而过，炸弹碎片残存体内无法取出，带领刑侦战友冲锋陷阵，辖区命案 19 年全破，传奇色彩的背后是"干一行爱一行"的初心……在"看得见"和"看不见"的各个领域，青春力

量潮涌八方，结出芬芳硕果。这些优秀毕业生们不仅是奋勇前行的时代"先锋"，而且是广大青年学子的青春榜样。

（三）社会效果

"奋斗者 正青春——迎接党的二十大·四川高校诗歌朗诵大接力"活动从2022年9月29日活动预热到10月11日展播结束，短短几天的时间内，各大高校的诗歌朗诵视频刷爆了微博和朋友圈。9月30日活动正式上线当天，四川教育发布、四川省广播电视局、四川共青团等指导单位以及学习强国四川学习平台、四川省青少年文联、微博政务、《星星诗刊》和各高校官微相继进行转发，形成全网热推，凝聚青春力量的火热氛围。截至10月11日，电子科技大学、西南交通大学、西南财经大学、成都理工大学、四川农业大学、西南石油大学、西南民族大学、中国民用航空飞行学院、四川警察学院、成都信息工程大学、西华大学、四川音乐学院、四川传媒学院、四川电影电视学院、宜宾学院等15所高校完成青春接力，发出"请党放心，强国有我"的青年最强音！

活动累计传播量覆盖人群超5000万，四川发布创建的微博话题"四川高校诗歌朗诵大接力"关注度超240万；高校视频播放量累计超500万，各平台阅读量累计超1000万。

（简文敏、刘绍侠）

三、案例评析

声入人心：互媒传播拓新"大思政"建设

作为在网络时代应运而生的"指尖上的网上政府"，政务新媒体是政府与公众之间沟通对话的重要渠道，而传播的互动性和亲和力是确保其能够充分发挥这种媒介功能的前提。作为四川省委省政府的官方新闻平台，四川发布为迎接党的二十大专门策划了诗歌朗诵接力活动，这实际上反映了主流意识形态的话语表达方式在社交媒体场域的创新转化。以诗为媒，四川发布联合省内高校发起的这场网络大接力在互媒传播中有力地推进了高校"大思政"建设的时代步伐。

"软宣传"：应时因地巧设媒介议程

2022年10月，四川发布精心策划了"奋斗者　正青春——迎接党的二十大·四川高校诗歌朗诵大接力"的在线活动及系列报道，立足党的二十大即将召开这一重大节点，充分调动辐射区域的社会资源，因时因地设置议程，在互动接力的媒介仪式中巧妙转化宣传报道的庄重风格，同时实现了良好的社会效益和宣传效果。党的二十大是在全党全国各族人民迈上全面建设社会主义现代化国家新征程、向第二个百年奋斗目标进军的关键时刻召开的一次十分重要的大会，而四川发布作为官方新闻平台，有责任做好迎接大会的报道策划。在严肃正式的"硬宣传"之外，四川发布选择将互动性、趣味性较强的网络接力活动转接到大会的预热宣传当中，联合省内高校，让青年学生成为活动主体，借由诗歌朗诵的表现形式来传播主流价值观。同时，这类策划还具有二次宣传的叠加效应：一则，四川发布在联合省内高校发起诗歌朗诵接力活动之时，为各校青年学生提供了具身参与、深入体悟的契机；二则，诗歌朗诵视频在各媒介平台的传播再次将这一活动推及更广范围的受众群体，能够引导其在生动的文化审美中自觉产生对后续议程的关心关注。从单向传播的理论说教转为互动参与的媒介仪式，四川发布所采取的这种"软宣传"路径更符合当前受众在信息快消费时代的接受心理，体现了官方宣传力量对新媒体环境的主动适应。

自党的十八大召开以来，党中央高度重视宣传思想工作的创新，呼吁"要加强传播手段和话语方式创新，让党的创新理论'飞入寻常百姓家'"，国务院亦配合印发《关于推进政务新媒体健康有序发展的意见》等指导性文件，着力推动各级各地政务新媒体的酝酿诞生与融合升级。在此背景下，一种突出亲民性、互动性和融合式传播的宣传模式在社交媒体场域中逐渐兴起，成为政务新媒体创新宣传手段的典型实践。正如相关研究者所指出，这种"软宣传"的兴起蕴含着舆论引导、流量竞争与贴合受众心理的三重逻辑，体现了国家信息能力与濡化能力在数字时代的适应性提升。[1]而四川发布所策划的诗歌朗诵接力活动便充分发挥了社交媒体平台的传播优势，在迎接党

---

[1] 张开平、孟天广、黄种滨：《"软宣传"的兴起、特征与效果——基于2009—2023年主流媒体与政务新媒体的大数据分析》，《新闻与传播研究》2023年第12期，第86-103页。

的二十大的媒介议程中注入亲和力,让党的宣传思想工作真正做到"声入人心"。

"互媒性":视听交融实现感官沉浸

诗歌朗诵是四川发布策划该系列接力活动的具体落地方式,而作为一种历有传承的文学体裁和艺术形式,诗歌本身就是一种特殊的媒介,在朗诵、录像、报道等再创作式传播环节中实现了媒介的转化,这也体现了一种互媒性或媒介间性(intermediality)。"诗既具有外向言说交流的特质,又具有内向观照心性的审美",诗文本相对静态,但在朗诵传播中实则能够与社会产生情感互动,是一个文化对话与精神交流过程。① 四川发布选择借诗歌朗诵来预热重大会议,实则在互媒传播中有效强化了受众的参与感、沉浸感以及随之产生的认同感。

首先,文字的书写内蕴着与时代主题相连的精神力量。在该系列接力活动中,各校学子朗读的诗歌既有经典作品,如西南民族大学朗诵的《诗意中国》和四川传媒学院朗诵的《闪耀吧,青春的火光》及《时间的入口》,又有原创作品,如电子科技大学带来的《走好新时代科技报国长征路》和西南石油大学带来的《光的方向》等。这些诗歌作品大都有着由个体到集体、由具微到宏大的逻辑指向,彰显出深厚的家国情怀,不仅契合"迎接党的二十大"的主题背景,而且反映了当代青年响应时代号召的赤子之心。尤其是原创性诗歌几乎都贯穿着与各校相关的叙述线索及特殊意象,这也促使青年学生在创作和诵读诗歌的过程中深刻体会到个人与民族、与国家的紧密相连,体悟出自身所肩负的时代重任,并从中汲取到砥砺自我的精神力量。

其次,声音的演绎引发了朗诵者与听者之间的情感共鸣。本质上,青年学生对诗歌作品的朗诵实现了从文字到声音的媒介转译,这种传播方式不仅能够直观反映朗诵者的情绪变化,而且还能生动呈现诗歌本身的韵律变化,无疑比静态的文字传播更具感染力。在此不妨举一个曾引发广泛关注和热烈讨论的现象级传播案例:2021年7月,共青团员和少先队员代表在庆祝中国共产党成立100周年大会上集体献词,共同发出了"请党放心,强国有我"的青春之声。诵读声所具有的律动感、节奏感与诵读者们所表现的青春感、活力感相得益彰,有效激发并调动观众情绪,尤其是在同龄青少年

---

① 操慧、宋巧丽:《数字时代的"诗为媒":文学生活的跨界建构与话语审美》,《现代中国文化与文学》2022年第1期,第33-44页。

群体中更易引发情感共鸣。同样，四川发布所策划的诗歌朗诵接力活动也借助青年大学生的声音，经由他们饱含热情的朗诵演绎实现了主流价值观的有效传递。

最后，影像的呈现丰富了受众在信息接收中的感官体验。四川发布在各校发起的诗歌朗诵活动最终以视频形式呈现，同时联合四川省教育厅、四川共青团、四川广电、《星星诗刊》等单位、机构及相关高校共同构建传播网络，借助微信公众号、微博等媒介平台及相应账号打造出庞大的新媒体宣发体系。诗歌朗诵的短视频本身符合当下新媒体时代的传播趋势，受众能够在其中获得视听交融的沉浸式体验。微言大义的诗歌文本、顿挫有序的朗诵声音与青春活力的人物面貌融为一体，这种生动立体的视听传播极大地优化了政务宣传的效力，更进一步形成独具特色的文化审美。

"大思政"：校媒联动助力教育革新

于四川发布而言，策划专题活动本是其完成宣传工作的职责所在，而在此过程中以校媒联动助力思政教育革新则堪称妙手。为实现全面建成社会主义现代化强国的战略目标，推动教育改革势在必行，而"大思政课"建设正是近年党和国家为培养担当民族复兴大任的时代新人而作的关键部署。加快构建高校大思政体系必然需要依托社会搭建大资源平台，媒体力量的主动参与无疑能够促进双赢局面的达成。一方面，高校能够为媒体提供相应的新闻素材与实践人才；另一方面，媒体则为高校思政教育提供宣传窗口以及课堂之外的实践空间。四川发布策划的"奋斗者　正青春——迎接党的二十大·四川高校诗歌朗诵大接力"活动恰好是校媒联动推进"大思政"建设的一次生动示范。仪式性的诗歌朗诵接力，不仅使作为政务新媒体的四川发布顺利推进了自身关于迎接二十大的必要议程，而且充分调动起各高校及青年学生参与和关注的热情，更为高校在全员、全过程、全方位育人中落实思政教育提供了平台资源。此外，四川发布在推出朗诵视频的同时还配有相关高校的专题报道，着力挖掘典型人物身上的新闻线索，以小故事呼应大主题，同样能够使青年学生在身边榜样的示范作用下不断自我鞭策，实现自我教育。

作为一种媒介仪式，网络接力活动有效强化了校媒之间、高校之间的在线互动，并连接起"政务新媒体+高校新媒体"的媒介格局，有利于形成布局广泛、合作深入的传播矩阵。以教育部政务新媒体"微言教育"策划的同类型活动为例，该媒体在

2023年"全国青少年学生读书行动"开展之际，同样将此议程转化为可供参与的在线仪式，针对全国各大中小学校发起"青春正是读书时"网络主题活动。该活动分为"领读篇""阅读篇""共读篇""诵读篇"4个篇章，其中"诵读篇"即鼓励参与者诵读经典作品或原创作品，并以视频的方式呈现诵读者对文字作品的生动诠释，如中南大学学生诵读的毛泽东《沁园春·雪》、华中科技大学学生诵读的方志敏《可爱的中国》、中国人民大学学生诵读的原创作品《陕公颂》等。纵观这类专题活动，政务新媒体的组织策划赋予了高校学生从思政课堂走向思政实践的契机和平台，其参与"大思政"建设的公共效益由此显现，而高校新媒体的联动传播又进一步为政务新媒体提供了扩大宣传效果的渠道支撑。

（林丽）

四、延伸案例

央视网：《独家V观｜请党放心，强国有我！共青团员和少先队员代表集体献词》

微言教育：《从红色历史中来，到光明未来中去！人大学子深情告白祖国｜青春正是读书时·诵读篇》

案例 3

"把大运寄给你"
——18 省市接力互动　传递大运精神　展示青年风采

一、案例简介

2023 年 7 月 28 日至 8 月 8 日，成都大运会顺利举行。大运会的成功举办，不仅是对城市软实力的一次展示，也是推动城市全方位发展的重要机遇，对于提升城市国际形象、促进经济社会发展、增强公民身份认同以及推动国际青年之间的交流与理解都具有深远的影响。

为营造浓厚的大运会氛围，向世界展示友好、开放、国际化的成都，四川发布精心组织组建专项宣传组，推出了"把大运寄给你"全国政务新媒体大联动活动。这一活动走出四川，与北京、天津、上海等 17 个省市的政务新媒体进行了联动，带着"蓉宝"（大运会吉祥物）打卡全国各地的地标建筑，为大运会送上祝福。

"把大运寄给你"全国政务新媒体大联动活动，升级优化了传播方式。与"蓉宝"的设计者、艺术家田海稣进行沟通对接，确定了武侠版"蓉宝"形象，在展示 18 个大运会比赛项目的同时，"以武会友"，打卡全国各地，展示中国文化的魅力和运动的魅力。同时举行多场网友互动福利活动，引发关注。活动话题"把大运寄给你"阅读量超 1500 万，登上了微博要闻榜和同城热搜榜。

新型政务媒体的构建与传播
—— "四川发布"个案解析

"把大运寄给你"主题视频截图

二、创作札记

（一）策划思路

2023年夏天，第31届世界大学生夏季运动会在成都隆重举行。为了营造浓厚的大运会氛围，让全国各地都能感受到这一盛会的热情，四川发布利用政务新媒体平台的优势，经过多次讨论和策划，确定以线上和线下相结合的方式进行一场全国性的大联动，目的是让广大网友都能亲身感受到这场青春盛会的魅力。

"蓉宝"，作为大运会的吉祥物，因其可爱的形象深受大众喜爱。策划团队再三考虑之后，决定重新升级和优化传播形式。通过与"蓉宝"的设计者、艺术家田海稣及其团队的深入沟通和对接，最终确定以武侠版"蓉宝"形象，在展示18个大运会比赛项目的同时，打卡全国各地，"以武会友"，让"蓉宝"的十八般武艺形象为大运会的宣传带来新浪潮。

线上活动确定之后，为了进一步扩大活动的影响力，四川发布又积极策划并发起网友互动，征集网友拍摄的"蓉宝"打卡照片和视频，并设置了丰厚的奖品，激发了网友的参与热情，再次将活动推向了高潮。

（二）执行过程

创意融合，将国风融入大运会吉祥物"蓉宝"

作为大运会的体育纪念品，"蓉宝"的设计在各个方面都展现了中华文明和巴蜀文化的魅力。为了进一步传递这些魅力元素，策划团队与"蓉宝"的设计者、艺术家田海稣老师进行了深入沟通和交流。当得知"蓉宝"还有武侠形象时，策划团队立即决定升级优化传播形式，让武侠版的"蓉宝"以"以武会友"的方式，展示大运会的18个比赛项目，并在全国各地的地标建筑"打卡"，为大运送上祝福。

联动传播，18家政务新媒体共同为青春喝彩

经过精心的对接和联系，四川发布与北京发布、天津发布、上海发布、微博江苏、浙江发布、安徽发布、江西发布、湖北发布、广东发布、重庆发布、这里是贵州、云南发布、甘肃发布、青海发布、武汉发布、深圳微博发布厅、郑州发布和"蓉宝"设计者艺术家田海稣，共同发起"把大运寄给你"的全国政务新媒体大联动。

在各地政务机构的支持下，武侠版"蓉宝"在北京的国家体育馆鸟巢、天津之眼、上海的黄浦江畔、江苏的南京国际青年文化中心、浙江的杭州奥体中心、安徽的创新馆、江西的滕王阁、湖北的三峡大坝、广东的广州塔、重庆的解放碑、贵州的甲秀楼、云南的大观楼、甘肃的中山桥、青海的浦宁之珠、武汉的沌口长江大桥、深圳的罗湖区蔡屋围金融与文化中心区、郑州的绿地双子塔、成都的东安湖体育公园等地进行了打卡，营造了轻松、愉快的氛围。

互动参与，让全国网友感受大运会的魅力

在活动期间，"蓉宝"这个超级 IP 吸引了大量网友的关注，甚至成都多家特许商品零售店的部分款式一度售罄。为了让广大网友更深入地感受大运会的氛围，亲近可爱的"蓉宝"，策划团队继续推出了一系列粉丝福利活动。策划团队设计添置了与"蓉宝"有关的礼物奖品，并通过互动交流，收集到了来自全国各地网友的许多温暖的故事，"蓉宝"的传递让大家都感受到了大运会的魅力。

（三）社会效果

"把大运寄给你"全国政务新媒体大联动活动，覆盖了 18 省市，影响上亿人次，在社会各界引起强烈反响。"蓉宝"圈粉无数，打卡全国各地，掀起了大运热潮，网友们纷纷留言评论"蓉宝太可爱！期待大运会""怎么才可以拥有一只这么可爱的蓉宝""欢迎蓉宝的到来，我要偶遇"，等等。微博话题"把大运寄给你"阅读量超 1500 万，同时登上微博要闻榜和同城热搜榜。此次活动助力大运会讲好中国故事、四川故事和成都故事，赢得广大网友喜爱。

（戴菲俐、李俊蓉）

三、案例评析

政务新媒体探新传统文化的现代表达与传播

网络技术的快速发展以及传播途径的拓宽，为传统文化的表达和传播提供了新思路。作为媒介融合实践的产物，政务新媒体是党和政府重要的舆论宣传阵地，呈现出矩阵化和跨平台化的特征，微博、微信、客户端等都是各部门有意入驻的平台。四川发布在微信公众号、微博等平台均有开设账号。

在成都举办的世界大学生运动会是一个向世界展示城市实力的窗口，同时也是促进未来更快更好发展的机遇，对于提升城市国际形象、促进经济社会发展、增强公民身份认同以及推动国际青年之间的交流与理解都具有深远的影响。

大运会期间，四川发布发起的"把大运寄给你"全国政务新媒体联动在营造良好的大运会氛围的同时，也向世界展示了中国的文化底蕴，讲述了中国故事、四川故事和成都故事，是政务新媒体为传统文化的现代表达与传播赋能的一次成功实践。

载体：构建叙事个性特色形象

在过往的传播实践中，传统文化的叙事切入角度较为宏大，多从国家、集体层面进行，与社会民众的生活之间存在距离。本次成都大运会期间"把大运寄给你"的传播实践以吉祥物"蓉宝"的形象展开叙事，在一定程度上拉近了传播者与受众之间的距离。

策划团队以武侠版"蓉宝"的形象向大众呈现大运会的运动项目，传统意义上的传播主体——四川发布在这次的传播实践中以内容策划者的身份出现，"蓉宝"则作为传统文化表达的载体向公众讲述大运会的故事。如此，大众在信息接收的过程中更能够产生身临其境的感觉。

另外，"蓉宝"的形象以熊猫为原型，在国内外各个年龄层次都广受欢迎。使用更容易走近大众的形象载体进行传播叙事，展现中华民族优秀的传统文化，可以获得事半功倍的效果。

新型政务媒体的构建与传播
——"四川发布"个案解析

内容：精心设计，细心雕琢

传统文化的表达在新兴的媒体平台也需要创新和设计，实现传统文化的创新表达和高质量传播必须对传播内容进行设计和推敲。

在确认以吉祥物"蓉宝"的形象展开叙事时，活动发起方就联合"蓉宝"的设计者进行设计制作，以"武侠"的形式呈现"蓉宝"的形象，根据大运会的18个运动项目进行服饰、动作设计，将我国传统的服饰与现代体育的动作相结合，打造这一系列的吉祥物形象，用水墨丹青诠释当代运动，独具匠心地实现了中国传统文化与现代体育精神的传播。此外，结合运动项目的不同形态特点，联动了全国18个省市，让武侠版"蓉宝"的形象在包括北京的国家体育馆鸟巢、江西的滕王阁、湖北的三峡大坝等18个标志性建筑地打卡，将具有中国特色的城市文明、古建筑以及工程建设融入这一传播实践。

另外，"打卡"这一年轻化的内容表达形式更容易在青年群体中引起共鸣，激发青年群体自发进入互动，提升传播力和影响力。

路径：政务新媒体矩阵联动

新媒体时代虽然呈现去中心化的特征，但传统媒体行业的信息来源优势在新媒体平台的影响力还是不容小觑。技术变革为用户带来的突破时空限制的新体验也是这次政务新媒体联动的特征之一。随着新兴媒体的不断发展，政务新媒体账号陆续开通，逐渐形成遍布全国的政务新媒体矩阵。

大运会是一场国际性赛事，在传播过程中仅仅依靠四川本土的声音能够达成的效果远远不够。经过精心策划与紧密对接，"把大运寄给你"这一活动在微博平台联动了全国范围内18家政务新媒体账号，遍布全国十多个省、市，得到各地政务机构的助力，极大提升了这一传播活动的影响力，触达上亿人次。另外，四川发布选择微博作为"把大运寄给你"的传播平台，考虑到其兼具社交、短视频、信息发布等功能，且用户量大、覆盖面广，能够快速发挥矩阵效果，进行快速传播扩散，在一定程度上保障了传播效果。

受众：文创跟进带动 UGC 共叙

随着社交媒体的发展，移动化、碎片化的传播形式深刻影响着舆论场域，公众的参与意识获得极大提升。政务新媒体如何吸引公众广泛参与，促进传播主体与受众之间的有效互动，是其面临的挑战。

大运会举办之初，吉祥物"蓉宝"的形象就深入人心，在"把大运寄给你"这一活动的广泛宣传后，"蓉宝"IP得以及时打造，并形成了系列文创产品，"文化＋创意"成为传统文化现代表达的重要途径及UGC（用户生成内容）的共同叙事。

在此次大运会的传播实践中，传播主体也考虑到了如何吸引广大群众深入了解大运会、感受运动氛围，为此四川发布策划了相应的活动，网友通过参与互动交流，分享有关故事即可获得"蓉宝"相关产品。活动一经发布便收获了热烈反响，通过社会公众的广泛参与，"把大运寄给你"这一系列传播活动的影响力进一步提升。

综上所述，成都大运会"把大运寄给你"是政务新媒体探索传统文化在现代文明技术下的创新表达和传播的一次成功实践，它以新的叙事形象、精巧的传播内容、有力的传播矩阵以及广泛的受众参与在这场世界性赛事中讲述了精彩的中国故事。立足传统文化和现代体育精神，用年轻化的方式进行呈现，辅以新技术传播途径，在载体、内容、路径上进行创新，可以说，四川发布完成了一场传统文化现代表达的实践探索，为讲好中国故事、提升民族自豪和文化自信提供了参考借鉴。

（牛雨鸽）

四、延伸案例

文博中国：《中国文物报社、抖音电商联合25家博物馆推出"文物年货节"》

《广西日报》：《首部广西文物题材3D网络动画片〈博物馆守卫队〉今年内将与观众见面！》

第八章 社会治理

DI-BA ZHANG
SHEHUI ZHILI

引 言

　　党的二十大报告和政府工作报告对政府在治理过程中实现更广泛的民主参与和更及时的民意互动提出了要求，政务新媒体在搭建公共参政议政以及政府和群众互动的桥梁、引导社会舆论、助推数字政府实现善治等方面具有重要作用。在我国经济发展新常态下，社会转型关系国计民生，政务新媒体作为社会组织中的一员，具有政务信息公开、提供公共服务、公众在线交互等功能，符合社会治理的新需求，能够推动信息化、智能化新社会治理模式的构建，有助于重塑公共空间、释放主体声音、催生参与民主，对当今时代人们的角色定位和生活方式产生深远影响。

　　本章选取四川发布在十年探索中充分发挥"新闻＋政务＋服务"的整合力量，主动参与社会治理，在多个领域持续彰显媒体担当的实践案例，比如利用十年跨界传播的渠道优势、一呼百应的互动优势、不断迭代更新的技术优势以及大众互动管理的阵地优势，链接多元主体，促进政府部门和各个社会治理主体的互动与合作，为政务新媒体深度参与社会治理提供了有益探索和有效借鉴。

案例 1

"精神午餐"乡村儿童启智阅读项目

一、案例简介

2015年，四川发布团队发起"精神午餐"乡村学生公益读书项目。这是通过网络向全社会征集图书，向乡村小学教师提供专业的阅读教学指导培训，提升乡村小学的阅读教育水平，丰富乡村学生的精神世界，增加乡村学生的阅读量，引领乡村学生"爱读书、会读书、读好书"的网络公益项目。

九年来，该项目向全社会众筹735,113.12元；众筹绘本、科普书、图画、作文等优质图书近10万册；走进凉山州木里藏族县、攀枝花市阿署达村、达州市大竹县、雅安市天全县等市州区县，覆盖100余所贫困村和少数民族山区乡村学校，招募志愿者教师200余人，直接受益学生达20000余名，先后向乡村小学教师提供专业的阅读教学指导培训50余次。

新型政务媒体的构建与传播
——"四川发布"个案解析

2015年"四川发布·精神午餐"公益项目活动报道

二、创作札记

（一）策划思路

四川发布团队做公益缘起已久。从4·20芦山地震为灾区运送急需的医药物资到2014年底为什邡菜农解决蔬菜滞销问题，我们一直在践行作为媒体的社会责任，融入社会、关怀社会、服务社会，积极投身养老托幼、助困资学、灾害救助、环境保护等方方面面。

"精神午餐"公益项目就是围绕2015年政府工作报告中指出"倡导全民阅读，建设书香社会"和四川省提出要促进全民阅读活动深入开展，推动学习型社会建设，在打造"书香天府"全民阅读品牌的基础上，针对全省教育系统的"毛细血管"——乡村小学的学生阅读发起的公益活动。我们从前期调查发现，进入全民阅读时代，阅读的方式越来越智能，而在乡村很多地方图书资源仍然很匮乏，没有书店，没有图书馆。孩子们渴望通过阅读图书了解世界，却没有书籍。看到这些，我们深感有责任伸出援手，所以就发起了"精神午餐"公益项目，希望通过我们的努力将更多的优质图书带到乡村，让"书香天府"走到四川的"最后一公里"。

（二）创作过程

出发：一颗真心

2015年，在雅安天全县，我们第一次走进了乡村小学。天全县的10所乡村小学收获了我们带去的2654本优质儿童读物。在发现乡村教学点阅读教育整体缺失的深层原因后，2015年7月，"精神午餐"团队与众多成都市阅读教育专家深入研讨在乡村推广阅读教育遇到的问题后，决定组建一支专家团队，为乡村学校进行阅读教育指导。同年8月，由全国优秀的儿童阅读推广专家成立的"小桔灯"专家团队正式成立，"小桔灯乡村儿童阅读行动计划"的行动指南——《小桔灯乡村儿童阅读操作手册》应运而生，弥补了现阶段乡村儿童阅读教学缺少专业教案的空白，并对乡村小学老师进行培训，是乡村儿童的阅读教学能真正深入开展的关键。随后"小桔灯"项目正式启动，2016年3月，首份乡村阅读教育教程编撰完成。

"精神午餐"公益项目运行一年后，为了解四川乡村学生的阅读现状，探寻四川乡村学校阅读教育的发展道路，掌握"精神午餐"项目运作现状，为下一步发展把握方向，"精神午餐"项目组向十余所共建学校发放问卷调查，搜集最一线材料，梳理形成《精神午餐·四川乡村阅读教育调查报告》，通过量化对比和年度环比，项目组梳理出四川乡村学生阅读的定向需求，为"精神午餐"项目今后的发展建立了基础数据支撑，形成了科学、有序、可持续的发展依据。

汇聚：更多力量

随着"精神午餐·小桔灯"计划和专家团队手册编写工作的完成，"精神午餐"的内容日渐规范。四川发布团队根据乡村学生的实际阅读需求，总结经验，深耕细作，促使越来越多的品牌栏目亮相。

"精神午餐·启智悦读"分享会——定期邀请我省各行各业的知名专家、企业家、社会名流、政府官员等深入全川乡村学校为村小学生分享文化、历史、艺术、社会等方面的读书感悟，讲述人生经历，启迪村小学生智慧。培养村小学生乐观、自信、向上的生活态度，给村小学生提供一个全新的读书交流平台，提升阅读乐趣及效果。

"精神午餐·为爱奔跑"活动——通过发动网友参加跑步活动为乡村小学募集图书，为乡村小学的孩子带去更多的图书资源。"精神午餐·为爱奔跑"将健身和公益进行有效结合，真正增加公众对公益的参与感。

"精神午餐·校长峰会"——邀请"精神午餐"共建乡村小学所在地区的教育部门相关领导、学校校长、老师与"精神午餐"顾问专家共同探讨"书香校园"建设及阅读课程开展方法，让阅读教育课程走进乡村学校，更接地气、更具时效。

"精神午餐·寄语乡村孩童"——将具有四川特色的明信片带进川内各大高校，发起"寄语乡村孩童"活动。邀请高校学子手写一份祝福，用明信片把祝福关爱之情寄到乡村小学，弘扬正能量，丰富大学生生活，激发大学生关心身边人、事的社会效益，鼓励高校学生了解公益、参与公益。

开启：全民话题

2016年9月1日，"四川发布·精神午餐"首次开展"阅读课'直播+'——'四川发布·精神午餐'走进锦西小学开学第一课"活动。活动第一次将"精神午餐"课堂搬上手机移动端进行视频直播，本次直播也是"精神午餐"课堂的第一次尝试，本次直播点击量上千，受到了学校老师、网友的一致好评。之后的"精神午餐"走进甘孜雅江、走进凉山木里等活动，率先在网易新闻直播平台成都频道进行活动宣传，引起了广大网友的关注。

通过"互联网+直播"的线上线下全覆盖模式，四川发布团队第一次将"精神午餐"课堂搬上手机移动端进行视频直播："开学第一课""阅读分享会"等活动开展，将城市小学的一节课同时分享给十个乡村小学，让城乡孩童同上一堂课的目标更进一步。正是这一个个的"第一次"，让"精神午餐"在九年中成长为全民话题，更多的爱心人士通过四川发布平台陪伴乡村孩童成长，一起营建"书香天府"。我们携手前行，更多阅读故事，更多清脆的读书声，回荡在更多的山谷。

第八章 社会治理

"四川发布·精神午餐"五周年主题海报

（三）社会效果

2024年是"四川发布·精神午餐"的第九年。近十年的探索，使四川发布团队真切领悟到这个公益项目的意义。我们深入激发政府机构、爱心企业、教育专家等，为四川乡村阅读教育所做的尝试和努力在不断加深，并且持续发力，鼓舞带动起全省各界参与建立"书香天府""书香校园"。

凝聚社会爱心，跨界融合公益力量

"精神午餐"项目从2015年最开始的流动图书书箱进校园，到2016年组织成都市锦西外国语实验小学副校长李海容、成都市人民北路小学教导主任李兰等10名阅读专家为乡村学生定制阅读书单，为乡村志愿者教师编写阅读课教程《小桔灯乡村阅读教育读本》，为书香校园建设打造范本，再到2024年全省10余个市州、近百名志愿者加入，在爱心企业的捐赠支持下，邀请了成都市优秀的阅读教育推广专家和爱心企业的嘉宾代表，在雅安、德阳、甘孜、达州、凉山等地开展启智悦读、小桔灯课堂、校长峰会活动，教孩子们去感受阅读带来的乐趣，与乡村学校的老师、校长一同研讨"书香校园"建设，让全社会各界的公益力量得以汇聚。

跨越半个四川，灌溉百万孩童智慧人生

从川南的凉山州盐源县巴折乡小学、凉山州盐源县平川镇平川小学，攀枝花市银

江镇阿署达小学、攀枝花市仁和区大龙潭乡混撒拉村村小，到北部的绵阳游仙梓棉小学、绵阳北川羌族自治县片口义务教育学校、绵阳盐亭县安家镇义务教育学校；从川西的甘孜州雅江县瓦多乡中心小学、甘孜州雅江县木绒乡小学、甘孜州道孚县亚卓乡小学、德阳什邡市禾丰合众小学、雅安市天全县秀英乡幸福小学，到东部的达州市涌兴镇双梯小学、达州市涌兴镇枫木村小学、达州市涌兴镇云岭村小学……九年来，"精神午餐"公益项目一共走进100余所乡村小学，覆盖10余个市州，走遍大半个四川，直接惠及学生2万余名。

通过九年的不懈努力，"精神午餐"从一缕微弱花火到夺目不熄的光芒，照亮乡村学生的智慧之路。

（简文敏）

三、案例评析

以媒体公益可持续力点亮乡村教育希望之光

媒体参与社会公共服务是其社会责任的有机构成与使命自觉，这不仅由媒体运行的特质决定，也由其助力社会发展的实效验证。例如，媒体承担新闻传播、舆论引导的主要功用，在此过程中，新闻信息将发挥知情、沟通、对话的积极作用，与此同时，也会影响公众的观点、态度及情感，进而影响公众的价值观。在构建社会认同与共识方面，媒体的作用不可或缺且日显重要，这在新闻传播学、社会学、心理学、政治学等领域的研究中已形成了丰硕的研究成果。媒体提供精神与物质层面的社会服务，即为其客观上具备公益能力和主观上愿意承担社会责任的公益实践，这对媒体可持续发展及获得更多的社会信任、提高其美誉度都是一种发展内驱力。对于新型政务媒体的构建来说，践行公益可以拓展政务服务的范畴，还可探索以新闻实务连接基层，走好网络上下的群众路线，并切实助力民生的时代路径。四川发布用九年时间潜心打造"四川发布·精神午餐"公益品牌活动，可以说，就是以媒体公益点亮乡村教育希望之光的生动样本，令人感佩，让民暖心，体现了新型政务媒体的作为与可为。

2015年四川省政府工作报告提出了"倡导全民阅读"的文化强省要求,四川发布积极响应,以四川省打造"书香天府"全民阅读品牌为基础,延伸"书香天府"的建设工程,经过前期调研和筹备,将乡村小学教育中的阅读之困列为"新闻+政务"的服务项目,创设与发起了"四川发布·精神午餐"公益活动。

乡村教育相比于城市教育,在硬件设施和软件配套等方面都因地区差异等主客观原因存在程度不一的不足甚至是缺失,乡村要振兴,教育是关键。"四川发布·精神午餐"项目组参考已有的媒体公益活动,从四川省域实际出发,制定了精细可行的行动方案,比如,组建专家团队、牵头组织撰写乡村儿童阅读教育教程,调研形成项目运行效果报告等,借鉴新闻策划的流程和实施要点,设立了"精神午餐·启智悦读"分享会、"精神午餐·为爱奔跑""精神午餐·校长峰会"等多个子项目,旨在以主题活动开展与栏目报道相呼应的方式推进与变现线上线下的民生普惠。从其报道来看,总编辑、部门负责人和采编团队都全力以赴,以爱心真情及实干促进项目精准化落地。正如"精神午餐"的命名寓意:四川发布作为新型政务媒体所发起和运行的这个项目是一种媒体公共文化服务,"午餐"代表着营养丰沛,"精神午餐"则意味着从阅读切入的文化滋养绵长久远,它体现了四川发布这一媒体组织机构的文化追求,表达了其背后所代表的政府致力教育公益的普惠愿景。这也应该是四川发布与其他媒体组织机构在力行公益中的比较特色和立项初心。

回望九年的公益历程,我们从该案例中不乏感受媒介的力量、媒体人的用心以及所形成的教育公益媒介化的独特效能。

以融媒+乡村教育,聚合社会公益力

随着数字技术的普遍应用,新媒体逐渐成为主流的信息发布和传播介质,而用好新媒体、完善融媒体、推动全媒体建设既是媒体发展的主要方向,也是服务社会民生的有效路径与载体。四川发布作为政务新媒体平台,在"四川发布 精神午餐"公益活动的实施与推进中,采用融媒体、强互动、重效果的项目运行维护思路,综合利用"互联网+"、直播平台、电台以及线上线下互动的媒介化手段,让"精神午餐"成为全民关注和可以参与的话题,让公益活动掷地有声,得到了社会各界的积极回应。其中,发动健身爱好者参与跑步活动助力图书募集、邀请高校学子手写祝福、将读书课堂搬

新型政务媒体的构建与传播
——"四川发布"个案解析

上直播等,不仅扩展了阅读空间及教育参与的形式形态,也促进了公众对乡村阅读及其专业的阅读教育的关注、支持,吸引和聚合了社会力量共建乡村教育;与之相应的,从图书捐赠到师资招募,从自发阅读到教学指导,四川发布作为政务新媒体在其间搭桥牵线,出谋划策,亦展现了融媒体助力教育公益的成效与潜力,受到媒体内外的好评。

"小桔灯"暖照媒体责任与智慧之光

与其他社会机构参与公益形成的特色不同,媒体公益通过相关信息的广泛而有效的传播,更具有凝聚社会共识并形成正确的价值导向的优势,由此还让我们看到了其策划构想的智慧。"四川发布·精神午餐"公益活动之所以不仅是一个政务新媒体的鲜活案例,还是一个政务新媒体的公益品牌型构,是因为它的背后有一群充满爱心、关心乡村教育发展、关爱乡村儿童健康成长的"发布人"。他们以媒体人的社会责任感和专业素养投身四川省乡村教育公益,并不断思考媒体能够为乡村教育做什么、怎样做得更好等命题,同时还把这些命题创造性地变为报道的选题、调查的主题、提供智力支持的话题,在九年的持续运行中,他们总结经验,结合新需求,融入新方式,延展求解的社会资源库,以此彰显了政务新媒体的担当与站位。这一案例中的专家资源、阅读指南的标准构建以及校际间的线上线下交流互动,无不体现四川发布作为政务新媒体所具有的智库建设的功能。我们不难发现,四川发布团队也在此项目的可持续运维中,不断探索和创新着社会服务的有效路径,仅就其形成的《精神午餐·四川乡村阅读教育调查报告》《小桔灯乡村儿童阅读操作手册》《"小桔灯乡村阅读教育读本》等成果来看,足以呈现其内蕴的公益智慧和新闻创意,这些都是政务新媒体智库特色的具化。循此探索前行,未来,我们将有望感受更多的"小桔灯"所照亮的媒体公益之光和传递的精神暖色。

(操慧、薛雨欣、曹馨予)

四、延伸案例

青春淮安:《淮安市"苏北计划"助力乡村振兴公益项目——金湖县篇》

靖远电视台:《靖远:特色农业县的枸杞产业发展之路》

新型政务媒体的构建与传播
——"四川发布"个案解析

案例 2

"看到运渣车·大家一起拍"大型公益报道

一、案例简介

随着城市建设的飞速发展,运渣车成为城市建设中不可或缺的一环。然而,运渣车超载、超速、逆行、闯红灯等交通违法违规行为频发,导致多起令人痛心的群死群伤悲剧,给广大市民的生命财产安全造成极大威胁。尽管政府部门多次整治,但运渣车违法现象仍屡禁不止,成为影响城市交通秩序和公共安全的一大顽疾,日益引起社会关注。

为此,四川发布联合时任成都市政协常委蒲虎,时任全国政协委员、全国优秀律师施杰等于 2015 年 4 月 8 日在四川发布微政务平台正式发起"看到运渣车·大家一起拍"公益行动,充分发挥政务新媒体在创新社会治理上的重要作用,通过发起线上倡议书、记者实地跟拍、联动交管等职能部门的方式,将政府部门、广大市民及交通参与者紧密联系起来,旨在通过线上线下的联动,让公众更加关注运渣车行车安全问题,形成全民监督、全民参与的良好氛围,并通过政府、市民和交通参与者的共同努力,推动运渣车管理更加规范,保障道路交通的安全与畅通。

第八章 社会治理

"看到运渣车·大家一起拍"主题海报

二、创作札记

(一)线索跟进

交通事故频发,引起公众热议

2015年3月10日晚,成都一名初三学生下晚自习后骑自行车回家,被一辆运渣车卷入车底,抢救无效不幸身亡;3月26日晚,一名男子骑电瓶车在一环路双桥路口被一辆运渣车撞倒碾压,当场身亡。短短半个月时间,成都接连发生两起运渣车致人死亡事故，引起了公众对运渣车带来的城市交通安全威胁的担忧。与此同时，四川发布微博后台也收到大量网友的留言和投诉，反映运渣车超载、超速、逆行、闯红灯等交通违法行为。

紧扣民生痛点，发起公益行动

运渣车违法活动引起的伤亡事件，在社会上掀起轩然大波，热度不断攀升。人们纷纷谴责运渣车这种无视生命的行为，呼吁政府采取严厉的惩罚措施，规范运渣车的行驶。四川发布团队早早就关注运渣车的治理问题，并一直在努力集结社会力量推进治理过程。紧扣民生痛点，回应民生呼声，四川发布与同样关注该问题的时任成都市政协常委蒲虎和时任全国政协委员、全国优秀律师施杰一拍即合，决定策划发起"看到运渣车·大家一起拍"公益行动，利用媒体平台的影响力，加强城市文明建设，曝光运渣车违规行为，监督运渣车的规范作业，引起相关部门、专家学者关注。

围绕"三看"思路，推动问题解决

该公益行动以"三看"为核心策划思路，即督促职能部门"看到"运渣车严格执法、呼吁广大市民"看到"运渣车监督举报、教育交通参与者"看到"运渣车安全防范，让运渣车不再"疯狂"。该公益行动围绕三个方面进行展开：一是通过发起线上倡议书，呼吁广大市民共同关注和参与运渣车违法违规行为监督；二是通过记者实地跟拍，曝光运渣车违规行为，深入了解运渣车违法违规背后的原因；三是联动交管等职能部门形成合力，共同推动问题的解决。最终，旨在通过政府、市民和交通参与者的共同努力，推动运渣车管理更加规范，保障道路交通的安全与畅通。

（二）执行过程

线上线下，呼吁网友共同参与

四川发布记者采访到时任全国政协委员、成都市政协常委蒲虎及时任全国政协委员、全国优秀律师施杰，最终我们和蒲虎团队决定以此为出发点，于 2015 年 4 月 8 日联合发起"看到运渣车·大家一起拍"倡议。四川发布利用在新媒体领域的广泛影响力和强大传播平台，邀请市民朋友拿起手机相机拍摄身边违规行驶的运渣车，参与监督举报，设置互动环节，引无数网友关注、支持和参与。

同时，为了进一步扩大活动的线下影响力，我们还精心设计了"看到运渣车·大家一起拍"的公益活动宣传海报，并在成都地铁上进行了广泛发布，引起了线下的高度关注，形成了"由新兴媒体发起，传统媒体跟进报道"的强大合力，共同推动了对运渣车违法行为的监督和整治。

成都地铁大小屏上刊实拍

蹲点暗访，深夜出动实地跟拍

公益行动期间，四川发布团队全员出动，兵分三路，在成洛路、益州大道等运渣车密集处蹲点暗访，对运渣车进行实地跟拍，记录其违规行驶、超载超速等状态。其中，2015年4月13日凌晨1点前后，在记者蹲点的一个小时左右，有超过20辆大货车超速、闯红灯通过。最惊险的一幕是在红灯时，7辆大货车首尾相接高速冲过路口，且整个过程中未有刹车迹象。

为了深入了解运渣车违规的原因，四川发布团队深夜出击，明察暗访了多家运渣车公司和司机。首先，我们以运渣车公司的名义咨询了业内较为有名的数家保险公司，最终发现在高额的保费制度下，运渣车司机即使是肇事者，也不需要承担太高的赔付责任，这导致运渣车司机缺乏对生命安全的敬畏之心和社会责任感。其次，运渣行业的从业者受教育程度不高，抱着"赔钱了事"心态的大有人在，导致有关部门按程序进行行政处罚和罚款时，只是"治标"，并没有从根本上解决问题。

多方联动，扩大活动影响力

为做好这一公益报道，四川发布通过群众举证拍照、记者暗访跟拍、媒体宣传报道的模式，来搜集运渣车违规行驶的证据，提供给监管部门，进而推进运渣车的治理。

MEDIA CASE STUDY

新型政务媒体的构建与传播
——"四川发布"个案解析

2015年4月14日,四川发布记者团队和蒲虎将拍摄到的运渣车违规视频及图片作为证据带到了成都市交管局。成都市交管局接手实拍视频和图片,并表示欢迎公众和媒体加入监督。同时,希望相关部门、社会各界能更多关心,携手规范运渣车行为,共建安全文明的交通环境。

(三) 社会效果

"看到运渣车·大家一起拍"公益行动持续近一个月,四川发布推出相关微博20条、微信15条,总阅读量135万,收到网友互动3000余次,还在成都地铁的LED大屏进行推广,引起相关部门、专家学者关注。在更多人加入社会治理的行列中后,成都市交管局、成都市城管委等部门加强治理手段、开展大力整治行动,政协委员联名提交相关提案,最终促使成都相关部门关注此类事件,出台针对运渣车的全新管理办法,进一步强化对运渣车的监管。

"看到运渣车·大家一起拍"相关报道

首先,活动提升了市民的参与意识。通过"看到运渣车·大家一起拍"活动,市民的交通安全意识得到了提升,形成了人人关注交通安全的良好氛围。

其次,规范了运渣车管理。活动有效促进了运渣车管理的规范化,对于运渣车主体和司机,增加了安全教育,并对违规公司加大处罚力度,增加了对运渣车作业的密封要求等,减少了交通违规行为的发生,提升了城市交通的整体安全水平。

最后,强化了政府部门的监管能力。通过与交管、城建等职能部门的联动,交警部门加强了执法力度,对运渣车的监管进行了强化,提升了政府的服务效能和公信力。

在多方的共同努力下，运渣车的行驶规范水平有了明显的提升，有效保障了城市道路安全和居民的生命财产安全。政务新媒体的渠道让大家感受到了社会公众对城市治理的影响力，为未来的共治共享打下了基础。

（简文敏、何晓凤）

三、案例评析

多方合力造就公民传播范型

新闻生产与传播的过程，此前一直呈现出专业化和精英化的特点。而在当今全媒体时代，新媒体技术已经出现了迭代发展，以直播为代表的新媒体传播手段逐渐呈现出全民参与的显著特点，用户对于新媒体新闻生产、新闻现场报道的参与度与日俱增。"看到运渣车·大家一起拍"公益报道就是以四川发布引领、多方合作造就的公民参与新闻事件传播的典型案例。

运渣车超载、超速、逆行、闯红灯等交通违法违规行为频发，导致多起令人痛心的群死群伤悲剧，给广大市民的生命财产安全造成极大威胁。尽管政府部门多次整治，但运渣车违法现象仍屡禁不止，成为影响城市交通秩序和公共安全的一大顽疾，日益引起社会关注。为此，四川发布联合成都市政协常委蒲虎，全国政协委员、全国优秀律师施杰等于2015年4月8日在四川发布微政务平台正式发起"看到运渣车·大家一起拍"公益行动。

媒体敏感+社会关注：社会公益新闻的聚合缘起

出于以往运渣车的事故案例以及四川发布媒体平台特有的职业敏感，四川发布的媒体人意识到对于运渣车的关注、监督关系着四川本地公众的切身利益，具有形成新闻焦点的可能，因此从这一角度引导民众广泛参与。活动通过线上发起倡议、记者实地跟拍、联动交管等职能部门的方式，将职能部门、广大市民及交通参与者紧密联系起来，四川发布利用自身强大的新媒体传播平台，发动广大网友自觉参与监督运渣车，引起了众多网友的关注、点赞,并积极参与该公益行动。报道组拟定了明确而专业的方案思路:抓紧显性的运渣车热点,做足功课;以公民利益为核心,聚焦力量,实现既有专业性又有传播性的内容;利用自身媒体平台全覆盖的传播优势,带动线上、线下同步响应,实现共振传播。

除了四川发布整体专业的报道方案,其接纳政协委员提议的公民监督举报即送手机的做法,也成功引起了广大公民对于监督运渣车违法运输行为的热情,在专业媒体的引导之下实现了公民参与的社会合力,让更多的群众力量参与到事件当中,实现了社会热点的关注聚合。越来越多的热心群众开始关注运渣车的违规行为,并从公益新闻传播的过程当中真正认识到了交通安全的重要性和生命的可贵。

政府参与 + 多方合力:合作式报道扩大社会影响

当今,传统的新闻生产流程已经在一定程度上被颠覆,新闻内容生产不再是新闻部门主导的线性的、程式化的、精英主义的过程和模式。一体多面、去中心化、多元共生的互联网思维是媒介融合环境下新闻媒体从业者必备的硬性条件之一。如果说,"看到运渣车·大家一起拍"系列报道的基石是对于运渣车公益新闻热点的正确研判,那么系列报道的成功推进以及所造就的正向社会影响,则是在多方参与、合力报道的基础之上形成的"1+1 > 2"的链式传播的结果。

我们可以看到,"看到运渣车·大家一起拍"系列报道是四川发布联合成都市政协常委蒲虎以及全国政协委员、全国优秀律师施杰在四川发布微政务平台正式发起的,因此政府力量在本次的公共传播当中首先起到了不可或缺的引导和推进作用。其次,四川发布派出专门记者明察暗访,以运渣车公司的名义咨询了业内较为有名的数家保险公司,获得了很多有价值的业内信息,为整个系列传播提供了有效的宣传素材。最后,四川发布在成都市政协常委蒲虎团队的建议下,利用拍视频抽奖送手机的方式激励广大群众参与传播,成功塑造了不可小觑的社会合力。在这样的传播链条之下,四川发布逐渐形成了"群众举证拍照、记者暗访、媒体宣传"的高效传播模式,并将许多有价值的信息提供给监管部门,顺其自然地推进运渣车的治理,建立起"人人监管,人人关切"的监督机制,加强了大众对于运渣车的重视与监督。

多平台矩阵式传播：层级式系列报道整合有力

在宣传和动员方面，四川发布团队也利用自身媒体平台全覆盖的传播优势，结合线上、线下同步响应，共振传播，不仅在微博、微信等线上平台持续制造话题热点，发布活动进展，也在公共场所通过海报等方式号召群众参与活动。

具体的内容包括"举起手机拍下运渣车，让运渣车不再疯狂""成都市交管局接手实拍视频：欢迎公众和媒体加入监督""一周的高压之下，运渣车是否继续疯狂？""整治乱象！成都运渣车新政即将出台""明天，请在成都地铁站与川叔来场邂逅""你看到了吗？！'看到运渣车'公益海报现身成都地铁大屏""探秘成都运渣车背后利益链：为赚钱冒险揽活"，等等。整个公益活动总阅读量达135万，覆盖近亿人次，收到网友互动3000余次。这些报道很大程度上促成了四川当地群众对于运渣车违法运输现象的关注。

由于新媒体技术的赋权，新闻生产在当今愈发具有"矩阵化"的特性，多轨并行、多元协作的新闻运作逐渐成为媒体作品产出的常态。全媒体时代，媒体要进一步提升信息传播效率、新闻产出效率。在这一点上，四川发布针对"看到运渣车·大家一起拍"系列报道进行了典型的多平台矩阵式传播，既可以在全网平台最大限度地满足广大群众的关注需求，又可以利用多平台的优势扬长避短，做到信息的互通有无。

四川发布"看到运渣车·大家一起拍"系列报道的公益性传播，是结合现有力量、聚合社会关注以达到社会公益宣传效果最大化的成功尝试，也为新时代以公益传播为代表的公民参与式媒体传播提供了新模式和新思路。互联网技术、多维传播技术高速发展的当下，"人人都有麦克风"成为时代的共识，因此四川发布坚持以人为本的理念，促使每个公民积极参与公益传播，成为新闻生产不可或缺的一环和社会新闻的主人翁。

同时，"看到运渣车·大家一起拍"系列报道带给新媒体时代的传媒工作者诸多启示。在以人民为中心的价值导向下，用专业的目光去预判、研读、关注热点公益话题，引导群众力量、政府力量参与其中，并依靠各方合力接续推出更有深度、更具层次感的系列报道，是媒体报道应当探索与努力的方向，媒体应在此层面不断提升自身的社会责任感和社会信任度。

（孙振博）

新型政务媒体的构建与传播
——"四川发布"个案解析

四、延伸案例

央广网:《北京市举办第三届"文明养犬在行动"主题宣传实践活动》

澎湃新闻:《"青春志愿·爱在社区"志愿服务进社区》

案例 3

"我为家乡代言"助力乡村振兴系列报道

一、案例简介

为迎接党的二十大胜利召开，进一步贯彻落实中共中央、国务院关于做好2022年全面推进乡村振兴重点工作的意见，2022年5月，四川发布联合全省政务新媒体发起"我为家乡代言"系列主题报道。此次主题报道瞄准四川县域发展，聚焦乡村振兴，通过"系列访谈＋矩阵联动"，以县（市、区）党政领导为家乡代言的形式，推出一批"我为家乡代言"主题视频，向广大网友推荐四川各个特色县（市、区）。

目前，"我为家乡代言"系列主题报道已推出两季，第一季以"蜀写新篇 县在行动"为主题，第二季以"数说新一'县'"为主题。报道组实地走访了德阳旌阳区、乐山峨边县、眉山丹棱县、自贡富顺县、泸州泸县、南充仪陇县等近40个县（市、区），聚焦县域生态环境、产业发展、文化建设等，讲述四川县域经济发展故事，展现生机勃勃的乡村振兴图景。

新型政务媒体的构建与传播
——"四川发布"个案解析

"蜀写新篇 县在行动——我为家乡代言"主题海报

第八章　社会治理

"数说新一'县'——四川这乡有礼·我为家乡代言第二季"主题海报

二、创作札记

（一）策划思路

在党的二十大即将召开之际，如何通过展示四川各地奋进新风貌来为党的二十大献礼？如何通过政务新媒体力量助力乡村振兴？面对这些命题，四川发布团队将视角瞄准了"县"，以短视频为媒，策划发起"蜀写新篇 县在行动——我为家乡代言"系列报道，用实际行动献礼省第十二次党代会，满怀信心迎接党的二十大胜利召开。

县城，一头连着大中城市，一头连着广阔乡村。在中国经济发展中，县域经济是非常重要的一环，是推动乡村振兴、实现城乡融合发展的重要切入点和题中应有之义。而在四川行政版图上，分布着183个县（市、区），从最东边的宣汉县到最西边的石渠县，从最南边的会理县到最北边的若尔盖县，选择哪些区县、聚焦哪些领域、展现什么内容等都需要反复考量。

经过多次头脑风暴，我们最终决定紧扣乡村振兴主线，通过"系列访谈+矩阵联动"的方式，首批深入9个市州14个县（市、区）一线，挖掘乡村振兴的故事，让县委书记、县长作为"代言人"，推荐当地特色、讲述发展故事。横向联动市州，触达关键人物，为家乡代言；纵向剖析领域，深解产业、文化、生态特色发展，用政务新媒体的视角记录新时代下四川跨越发展的新风貌。

为了让这一系列报道沾泥土、带露珠、冒热气，四川发布团队克服采编人手不足的现状，成立了由总编辑牵头的专题报道组，从采访对象选择、采访提纲拟定、拍摄脚本撰写，到视频后期制作、宣推计划确定等，对每一个环节都进行了分工和规划。同时，团队兵分多路，深入各县（市、区）拍摄最新资料，专访县委书记、县长，制作代言视频，以确保最终产品呈现效果。

此外，我们从产品层面、策划层面、互动层面利用"三个一"，对"我为家乡代言"的整体系列进行统筹策划报道，包括一场阶梯式系列策划、一场大型主题接力联动、一个大型融媒专题。其中，"一场阶梯式系列策划"即全过程紧紧围绕"县在行动 蜀写新篇"这一主题主线，按照"春天的故事""最美绿腰带""振兴最强音"3个细分阶段有节奏推进；"一场大型主题接力联动"即通过大气磅礴的海报设计，联动市州区县政务新媒体展现区县的独特魅力。

（二）执行过程

百城接力，秀出家乡"王牌"

为打响本次系列主题报道"第一炮"，四川发布利用政务新媒体矩阵优势发起了特别联动，接力展示四川县域发展的新风貌。2022年5月10日，四川发布在微博首发"蜀写新篇 县在行动"主题海报，并对接联动雅安、南充、攀枝花、眉山、内江、乐山、自贡、德阳、遂宁9个市州61县（市、区），以"县域发展"为切入点，以市州为单位，展示每一个市州的每一个区县的"王牌"，通过大气磅礴的海报设计，秀出家门口的好风光。此外，我们还结合中秋节、糖酒会等重要节点，联动183个县（市、区）政务新媒体为广大网友献上百县好物，展示四川的产业发展和乡村振兴成就。

行走区县一线，收集鲜活素材

鲜活的素材在基层一线。为做好"我为家乡代言"系列主题视频，在确定宣传报道方案之后，四川发布视频团队就陆续深入首批14个区县一线，了解当地产业发展、文化传承、生态保护等方面的具体情况，用镜头记录川蜀大地的新变化、新成就。秀丽巍峨的巴山蜀水、生机盎然的美丽乡村、横跨古今的地标建筑、活力四射的繁华城市……这些鲜活、生动的素材，丰富了视频的细节，为此组宣传报道出圈打下坚实基础。

书记县长"代言"，推介县域特色

在本次系列报道中，县委书记、县长扮演着重要的角色。作为地方党政主要负责人，我们邀请每个县（市、区）的县委书记或县长化身"代言人"，通过他们的视角分享发展经验，讲述乡村振兴的故事，向网友推荐当地特色产业、亮点产品，让他们感受当地新风貌、新变化。为做好每一期专访，四川发布团队提前做好案头工作，了解当地发展情况，拟定"代言人"采访提纲，经过反复沟通，再到当地进行拍摄。"千秋蒙顶，天下名山""千年儒城，古郡犍为""山水洪雅，中国养都""诗里酒里，射洪等你"……最终一个个扎实的"代言"宣传视频得以陆续推出。

"融"绘特色产品,解锁发展密码

为不断适应新媒体发展趋势,团队重新规划了"我为家乡代言"第二季的宣传报道计划,对内容进行了焕新升级。融合 5G、大数据等技术,创新打造上线"数说新一'县'"数智融媒专题,通过振兴"县"报、"这乡有礼"等全新定制栏目,聚焦家乡优质好物与特色经验做法,深度挖掘县域经济和乡村振兴背后的发展秘籍。同时,我们围绕凉山会理县、宜宾翠屏区、绵阳安州区、眉山东坡区等 20 个区县建立专馆,并策划了赛博朋克风海报、动态数据海报、创意短视频、互动 H5 等一批有深度、有传播力的融媒产品,全方位、多角度、立体式融绘四川县乡发展新路径。

(三)社会效果

千屏万家全覆盖,造就亿级点播

活动开启后,"我为家乡代言"主题视频在 IPTV、春熙路步行街大屏、九寨沟景区大屏线上线下同步播放,通过大屏小屏进一步扩大覆盖面,累计播放量超 1 亿次,互动点赞量达 1.5 万次。

矩阵接力齐转发,持续升级热度

本次系列主题报道中,微博德阳、乐山发布、眉山发布、南充播报、遂宁发布、生态雅安、阆中古城、阳光米易、雨城融媒、微博犍为等全省上百个政务新媒体加入联动,提升了报道热度。据统计,"蜀写新篇 县在行动""数说新一'县'"两季主题报道的相关微信文章总阅读量超 50 万次,微博平台话题总阅读量超 1.5 亿次,累计覆盖人群超 1 亿人次。

第八章 社会治理

"我为家乡代言"部分微博话题截图

网友互动零距离，万条留言"打 call"

活动自开启以来，收到上万条网友留言，很多网友在评论区推介起了自己的家乡，向家乡深情示爱，还有很多外地网友直呼"想去！"，引发了一场关乎"家乡情"的线上共鸣，传播影响广泛，新时代四川跨越发展的新风貌深入人心。

"我为家乡代言"系列主题报道自推出以来，受到了社会各界的广泛关注和好评。县委书记、县长"代言"，展示了四川各地乡村振兴的生动实践，激发了大家对乡村振兴的关注和参与。同时，本系列报道也为政务新媒体更好地服务乡村振兴及县域经济发展提供了宝贵经验和启示。

（简文敏、何晓凤）

三、案例评析

发挥融媒优势　多维助力乡村振兴

"宣传党的乡村振兴方针政策和各地丰富实践"是媒体助力乡村振兴发展的必要之举，亦是政务新媒体嵌入乡村社会参与基层媒介治理的必由之路。2022 年，四川发布紧扣时政热点，敏锐把握宣传工作的"时度效"，及时回应国家关于全面推动乡村振兴的政策要求，联合全省政务新媒体重磅推出"我为家乡代言"系列主题报道。该

新型政务媒体的构建与传播
——"四川发布"个案解析

报道已连续推出两季,旨在以乡村振兴、城乡融合发展的关键区域——县域社会为报道基点,全面勾勒四川县域社会的产业、文化和生态特色发展图景,展现新时代四川跨越发展新面貌。报道团队深入基层一线,讲述四川乡村振兴故事,推介乡村特色产业及产品,营造助推乡村振兴的良好环境,生动践行新闻舆论"四力",广受社会好评和热议。

策划有力:多方联动凝聚报道合力

作为媒体的"大脑"和核心竞争力,新闻报道策划在主题报道中的地位举足轻重。它是报道进程有序推进的重要保障,也是确保传播效果发挥的方法路径。

"我为家乡代言"系列主题报道在策划初期思想站位高远,服务大局,立足国家推进乡村振兴的战略举措,将报道主题锚定在四川县域社会的乡村振兴发展,并以此为切入点,广泛勾连新时代四川跨越式发展的新面貌、新图景和新气象。报道团队立足系统思维,从总体上做好报道的统筹布局,确保主题报道的有序、有效推进。早在党的二十大召开前夕,团队即积极谋划报道工作,成立由总编辑牵头的专题报道组,协调多部门通力合作,充分围绕报道主题和传播产品的特性,各司其职,找准报道的发力点。同时,报道团队进行多次头脑风暴,最终确定以县域社会为报道基点,以阶梯式系列策划全过程记录四川乡村振兴的经验成效。例如,"县在行动 蜀写新篇"主题策划以"春天的故事""最美绿腰带""振兴最强音"为题,分阶段、连续式推进报道进程,点面结合增强传播效能。

报道团队善于借助多方力量凝聚报道合力,体现在策划中即联动多元社会主体共同传播乡村振兴图景。报道聚焦乡村振兴的关键人物——县委书记、县长,以"代言人"的身份讲述乡村振兴发展故事。同时,第二季联合四川电信共同推出"数说新一'县'——四川这乡有礼"专题,推动媒体与政府部门、企业单位的互动合作。同时,报道还利用矩阵优势联动183个县(市、区)政务新媒体,以接力报道协作呈现四川乡村发展面貌。此种策划合力让报道打破媒体单向传播的模式,调动了包括媒体之外的乡村振兴实施者、亲历者、见证者的共同参与和互动。

叙事有方:视听传播提升报道效能

随着信息技术的发展,图像因其可视化的感官刺激优势,日益成为人们信息获取的重要载体。这也促成了新闻信息的视觉化生产转向，它不仅体现在视觉符号和视觉传播手段愈加频繁深入地应用于新闻日常生活中，而且表征为视觉化思维方式已日渐成为当代新闻生产的重要观念逻辑。[1]四川发布此次"我为家乡代言"系列报道将视觉化思维贯穿于新闻采制中，推出短视频新闻、H5新闻、新闻海报等可视化产品，打通受众信息接收的多感官通道，实现了时政新闻的创意传播。

系列报道以视听传播"软化""具化""污化"时政硬新闻，让乡村振兴的宏大图景有了更具临场感、参与感和个性化的沉浸式审美体验，主要呈现出以下报道特色。第一，以短视频为代表的视听微叙事提升阅听体验。报道团队为每一季特色专题所摄制的宣传短视频，气势恢宏，大气磅礴。乡村振兴风貌以一种极富感染力、感召力和感化力的多模态传播叙事得以生动呈现。与此同时，报道团队为不同县域所制作的特色各异的短视频产品，画面精美，色彩丰富，配乐符合主题需要，鲜活展现乡村振兴的多彩画卷，助推受众乡愁情感的唤醒。第二，以赛博朋克风海报、动态数据海报等创意融合产品另类讲述四川乡村故事。如"我为家乡代言"第二季特色专栏"数说新一'县'——四川这乡有礼"以"新闻海报+短文介绍"的方式推介展播四川农特产品，以蔬果、美食为媒，助推县域产业和产品的对外传播。

扎根县域：媒介实践助推乡村振兴

县域是连接城市和乡村的重要纽带，是城乡融合发展的重要切入点，也是实施乡村振兴战略的主战场。以此为背景，四川发布以乡村振兴为报道主线，将报道视角敏锐对准县域社会，深入基层一线观察县域经济、文化和生态发展特色，透过受众喜闻乐见的地方美食、美景、文化地标串联起川蜀大地的发展图景，以生动的媒介实践赋能乡村振兴。

在第一季"蜀写新篇 县在行动——我为家乡代言"主题报道中，报道团队深入四川14个区县，近距离感受特色各异的风土民情，领略生机盎然的田园风情，记录巴山蜀水的秀丽景观，展现日新月异的乡村风貌。这样的报道实践也让新闻记者的报道触角向基层下沉，推动"走基层、转作风、改文风"走深走实。因而在系列报道中，我们看到记者挖掘出"原汁原味"的乡土生活素材，记录下"地地道道"的乡村奋进故事，

---

[1] 常江：《蒙太奇、可视化与虚拟现实：新闻生产的视觉逻辑变迁》，《新闻大学》2017年第1期，第55-61页。

新型政务媒体的构建与传播
——"四川发布"个案解析

绘就"意趣盎然"乡村振兴答卷,以媒介行动营造助推乡村振兴的良好环境。

数字乡村建设是实现乡村振兴的重要助力,也是乡村社会治理向现代转型的重要着力点和发力点。第二季"数说新一'县'——四川这乡有礼·我为家乡代言"特别报道呼应数字乡村建设的报道主题,推出数智融媒专题报道,带领网友走进四川183个区县,全方位、近距离、立体式感受四川乡村振兴的成效,彰显主流媒体的责任担当。这一季的报道视角创新聚焦家乡好物和特色经验,以小切口鲜活事例反映乡村振兴大主题。邀请"新农人"等乡村振兴典型人物代表推介优势产业、特色品牌,通过这些扎根乡村沃土、深耕乡村发展的亲历者、参与者和践行者的视角,来展现鲜活的乡村故事。

拓展功能:"新闻+"推动协同治理

政务新媒体已然成为党和政府在网络空间联系群众、服务群众的重要渠道和平台,成为提升社会治理能力的重要手段和途径。"我为家乡代言"系列报道除了关注乡村正在发生的新变化、新动态,还在新闻信息的传递基础上拓展和强化政务新媒体的服务功能,以"新闻+政务+服务"的功能链条延伸,多维参与乡村振兴实践。

"我为乡村代言"第一季邀请县委书记或县长作为"代言人"推荐地方。这是媒体联动社会资源形成报道合力的有益尝试,也是地方政府借力政务新媒体的声量"广播"地方发展的有效契机。在此,媒体不仅承担着新闻宣传的职责,还是连接地方政府与民众、沟通县域内外的重要桥梁,具有多重角色和价值。同时,报道集结多家媒体单位,联手市州多家政务新媒体,在IPTV、春熙路步行街、九寨沟景区线上线下同步播放推广,充分发挥媒体矩阵效应与多主体协同参与的合力效应,持续提升报道的宣传热度,扩大乡村振兴成效的传播影响力。

"我为乡村代言"第二季重点关注那些深耕在乡村振兴一线的平凡人、普通人,实现了报道视角的下沉。报道邀请当地乡村振兴"新农人"等典型代表,推介地方特色,打卡地方风物,一方面调动他们积极参与媒介实践,另一方面也在这种参与中培养他们的地方认同和身份归属。第二季特设"这乡有礼"专栏,视觉化展播"川字号"农特产品,助推农产品的知名度和美誉度的提升,以"新闻+服务"的功能整合彰显公益性，强化服务性，在功能的不断拓展中贡献乡村振兴的融媒力量。

（高敏）

四、延伸案例

光明网："乡村振兴在行动——走进江苏"专题

红网：《新闻漫画|十米长卷绘十年：村里的日子越过越甜》

贵阳网：《"多彩贵州·花漾中国"市州联动报道》

第九章
数据赋能

DI-JIU ZHANG
SHUJU FUNENG

引 言

媒体深度融合进入后半场，各级政务新媒体在政务服务功能运用、社会治理探索、矩阵传播效果等方面积极运用数据升级进行智库建设和人才管理。数据赋能正在成为政务新媒体构建体系、完善队伍的最大增量。政务新媒体赋能政府治理的价值体现，以"矩阵"为抓手，更以"大数据"来实现落地。

本章选用了从2014年起，四川发布在全国首发的《政务新媒体数据观察报告》，研究方向瞄准大数据。截至2024年，四川发布已掌握四川全省13000个政务新媒体的数据，收录了5万余份运行案例，拥有贯穿省、市、县多级的数据研究系统，覆盖教育、交通、文旅等数十个职能系统。通过数据智库协作，帮助政府实现基层数据的管理，与四川省各级政府部门、县级融媒体中心相互借力、深度合作，形成客观、全面的政务新媒体传播评价体系，助推发布系矩阵进化到"善治"新阶段。

案例

自研评价体系　连续十年发布
《微政四川——政务新媒体发展观察报告》

一、案例简介

经上级主管部门授权，川网传媒连续10年发布《四川政务新媒体融合发展观察报告》，已成为全省政务新媒体运营的风向标。

得益于全省政务新媒体管理平台的建设和运用，截至目前，该平台收集全省10000+政务新媒体内容和数据，范围覆盖省、市、县各级各部门的垂类账号。团队根据国省两级对政务新媒体规范化、标准化发展的相关要求，自研科学合理的政务新媒体评价体系，根据大数据分析，对相关单位在新浪微博和腾讯平台上实名认证的微博、微信公众号进行发布数量、粉丝数量、阅读数量、点赞互动数量和政务指数等指标的观察，完整反映四川政务新媒体发展状况，厘清发展脉络，提供方向性研究和指导，为职能主管部门、运营部门和有关人士提供参考，为促进四川政务新媒体健康有序发展做出贡献。

新型政务媒体的构建与传播
——"四川发布"个案解析

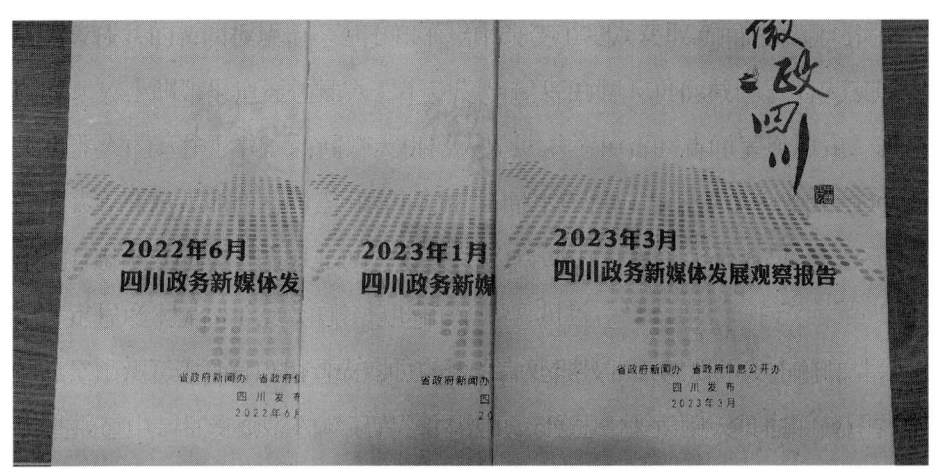

《四川政务新媒体发展观察报告》样刊

二、创作札记

（一）策划思路

一切的一切，都绕不开"四川发布政务新媒体矩阵体系"建设。

彼时的政务新媒体还处于"散养"状态，没有前人指路，也就谈不上"摸着石头过河"。四川发布成立之初就有创新基因，因此，团队是以"玩"的心态运营政务新媒体的。这个"玩"，是创新，更是拓路。

我们的一个新"玩法"，就是打造矩阵。2013年，由总编辑带队，团队梳理总结运营经验，携着经验走县访市，宣讲网络阵地意识，代培政务平台高手，旗帜鲜明地高喊"四川微政务合唱团"，这个思路在当时是前所未有的。

经过一年的摸索，我们基本掌握了全省各级政务新媒体运营的现状，也在全国率先建立起了政务新媒体矩阵。团队意识到，全省需要一份报告来给予优秀运营队伍激励和表扬，也需要它来规范指引。2014年，开始对全省范围内的政务新媒体账号进行分析研究，并在当年发布优秀案例和全省运维数据。值得注意的是，在当年微博"鱼龙混杂"的情况下，许多政务新媒体为流量"折腰"，蹭社会热点、蹭明星，路子越走越偏，离"政"越来越远，为此，团队邀请专业数据团队合作，在流量指标之上，自研独具特色的"政务指数"，将四川政务新媒体运营"拨乱反正"，带领四川全省政务新媒体影响力连续多年保持全国第一。

10 年时间,团队不断完善对省内政务新媒体账号的监测,推进数据库的建设与发布,监测范围覆盖省直部门、21 市州、183 区县,以及教育、交通、人社、公安等多个垂类系统,为更多的部门单位提供重要运营参考和评判依据。

连续十年发布 10 期《微政四川——政务新媒体发展观察报告》,以及近百期月度报告,得到了全省各级各部门的高度认可。

(二)执行过程

搭建大数据库,科学研判全省政务新媒体运行现状

2014 年 12 月 26 日,在省政府新闻办、省委网信办、省政府信息公开办的指导下,四川发布举办了首场政务新媒体融合发展大会,数十家部门单位及百余位运维代表齐聚,就省内政务新媒体发展现状及问题对策进行探讨。立足"互联网+大数据"的《微政四川——政务新媒体发展观察报告》在该次大会上首发,覆盖全省上万政务新媒体,对行业发展进行科学分析和发展,开启了四川政务新媒体融合发展元年。报告通过对四川省级各部门、各市(州)和县(市、区)以及有关单位建设和运维的政务新媒体(微博、微信以及自主建设的客户端)进行持续跟踪,观察、分析发布数、粉丝数、阅读数、点赞互动数和政务指数等指标。

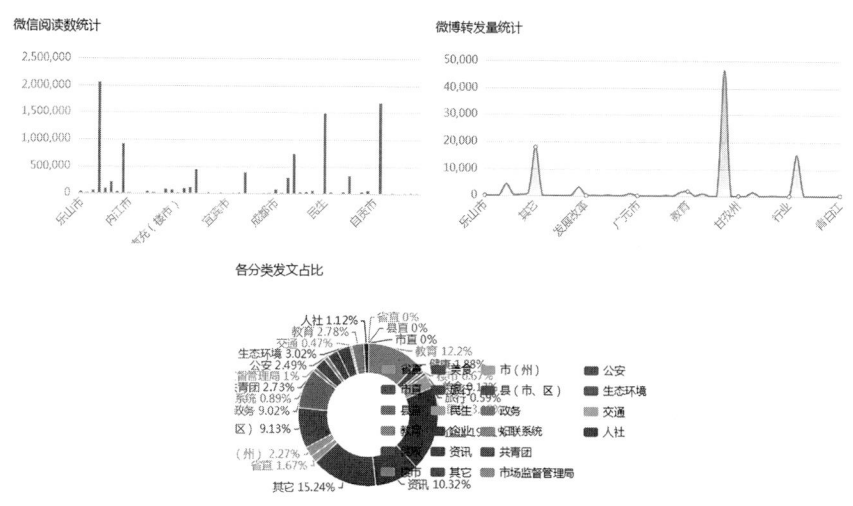

四川新媒体账号管理系统后台截图

新型政务媒体的构建与传播
——"四川发布"个案解析

《微政四川——政务新媒体发展观察报告》对所监测的万余个政务新媒体账号进行了排名发布,评选出了"年度四川十佳省级部门政务微博""年度四川十佳政务微信""年度四川十佳区县政务微博"等10个奖项,对优秀账号和运营案例进行公开展示。受当时技术影响,所监测的账号并不完善,于是四川发布开始筹备建立自己的数据库,不断充实完善报告内容。四川发布积极促进业务态势研判,淘汰耗时易错的数据分析,与当前权威数据分析机构清博大数据、新榜等建立合作,开展精准数据分析,开设政务发布指数,不断调整优化数据系统分析平台,早年便建成省内首家拥有全省政务数据的"四川政务新媒体账号管理系统",并不断提供数据支撑。

开发垂类系统,推动报告影响力逐级下沉

自"四川新媒体账号管理系统"投入使用以来,四川发布已成功建立起横跨公安、教育、人社、文旅、交通、司法等几十个领域的榜单分类,并同时更新印发周/季/年度数据榜单,让决策者和运营者对全省政务新媒体账号运维状况有了更清楚的认识。接下来,四川发布将进一步完善升级四川新媒体账号管理系统的建设,提高监测报告的科学性、准确性、及时性,推进全省政务新媒体账号监测全覆盖。

紧跟时代需求,动态调整引领行业创新发展

每年的报告都会结合时下新技术、新手段进行微调修正,例如,对全省政务新媒体运用5G、大数据、短视频等案例进行评析和公开,也会结合年度热门主题如建党百年、党的二十大、九寨沟地震抢险救援、住建厅窨井盖的治理、AI技术的传播等报道进行总结梳理,这对全省政务新媒体宣传方式的转变具有重要意义,为未来政务新媒体开拓传播渠道、多元化传播途径提供了先行指导,响应了主管部门所提出的"政务新媒体要积极运用大数据、云计算、人工智能等新技术新应用,提升政务新媒体智能化水平,助力我省服务型政府建设"的号召。截至目前,《微政四川——政务新媒体发展观察报告》连续10年不断完善对省内政务新媒体账号的监测,对四川媒体融合发展情况不断进行深入了解,更全面反映政务新媒体发展现状,厘清四川政务新媒体发展脉络,为职能主管部门、运营部门和有关人士提供参考,助力政务新媒体提升服务国家治理现代化的能力,树立了党务政务新媒体的"四川发布"龙头地位。

（三）社会效果

四川发布作为全省政务新媒体的领军者，始终站在时代的前沿，以其卓越的战略眼光和坚定的决心，自《微政四川——政务新媒体发展观察报告》发布以来，引领着全省政务新媒体的发展潮流。

报告构建多层次、全覆盖的政务新媒体矩阵，还涵盖了各类政务新媒体应用和媒体融合项目，形成了强大传播合力，有力、有序地推动全省政务新媒体的繁荣发展，形成了良好的向上态势。在报告的指引下，各级各部门政务新媒体平台在内容制作、信息传播、互动交流等方面实现了高度协同和资源共享，提高了政务信息的传播效率和覆盖范围，还增强了政府与公众之间的互动和沟通，提升了政府的公信力和形象。

每年发布的报告不仅是对四川政务新媒体的一次全面总结，更是一次深刻反思和前瞻思考。它潜移默化地推动政务新媒体建立和巩固现代化治理体系能力，对行业正向发展具有重要作用。

（简文敏）

三、案例评析

媒介·技术·人文协进：数据聚合助推政务新媒体服务转型

作为实现政通人和的新亮点，提高政府公共治理能力、推动服务型政府建设的重要途径，政务新媒体得到了政府的高度重视。2014年，四川省政府要求各厅局单位在当年年底前全部开通微信账户，四川发布即于当年开通微信公众号，形成微博、微信"双轮驱动"的运营模式。为促进省内政务新媒体信息传播力的全面提升，四川发布立足"智能化"+"大数据"，自2014年起，每年发布全国首创的"政务新媒体发展观察报告"，覆盖全省上万政务新媒体，科学分析行业实况。该实践体现了政务新媒体运营发展中媒介、技术、人文三者的互动，为其科学、长效发展提供了经验与指导。

新型政务媒体的构建与传播
——"四川发布"个案解析

作为媒介的平台：从"内容"到"链接"

从新闻传播的角度理解，四川发布首先是传播媒体的运营机构。在此意义下，四川发布在编写覆盖全省政务账号的《微政四川——政务新媒体发展观察报告》过程中，实现了从内容生产到中介连接的功能拓展。

首先，引领优质的内容生产。在各级政务新媒体种类日渐繁多的同时，政府管理和运用新媒体的能力也受到挑战。由于专业技术人员短缺、全媒体信息采编能力不足等现实制约，政务新媒体面临着蹭社会热点、离"政"越来越远，信息发布滞后、照搬政府公文、信息发布同质化等问题。[1] 这种内容上的缺陷又在一定程度上导致了政务新媒体发布信息的关注度与扩散度不足，无法引发强大的"蝴蝶效应"。[2] 对此，《国务院办公厅关于加强政府网站信息内容建设的意见》明确指出，要将"政府网站建设管理作为主管主办单位目标考核和绩效考核的内容之一，建立政府网站信息内容建设年度考核评估和督查机制，分级分类进行考核评估，使之制度化、常态化"。四川发布自2014年起每年举办"微政四川"新媒体年度发展大会，连续十年发布10期《微政四川——政务新媒体发展观察报告》，以及近百期月度报告，评选优质政务新媒体账号，发挥了省级政务媒体在内容生产上的引领作用，有助于形成行业内部的内容生产评价标尺与体系，促进各级政务新媒体的协同、长效发展。

其次，实现资源的中介连接。面对政务新媒体发展初期的"散养"状态，四川发布着手"政务新媒体矩阵体系"建设。从对"平台"的基本理解出发，矩阵体系建设下的政务新媒体除了是内容生产机构，还是中介化的媒介。它正在成为社会大传播场域中的"中介结构"或"代理商"（agency），对于社会多方的传播链条起到了连接、调节和中介的作用。[3] 在这种语境下，平台可以连接什么样的人、聚合什么样的资源、形成什么样的组织结构，这些考量往往比具体的内容生产任务更为重要。[4] 从四川发布的媒介物质性来看，它通过推出全省一体化政务服务平台，对内聚合了四川省级各部门、各市（州）和县（市、区）以及有关单位建设和运维的政务新媒体；依托《微政四川——

---

[1] 李洁茹：《网络政务在城市治理中的功能》，《中国社会科学报》2018年5月30日，第6页。
[2] 金婷：《浅析政务新媒体的发展现状、存在问题及对策建议》，《电子政务》2015年第8期，第21-27页。
[3] 孙萍、邱林川、于海青：《平台作为方法：劳动、技术与传播》，《新闻与传播研究》2021年第S1期，第8-24页。
[4] B. Anand, *The Content Trap: A strategist's Guide to Digital Change*. New York: Random House, 2016.

政务新媒体发展观察报告》的发布，联合了省政府新闻办、省委网信办、省政府信息公开、清博大数据、清华大学国家治理研究院等平台资源。通过数据分析、形势研判，四川发布推出"四川新媒体账号管理系统"，在功能上实现了从内容生产到内容管理的转型，关注如何传递优质内容、形成省内政务新媒体品牌、建立用户关系，充分发挥中介连接作用。

作为技术的平台："互联网+政务"模式变革

从可供性视角的角度理解，媒介平台作为一种技术产物，能够发挥自身功能，为用户提供一定程度上的可能性并塑造特定的社会结构。[①] 具体到四川发布而言，它作为一种技术平台，一方面为政务转型提供了技术可能，另一方面又重塑了政府治理的模式。

首先，互联网技术为政务转型提供技术可能。每年的《微政四川——政务新媒体发展观察报告》都会结合时下新技术、新手段进行微调修正，例如近几年，对全省政务新媒体运用5G、大数据、短视频等案例进行评析和公开。政治学家多伊奇曾用"政府的神经"说明快速、准确地完成信息沟通是政治系统实现有效决策和控制的前提。[②] 当代互联网技术的发展为这种"政府的神经"创造了可能，所有的计算节点，无论来自政府、企业或者个人，都被点对点地联系起来，能够快速、便捷地实现资讯流通。依托互联网技术的发展，政务新媒体既消弭了政府部门之间、政府机构与非政府机构之间的"鸿沟"，也拉近了用户与各类机制或机构之间的"距离"。

其次，政府治理模式被互联网技术重塑。从社会建构主义视角出发，政务新媒体除了作为一种功用性的存在，也具有平台与人、社会、文化、体制等因素的互构性。当下政治更多地表现为对民众日常生活的关注，这种"微政治"的出现与社会普遍的情绪氛围有重要关联，对责任政府回应性的要求在一定程度上强化了这种情绪。[③] 在这种背景下，四川发布开发垂类系统，自"四川新媒体账号管理系统"投入使用以来，

---

① B. J. Hogan, *Networking in Everyday Life*. Toronto: University of Toronto, 2009.
② 徐湘林：《转型中国的结构性稳定与体制变革——以国家治理为视角》，载《北京论坛（2011）文明的和谐与共同繁荣——传统与现代、变革与转型："协商民主与社会和谐"政治分论坛论文及摘要集》，2011年，第129-132页。
③ 黄璜：《微政务：一种嵌入式的治理初探》，《行政论坛》2016年第6期，第42-46页。

新型政务媒体的构建与传播
——"四川发布"个案解析

已成功建立起横跨公安、教育、人社、文旅、交通、司法等几十个领域的榜单分类,并同时更新印发周/季/年度数据榜单。除了能让决策者和运营者清楚了解全省政务新媒体账号运维状况,这种领域细分的治理理念也体现出对民众日常生活的微观"嵌入",通过对接全省一体化政务服务平台,为群众提供切实可用的政务服务功能平台,它融合了线上、线下,并围绕技术规则形成了一套全新的政府治理体系与社会关系。

作为人文的平台:从信息传播到信息服务

政府作为从社会中分化出来的公共的政治机构,需要适应社会发展的客观需求。而现代化的双重任务和经济社会的转型变迁,客观上要求建设型政府转向服务型、阳光和法治型政府。[①] 转型的目标和任务客观上使得直接面向社会群众进行政务信息公开、政策解读、政民互动、综合服务的官方媒介渠道成为大势所趋。而政务新媒体正好能够回应新媒体时代政府进行社会治理和职能转型的内在要求,成为政府提供公共服务的新平台和新渠道。[②] 基于这种服务导向,四川发布在本案例中呈现出"以人为中心"运营发展的基本逻辑。

一方面,四川发布在内容上发挥引领作用,整合多方资源。《微政四川——政务新媒体发展观察报告》的发布引领全省政务新媒体同频共振,鼓励更多的政务机构通过新媒体平台,切实服务公众、服务社会,推动成熟政府服务范例广泛运用。该实践明确政务新媒体的"公共性"定位,通过典型案例厘清公共服务、民生诉求的内涵和范围,为民众带来更加优质的内容产品。另一方面,四川发布在技术上实现融合创新,为长期发展探寻突破口。它利用5G技术全面更新政务新媒体作权威发布、民生回应和应急引导的传播渠道;利用大数据、云计算等技术,持续深化区域一体化政务服务平台建设,推动政务服务标准化、规范化,助力区域协调发展。

总的来看,四川发布自研评价体系、连续十年发布《微政四川——政务新媒体发展观察报告》的实践体现了媒介、技术、人文的三者互动,为未来政务新媒体开拓多元化传播渠道提供了先行经验。这种实践正是对《国务院办公厅关于推进政务新媒体健康有序发展的意见》的响应,政务新媒体要积极运用大数据、云计算、人工智能等

---

① 曹爱军:《政府转型、公共服务与"民生财政"》,《财政研究》2015年第12期,第12-17页。
② 王丽娜、肖燕雄:《自媒体发展与政府运动式治理转型》,《新闻界》2016年第16期,第37-43页。

新技术新应用,提升政务新媒体智能化水平,助力服务型政府建设。

(彭可诣)

四、延伸案例

上海发布:《上海政务新媒体 5 月榜单发布!你关注的账号表现如何?》

后 记
EPILOGUE

2024年，"四川发布"走进第11年。回望来时路，我作为用户和见证者、观察者与研究者，虽看似"置身旁观"，却有感同身受的体认与感悟。伴随我国媒体融合10年多的快速发展，新型主流媒体的构建与时俱进。"四川发布"既是其伴生物，更是其中新型政务媒体的代表。

何谓新型？何以主流？这也许是媒体融合发展进入深水区必然也必须回答的问题。以全球媒体新闻生产的转型以及信息传播效能的多元路径实现观之，技术作为内容赋能和社会结构变迁的重要动力，改变的不仅是媒体的外在形态，还有与之相关的所有系统生态及其生成的新的生活方式、认知方式及价值形塑，即由外而内与由内而外的高度嵌合，进而呈现与传统媒体及其内容生产、社会效能变现相异的新的传播体、信息力及服务端。此为"新型"的实践内涵与功能表征。在此基础上，这样的新型媒体可以实现更多的连接，尤其是满足青年人、生产力主力人群的多样化信息需求、精神交往、价值塑造等，它们已经和正在突破过往由科层制布局的"主流"壁垒，成为事实上被广大公众、受众或用户认可与依赖同时又在市场中具备竞争力的媒体，此即"主流"的应有之义。

由"新型"而转型跃变为"主流"，既是对新型主流媒体综合竞争力的期待，也是构建新型主流媒体的目标所指。由此观照，媒体内外发生的变化与社会大众对新闻信息欲求的高质量满足是否达成动态的调适、科学的配置、可持续的融创，这是新型主流媒体从应然走向实然的能动。近11年的融合实践表明，我们在路上，我们成效显著，媒体与社会的互动已使媒介化社会变为现实。作为其中的政务媒体自不例外，它正在政治传播、民生传播的探索中铸造"新型"与"主流"的特质与功效，这即是新

新型政务媒体的构建与传播
——"四川发布"个案解析

型政务媒体构建与传播的预期与走向,亦是本书欲与大家探研的命题。

正如本书绪论所述,"四川发布"立足媒体融合的背景,因应政务信息发布、政策解读、民生服务的新需要,从诞生起至今,从未停止奋进创新的步伐。无论是坚守与做实自身的首要任务——权威发布,还是情系民生关切、深耕政策解读,做好信息服务,它都不是单向度地接续传统政务媒体的内容生产与功能发挥,而是始终以积极转型新型主流媒体的自觉思考,践行中国特色新型政务媒体的可能与可为。细心的读者可以通过本书九章内容管窥他们的作为和成效,尤其是通过对这些典型案例的来龙去脉的介绍还原、聚焦其定位与思路,从中体味其投注的知与行、思与创。作为"媒体融合案例丛书"的主编,从主题确定到案例选判,再到解析构架,我亲历了一次真切的融合之旅,与其说是主编书籍,不如说是学习和见证,令人感佩,受益良多。

我与四川新闻网传媒集团党委委员、副总编辑,"四川发布"总编辑简文敏女士相识于多年前的四川新闻奖的评审会。会议间隙,她对专业问题孜孜以求的谦虚探问和主动分享的深入、独到,引发我的研究关注。之后,我们在多次工作会议中相见,又能把之前所探讨的话题自然延续,巧的是,我们谈论的都是有关政务新媒体的定位以及如何聚合它应有的特色。随着我将文敏总编请入学院新闻传播专业硕士研究生课程"数字新闻实践"团队,她先后在2021年、2022年以课程专题形式讲授交流了两个学期共计10学时内容,我与学生一起认真听课、参与讨论。从教学与研究互促的角度考量,我心中的构想逐步成型,遂提出了研究和出版以"四川发布"为个案的计划,立即得到文敏总编和团队的积极响应。合作就此展开。如我之前主编"红星新闻"案例解析一样,"四川发布"团队的行动力亦证明了"发布"之时效和高效。文敏总编与我多次线上、线下沟通讨论,几易其稿,展现了难能可贵的对业务研究的重视与来自实践的宝贵经验的积累。我恰如第一读者,完全可以从中体会到其团队在转型中如何守正创新的心路历程,我深感他们所做的不止于工作层面,还有对政务新媒体本身的研究及效能提升的探索。基于此,我也很注重听取与收集来自高校学生们的感性认知心得,并结合自己的专业思考,及时反馈给"四川发布"的参编团队。通过这样的互动切磋,我们确立了本书编纂的主旨——力图全景、全程、全链条地为读者呈现由点及面、由面类推的我国政务媒体传播的时态、实景与实效。因之,我们延续了本丛书相对统一体例的板块组合,包括案例简介、创作札记、案例评析、延伸案例四个部分,并且在"创作札记"中进一步细化了策划思路、执行过程、社会效果的讲述，旨在为政务媒体的专业人士以及学习者、研究者等多元群体提供更为立体、生动的视角，可以在"报道"内外，细细琢磨"发布"如何坚守和创新，如何满足公众对社会发展及与之有利益关联的政务信息的需求，进而如何让权威、实用、贴心的发布服务转变为政府与媒体互构社会公信力的基石。这一系列题中之义和我作为高校教师对专业教学的定位、拓新有机结合，便是本书构架的缘由。大家在阅读中，可以通过扫描每个案例后的二维码，跳转至全国相关政务新媒体同题或相关报道的原文阅读，延展同类传播的借鉴，这既体现了新媒体时空生产带来的阅读便利，也为社会各界学习参考更多的实例搭建了比较研读的平台。我们希望这不仅是一本个案的典型案例解析的汇编，还是一本可以自学的资料库、应用指南，它可以助力我们各界对新型政务媒体的内涵、实务及可持续发展的多元探研，同时也可以为构建这一领域的新型主流媒体的竞争力提供生动的样本。

为此，感谢本书所有参与者的努力与协作，在这样一个合作和汇智的网络时代，我们围绕着案例教学的"科技向善"与"教育普惠"双向奔赴。感谢"四川发布"简文敏总编的全心投入、精心选例、高效组织，她工作繁忙，却亲力亲为，本书中的绪论及很多案例，她都亲自写作，如她谦虚地表达"平时埋头拉车，借此机会可以仰望星空，并且和周围的读者、学校的师生对话，可以收获更多的业务反馈和灵感，虽苦犹怡"。感谢"四川发布"编辑部主任何晓凤女士，她是本次写作分工中"四川发布"参与团队的召集人，担当着重要的组织协调与实施者的角色，是我们高校与媒体之间的"心桥"。她以认真严谨的态度传递资讯、反馈建议，她本人也承担了多个案例的写作，虽肩挑重任却勇于担当，展示了媒体人良好的综合素养。按章节顺序排列（不重复计算），我们向"四川发布"典型案例的写作者、分享者简文敏、何晓凤、刘绍侠、戴菲俐、张药滟、李俊蓉致谢与致敬，他们的业务实践及心得创见充实与丰富了我们对我国政务新媒体的理解，也为未来的升级优化提供了来自一线的预见，是课堂教学的另一片"田野"。与此同时，我作为"媒体融合案例丛书"与本书的主编，感谢四川省委宣传部共建四川大学新闻学院的机制与平台，感谢四川大学教务处、研究生院、文学与新闻学院对案例教学始终如一的支持及指导，让我有机会带领我的研究生团队（按章节顺序排列）——王薇、王尚、蒲可意、董源、高冉、雷思远、吴永翠、张诗萌、

新型政务媒体的构建与传播
——"四川发布"个案解析

吴含、吴海琳、周于七、魏梓慧、田雪韵、刘朋燕、赵婧轩、李梓涵、宋巧丽、夏迪鑫、王卓颖、郑秋、林丽、牛雨鸽、薛雨欣、曹馨予、孙振博、高敏、彭可诣,能够学以致用。这些在读硕士生、博士生及已经毕业从教的硕士、博士们,都对参与本书的研究与写作乐在其中,他们为学校自建全媒体创新人才的案例库贡献了才智。特别感谢本书副主编郑秋、王薇在编务工作中的助手工作及精细的建言献策,这些融于业务实训的学术成长、综合锻炼,也是我们四川大学新闻传播学科人才培养的优良传统的传继。以学习者、读者、研究者的多重姿态全面观照新型政务媒体的本土实践,可以说,在此编写的参与中,对于教学相长的拓展也是新的推进和成效验证。感谢本书责任编辑罗永平女士,她一如既往的周到服务和专业建议,体现了四川大学出版社和她本人对优质出版育人的理解,令合作充满互动共进的温馨。

2022年,笔者在自己主持并完成的国家社科基金年度项目"媒介融合背景下我国新型主流媒体的竞争力构建及评价研究"结项成果中提出:未来,全球媒体融合的步伐将更加快速,技术日新月异对内容的泛文化边界再构会更加普遍,社会治理的媒介化程度会更加深广,政治文化、组织文化、媒体文化等"+文化"的媒介化传播形态在智能传播的叠加下,将系统性重构政务传播新生态、新格局,新型政务媒体的构建及发展将在趋于主流中变强,这事关文化软实力、舆论话语权竞争和思想人文的价值认同。

呼应前述笔者关于新型主流媒体的思考,2013年至今,"四川发布"在夯实发布公信力、善用科技赋能的探索中,始终紧扣党和政府的中心工作,从搭建党群心相通的信息桥与对话场着力,形成了党务、政务、服务融合贯通的传播平台;并在社会参与中形成了矩阵效应,赢得了好的口碑,显现了集"全、深、快、融、聚、活、暖"于一体的产品集群竞争力,其连续十年在全国政务新媒体综合影响力中名列前茅就是明证。沿着这样的自觉探进,我们可以预见:"四川发布"的可持续实践将在中国式现代化进程中的政治传播、民生传播融合中,不断提增我国政务新媒体的善治新力量、释放融创新能量。

操 慧

2024年10月19日